閱讀是一種責任

READING IS A RESPONSIBILITY

于殿利——著

YU DIAN LI

目錄

第一章

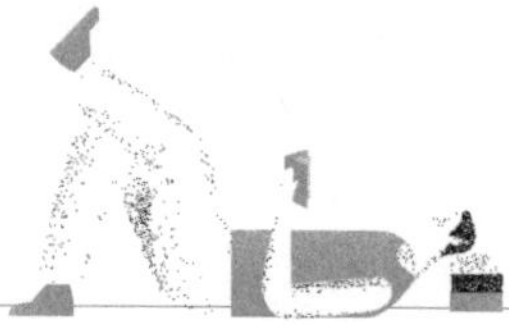

第二章

第三章

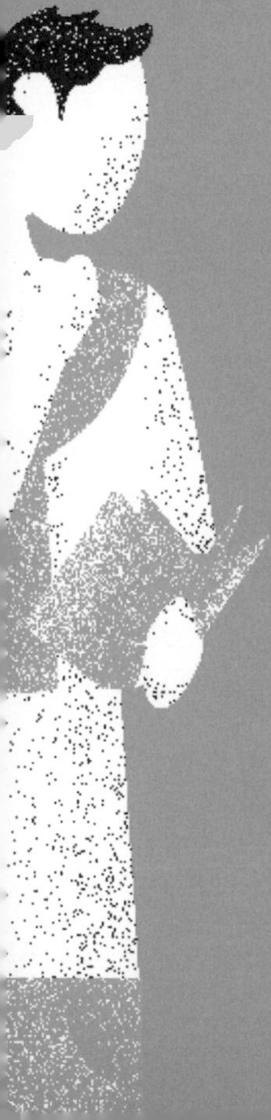

後話先說

古往今來曰世，宇宙縱橫為界。世界為人類所設，存在於人的意念中，無人類即無所謂世界；世界又為人而預設，人一降生，便置身其中，思於斯，行於斯，從此世界不再虛空。世為人世，界為人寰。人所思，人所為，不僅是在創造自身的生命，也是在創造世界與時空的生命。人無思，人無為，便枉為生，枉為世。因此而言，世界是一種使命，是人類的使命，由人類的創造活動托起的使命。人之所思，人之所為，構成了一幅無盡的畫卷，讓世界與時空充盈，也讓其獲知缺虧。盈與虧成就了人類之美，盈與虧創造了動力之源。而讓世界存續的動力之源，即人之所思，人之所為，全靠閱讀得來，又賴閱讀呈現。

閱讀成就人生，閱讀幸福家庭，閱讀塑造國家，閱讀變革世界。閱讀像一條河，從個人出發，流經並灌溉著家庭、社會和國家，最後注入人類的海洋。於此，一個個人相聚在一起，相融為一體。個人匯聚成海洋，又在海洋中得到滋養。從這個意義上可以說，閱讀從個人開始，又回歸於個人，但它又不止於個人之事。

閱讀標誌著人的存在，人類的存在；閱讀意味著人的成長，人類的成長。一部人類發展史，歸根結蒂，就是一部閱讀史。換句話說，一部閱讀史，就是一部人類進化史。閱讀是一種進化，是人從動物到人的進化。閱讀伴隨和促進著人性的成長，人性不僅定位著個人，更決定著人類進化的方向。

人類的屬種本為動物，通過「學習」一步步使自己脫離一般動物群體，並最終成為凌駕於萬物之上的生靈。而這種「學習」，迄今為止，幾乎皆可以用「閱讀」這個詞來涵蓋。在文字產生之前，先民閱讀宇宙萬物和社會交往這部大書，悟出了種植和生產的奧祕，開始了有組織、有目的的食物規劃，並超越以食果腹的生存之需，開始了享受美食、享受生活的過程。這是人脫離動物群體邁出的第一步，而動物則止步在有上頓無下頓、不分白天黑夜的覓食狀態。

文字產生之後，讀文字之書讓人的思維和思想力得到了迅猛的發展，從製造簡單的工具到運用高科技載人上天入地，從積累生存所需知識，到癡迷於思維、思想和發明本身，人類在一定程度上掌握了對其他動植物生殺予奪的權力。尤其是專門的知識和科學研究，使人進入了自我的精神圈子，宇宙世界變成了自我的精神世界，人類在自我設定的一個個智力遊戲下，樂此不疲地從事著所謂的發明與創造，為自己找到了生存的依據和方式。人就是這樣既現實又虛幻地表明著自身的存在。這是人脫離動物群體邁出的最具標誌性的一步，以至於學者們都把語言文字的出現，當作人區別於動物的標誌。無疑這是人脫離動物的關鍵一步，但還不是決定性的一步，人在這個階段已經上升為高級動物，但還是動物，以知識和思想為主要內涵的智力還缺乏方向性的把握，人類的智力還不能保證得到合適的運用，把握這個方向的是道德性。

道德意識及其養成，即道德性，是人類最終把自己從動物群體中脫離出來的最後一步。

法國著名啟蒙思想家盧梭（Rousseau）[1]和德國著名古典哲學家康德（Kant）[2]等都承認，人類「作為一個道德性物種」，文化、道德、修養——「這屬於他們的天職」。[3]所謂的道德性就是人性與動物性鬥爭的結果，結果只能是在多大程度上佔優，而不能奢望完全徹底的勝利，這是由人性的天然缺陷決定的。道德性主要依靠「學習」即閱讀養成，道德的進化無止境，決定了閱讀無止境。而且，閱讀一旦停止，道德還會退化。依康德之見，幾千年來，人類的道德進化並沒有多少進步，有時似乎進步了，有時又在倒退。他說：「我們看到的是，人類在整體上是微小地搖擺著；他們只要前進幾步，接著馬上就以加倍的速度又滑回到自己以前的狀態。」[4]一直到現在為止，幾乎沒有一刻停止的人類戰爭，即人類之間的殺戮行為，似乎就是對康德觀點的最具體和現實的注解。在人類現代社會形成過程中，把增進道德和教養視為人類的任務，已成為很多偉大思想家的共識。[5]歌德（Goethe）[6]在其名作、與法國大革命和費希特的《知識學》並稱為那個時代「三大趨勢」的《威廉．邁斯特》中說，我們所具有的人性，就其終極意義而言，既在於我們依靠增強人性的力量，在內心發展成為更高級的人，還在於馴服非人性的一面。[7]向知識和道德進化，是人類的使命，是人類的方向，閱讀猶如發動機，閱讀就是催化劑。

閱讀是一種責任。這是一種主張，也是一種態度。主張是學術上的，立足於學術或學理上的闡述，目的是在學理上說清楚、道明白；態度是行動上的，目的是讓學術道理不斷轉化為閱讀的動力，讓閱讀成為一種人生態度，讓閱讀成為一種社會風尚，最終讓閱讀成為一種文化，渾然於民族國家和人類的精神中。以文化人是人類永恆的使命，是

[1] 讓－雅克．盧梭（一七一二—一七七八），十八世紀法國偉大的啟蒙思想家、哲學家和教育家，法國啟蒙運動最卓越的代表人物之一。代表作有《論人類不平等的起源和基礎》、《社會契約論》、《愛彌兒》、《懺悔錄》和《新愛洛漪絲》等。

[2] 伊曼努爾．康德（一七二四—一八〇四），德國古典哲學創始人。啟蒙運動時期最後一位重要哲學家，是德國思想界的代表人物。被認為是繼蘇格拉底、柏拉圖和亞里士多德後，西方最具影響力的思想家之一。其學說深深影響近代西方哲學。思想體系自成一派，其中核心的三大著作被合稱為「三大批判」，即《純粹理性批判》、《實踐理性批判》和《判斷力批判》等。

[3] 參見〔德〕康德《歷史理性批判文集》，何兆武譯，商務印書館二〇一〇年版，第七一—七二頁。

絲毫不能鬆懈、時刻不能間斷的使命，因為這是一項艱巨的事業。在康德看來，「以造就人以及公民的真正教育原則為基礎的文化，也許迄今還沒有正式開始，更不用說是完成」[8]。在康德時代，閱讀和知識是少數人的奢侈，這是確定無疑的。就算到了現在所謂的現代化和高科技時代，知識、文化和閱讀的普及程度也不能說有多高，何況國家、民族和地區之間還存在著不小的差距。近些年來，還產生了另一種趨勢，即知識和文化的普及速度，遠遠跟不上所謂的新知識和新文化的製造速度。閱讀是人類的天職，這個神聖的職責卻必須由每個人來承擔。一般人可能認為說責任很沉重，不願意把閱讀與責任聯繫在一起，因為人們似乎很崇尚輕鬆的閱讀。在我看來，閱讀可以是很愉快的事，但它絕不輕鬆。而另一方面，儘管承擔責任在有的人看來顯得沉重，但它仍然可以是幸福和榮耀的源泉。盡責是幸福的，幸福源自於吸收知識的充實，充實後的踏實，以及內心被知識之光照亮後的篤定；盡責是光榮的，光榮源自自我價值的實現，具化為閱讀積聚的能量，及其對家國人類的釋放和反哺，正是在這種釋放和反哺中感到了自我不僅存在，而且有用。自我也因此而被成就。

閱讀也是一種方法。是生命存在的方法，是社會進步的方法，也是人類進化的方法。方法產生知識，方法產生學問。研究好閱讀這門學問，也是一種責任，對個人，對社會，對民族，對國家，對人類，在在如此。對於閱讀而言，方法意味著質量，方法意味著效率。把握住質量和效率，成為人生的贏家就又多了一分勝算。好方法成就好人生，一個個美好的人生成就著社會的美好，成就著人類的美好，並終將成為人類歷史長河浩浩蕩蕩、奔流不息的源源動力。

④〔德〕康德《歷史理性批判文集》，何兆武譯，第二二六頁。

⑤參見〔英〕彼得·沃森《德國天才》一，張弢、孟鐘捷譯，商務印書館二〇一六年版，第一八七—一八八頁。

⑥約翰·沃爾夫岡·馮·歌德（一七四九—一八三二），德國著名思想家、作家、科學家，魏瑪古典主義最著名的代表，德國乃至世界最偉大的作家之一。代表作有《少年維特之煩惱》、《浮士德》、《威廉·邁斯特》和《葛茲·馮·伯利欣根》等。

⑦參見〔英〕彼得·沃森《德國天才》一，張弢、孟鐘捷譯，第一八八—一九〇頁。

⑧〔德〕康德《歷史理性批判文集》，何兆武譯，第七二頁。

第一章 閱讀的三個時代

上蒼賦予了地球上每一種生物獨特的、直接的本能，如蜘蛛結網和蜜蜂築巢，使其獲得了生存的空間，唯獨人類沒有。值得慶幸的是，上蒼賦予了人類一種獨具的間接的本能，即閱讀。人類通過閱讀，尤其是閱讀天地這本大書，為自己贏得了在地球上的生存空間。其他生物的生存本能，如蜘蛛的網、蜜蜂的巢，以及豺狼虎豹的兇猛等，都是直接的，因而是單一或有局限的；人的閱讀本能是間接的，其本身並不構成生存能力，但可以轉化為無限的生存能力。所以，人類也沒有受到造物主不公平的對待；相反，人類卻大大地受益於閱讀，甚至可以說，人類的一切都來源於閱讀。

閱讀是人類獨特的生存和生活之道。人本是動物中的一種，是閱讀及其產生的思想力使人從一般的動物種群中脫離出來，上升為高級動物，甚至成為萬物之靈。如若沒有閱讀及其催生的思想力，人類就會喪失大部分文明傳遞和繼承的能力，進化的程度和速度定會大大衰減，難以達成今天的人類。細究人類閱讀史，甚至可以得出這樣的結論：閱讀發展史即人類的進化史。

概括來說，人類的閱讀史經歷了三個發展階段：讀天地之書、讀文字之書和讀屏幕之書。在文字產生之前，人類就閱讀宇宙天地和社會這部大書；文字產生之後，人類開始了閱讀越來越大量文字的時代；而今藉助數字技術和互聯網，人類又進入了閱讀屏幕的時代。每一個新階段並不是簡單意義上的取代上一個階段，而是為上一個階段增加了新的內容、新的方式和新的方法。其中，讀天地之書，向自然學習，是人類的根本，是永恆不變之道；讀文字之書是人類閱讀力和思想力提升的結果；讀屏幕之書則是人類技術發展的結果。人類閱讀力和思想力的提升帶來科技能力的不斷強化，並導致學習工具的進步和豐富。以此，讀文字之書和讀屏幕之書就成為讀天地之書必要的補充和強化。天地之書是人類知識和思想之源，文字之書是人對於自然之書模仿、提煉、概括之後所進行的思想表達，是對天地之書的複製傳播與闡發光大。而屏幕之書則是對其進行傳播的方法與手段的多元和豐富。

一……讀天地之書與農業革命

在文字出現之前，向自然學習，是人類唯一的閱讀方式，人類經歷了漫長的讀天地之書的時光。發明了文字之後，讀天地之書仍然是人類不可替代的、最重要的活動，讀不懂天地這本大書，人類寸步難行；讀不懂天地這本大書，也自然就沒有文字之書。天地之書是文字之書的本源，即便是文字之書高度發達的今天，讀天地之書仍然是人類一刻也不能停息的必修課。古今中外的名流雅士對此早有精闢的解讀，近代思想家嚴復[1]說：「吾人為學窮理，志求登峰造極，第一要知讀無字之書。」嚴復先生所說的「讀無字之書」，就是我們所說的讀天地之書，或者說觀察宇宙世界。他還引用赫胥黎（Huxley）[2]的話說：「能觀物觀心者，讀天地原本書；徒向書冊記載中求者，為讀第二手書矣。」[3]讀天地之書，是讀天地本源，能產生本源的心得或思想，只讀「二手書」便只能得「二手」或「二傳」的思想，不會有獨到的心得體會。清人張潮[4]也說：「善讀書者，無之而非書；山水亦書也，棋酒亦書也，花月亦書也。」他還說：「能讀無字之書，方可得驚人妙句；能會難通之解，方可參最上禪機。」[5]正所謂「世事洞明皆學問，人情練達即文章」。

意大利文藝復興時期偉大的物理學家伽利略在他的《試驗者》第六章中也有關於自然之書的論述，他說「哲學已寫在這本持續打開在我們眼前的大書裏（我指的是宇宙），

[1] 嚴復（一八五四—一九二一），原名宗光，字又陵，後改名復，字幾道。近代著名資產階級啟蒙思想家、翻譯家和教育家。翻譯了赫胥黎《天演論》、亞當·斯密《國富論》和孟德斯鳩《法意》等。提出「信、達、雅」的翻譯標準，對後世的翻譯工作產生了深遠影響。

[2] 托馬斯·亨利·赫胥黎（一八二五—一八九五），英國生物學家，因捍衛查爾斯·達爾文的進化論而有「達爾文的堅定追隨者」之稱。主要著作有《人類在自然界的位置》和《進化論和倫理學》等。一八九八年，嚴復將他的著作《進化論與倫理學》的一部分，翻譯成中文，取名《天演論》，隨之，「物競天擇、適者生存」及「優勝劣汰」等幾成人們的警句。

[3] 參見張明仁編著《古今名人讀書法》，商務印書館二〇一七年版，第二一一—二一二頁。

但除非你首先明白寫這本書的語言和認識那些符號，否則你就讀不懂。它是用數學語言寫的，它的符號是三角形、圓形和其他幾何圖形，若對這媒介一無所知，就不可能明白哪怕一個字。對此一無所知，那就像在黑暗的迷宮裏無望地漫遊。」伽利略同時代的哲學家康帕內拉也在他的一首十四行詩中寫道：「世界是一本書，永恆的智慧在書中寫下自己的想法。」[6]人作為動物世界中的一員，無論是在力量、速度、耐力，以及特殊能力方面都顯得很平庸，唯獨大腦尤其是超強的記憶力以及在此基礎上發展而形成的高級思維能力，為人類在地球上謀得了生存的機會。這一切都來自於人能夠閱讀天地之書，洞悉宇宙萬物的奧祕，以趨利避害的方式發展自己。回望整個人類文明發展史，我們發現，人類在閱讀天地之書過程中所取得的以下幾個重大收穫，最終使人類完成了超越一般動物的進化，並進入了農耕時代，開啟了人之為人的農業文明。

1 — 花開花落悟出生命的種子

在人類文明的發展歷程中，第一樁最具革命性和標誌性的事件，是人類在長期的採集生活中，通過對大自然的觀察，發現了作物年復一年生長的奧祕，從而發明了定居的種植農業。定居的種植農業在世界各地出現的時間略有差異，最早應該在距今一萬一千年左右。現代學者對此進行了這樣的研究和概括：「大約在一萬一千年前，在世界上那個被形象地稱為『肥沃的新月地帶』（今天的伊拉克）的地方，人們最早學會了自己種植糧食作物和馴養動物，因而增加了可利用食物的數量。從狩獵—採集社會向定居的農業社

④ 張潮（一六五〇—一七〇九），字山來，清代文學家。著有《虞初新志》和《幽夢影》等。《虞初新志》奠定了其文言小說編選家和批評家的歷史地位。

⑤ 張明仁編著《古今名人讀書法》，第一五七頁。

⑥ 轉引自〔意〕伊塔洛·卡爾維諾《為什麼讀經典》，黃燦然、李桂蜜譯，譯林出版社二〇一六版，第九六頁。

讀天地之書

會的這種轉變持續了很長時間，而且至少在世界上的七個地區獨立地發生著：大約一萬一千年前在底格里斯河和幼發拉底河流域肥沃的新月地帶，大約在九千五百年前在中國北部，大約在五千五百年前在如今中美洲的墨西哥，和大約四千五百年前在如今美國的東部地區。也許還獨立地發生在非洲、東南亞以及新幾內亞的部分地區。」❶

定居農業的革命性和標誌性，在於它是第一個把人從動物世界中脫離出來的重要事件。地球上的動物和人首先面臨的都是生存問題，在定居農業之前，人和動物在尋找食物的生存方式上並無本質不同，定居農業把人和動物區別開來。定居農業使人類開始了有組織、有目的、有計劃的食物生產，從而走出了一般動物不停地奔走覓食的窘境；定居農業使人類逐漸走出了一般動物食不果腹、饑不擇食的生存狀態，開始了有選擇性的作物栽培，開啟了享受食物的生活狀態；定居農業讓人類的種群規模即人口數量不斷增長，讓人的平均壽命不斷延長，這是其他任何動物都無法比擬的。此外，定居農業還使人與人之間產生了相互協作的工作關係；剩餘農產品使得不必人人都從事農業生產，進而使得社會分工不僅成為可能而且越分越細，社會分工又極大地促進了專業化的發展，影響至今；定居農業還促生了社會、管理和組織結構的形成，開啟了人類文明演進的模式。在定居農業的生產和生活中，人類的一個最重要的種屬性特徵，即群體性和組織性得到認識、開發和不斷完善，一直到現在，未曾停息。所以，農業成為了人類永恆的生存和生活基礎，也成為了人性發展之基礎。

❶〔美〕馬立博《現代世界的起源：全球的、環境的述說，十五—二十一世紀》（第三版），夏繼果譯，商務印書館二〇一七年版，第二五頁。

2 一鬼斧神工窺見創造的奧祕

讀天地之書，探尋自然的奧祕，引發了人類的另一個革命性和標誌性的事件，這就是火的使用和冶煉技術的發明。有學者甚至認為，「對火的控制和使用可以算入原始人三大最早的思想之一」[1]。火的使用影響至今，今天的生產和生活仍然離不開合理地使用火。

地球上的很多現象都能引發自然之火，對於一般動物而言，火就意味著災難，只有人發現了火的好處，並充分利用這種好處發展了高度的物質文明，把自己從一般動物中脫離出來。學者們指出，沒有哪種動物像人類一樣能控制火。考古學家C. K. 布雷恩指出：「人類對火的控制使他們從大型貓科動物的獵物轉變為獵食者，火為人類提供了自身缺乏的保護。」[2]也許在一場森林大火之後，面對被燒死的動物，人類發現了屬於自己的美味，從此開始養成吃熟食的生活習慣，並且能夠主動取火、控制火來烹製各種動植物熟食。有人認為，火的使用可追溯到一百四十二萬年前。至少有十三個非洲遺址提供了這方面的證據，最早的一個是肯尼亞的切蘇旺加遺址，裏面有工具、動物骨頭和燃燒過的泥塊。值得一提的是，食肉對促進人腦的發育發揮了重要作用。使用火的這種生活習慣不僅讓人類開啟了更為文明的生活方式，也使得人類獲得了比其他任何動物都長得多的壽命。

火的使用絕不僅僅限於生活領域，它還成為最原始的能源和動力，更為重要的是在生產領域引發了另一場革命，就是冶煉技術的發明。也許在一場森林大火或煤等其他礦物質燃燒之後，人類在發現燒烤美味的同時，還發現了另外的堅硬物質，這種堅硬物質

[1] 〔英〕彼得．沃森《思想史——從火到弗洛伊德》（上），胡翠娥譯，譯林出版社二〇一八年版，第三七頁。

[2] 〔英〕彼得．沃森《思想史——從火到弗洛伊德》（上），胡翠娥譯，第三七頁。

可用來製作各種有用的生產工具和狩獵武器，這就是金屬。在大自然的啟發下，人類開啟了自主冶煉金屬製作生產工具和武器的新模式。這種工具製作的新模式，強化了人與動物的區別。在冶煉金屬技術發明之前，人類所使用的工具只能是原始的貝殼、木棍、石塊和簡單的石器等，在這裏還必須承認，人的四肢也不是一無是處，直立行走所解放出來的雙手為人類使用和製造工具提供了極大的便利。科學家們相信，人類從樹上來到地面上生活，「在全新的開闊大草原環境中，直立行走解放了手臂和手掌，使它們能夠將食物傳遞給居住在分佈更廣泛的樹上的同類。後兩足行走還解放了手來製造石器，石器有助於早期人類改變飲食習慣，變成食肉動物。肉含有更多的熱量，促進了大腦進一步增長，但還有第二個結果：直立使喉頭的位置下降成為可能，人類的喉頭在喉嚨的位置比類人猿低得多。在新的位置，喉頭能夠更好地發出元音和輔音」[3]。直立行走、製作工具和勞動還促進了語言能力的發展，語言又促進了思維和思想的進步。研究者認為，「原始人的思維包含三種實體：技術智慧（能製造石器）、自然史智慧（能了解周圍的環境和野生動物）和社會智慧（具有群居生活的知識）」[4]。我們說，這些智慧都源自於人類對宇宙自然的感悟。或者說，這些智慧都是天地之書對人類的饋贈。

但徒手力量的不足和容易受傷的脆弱性，大大限制了人的能力和創造力，面對大自然的難題和兇猛動物的侵襲，最初的人類與其他動物一樣顯得束手無策。冶煉技術的發明和金屬的廣泛使用，使人類的境遇發生了翻天覆地的變化，人類利用金屬製作的各種

[3]（英）彼得．沃森《思想史——從火到弗洛伊德》（上），胡翠娥譯，第三一頁。

[4]（英）彼得．沃森《思想史——從火到弗洛伊德》（上），胡翠娥譯，第三五頁。

工具和武器，以及由此發展起來的被後世稱之為科學技術的東西，獲得了對地球上其他生物生殺予奪的權力，人類從動物群體中脫離出來，一躍而成為了其他動物的主宰。人類對宇宙自然之書的研讀，逐漸生成了科學和學科，現代科學也因此享有了「自然科學」的名稱，「研讀自然之書被認為是科學的事業」[1]。現代的科學技術不僅使人脫離了動物界，甚至讓人飛躍出地球，進入了宇宙太空。從第一顆原子彈爆炸開始，現代的科學技術使「人類不僅有了改變歷史進程的能力，更有了結束歷史進程的能力」[2]。無論如何，冶煉技術以及由此發展起來的所謂科學技術，加速培育和開發了人的思維力和創造力，我們甚至擔憂，這種人性特徵的發育或許有如脫韁的野馬，不知會把人類帶向何方。

另一項人類獨特的意識和發明，也是受大自然啟迪，或者說是人類讀天地之書的結果，這項發明就是醫學，以及與此相關的健康與營養學等。人類的疾病意識以及藉助和採集天地萬物來治癒疾病、傷痛的能力，遠勝於其他動物處理傷痛的本能意識。醫學史家認為，古老的民族透過「星辰運行與季節的關係，及星辰季節與某些疾病的關係」，「漸漸產生並發展了認為週期、季節和星辰能影響人生的觀念」。而且，「人和動植物密切相關的思想，或是來自人與大地關係更密切的時代的原始思想」，「幾乎在所有古代民族的變形神話中都能找到」[3]。醫學觀念就是由此而生發的，「同樣由於與自然密切接觸，便產生了人與自然一致，死後可以再生，以及身體死後生命變為另一種形式的思想。在自然現象中植物的迅速變異，使人們想到人的歸宿也同於植物，於是產生了一種

[1] 〔芬蘭〕馮．賴特《知識之樹》，陳波編選，陳波、胡澤洪、周禎祥譯，生活．讀書．新知三聯書店二〇〇三年版，第三頁。

[2] 〔以色列〕尤瓦爾．赫拉利《人類簡史：從動物到上帝》，林俊宏譯，中信出版社二〇一四年版，第二四一頁。

[3] 〔意〕卡斯蒂格略尼《世界醫學史》（第一卷），北京醫科大學醫史教研室主譯，商務印書館一九八六年版，第三九頁。

病理觀念，認為人生的一切現象都和自然現象一致」[4]。天地萬物，生生相剋，自然中也一定能找到克制疾病的東西。疾病觀念和醫學發展的重要性在於，人類終於找到了可以延長生命的辦法，後來發展起來的健康和營養學更使人類遠遠地超越了一般動物，即在一定程度上可以決定自身的命運。

3 — 文學藝術構築精神家園

讀天地之書，探究自然的奧祕，不僅讓人類獲得了無限的物質力量，還讓人類獲得了最重要的區別於一般動物的精神力量。人的物質性與一般動物並無本質上的區別，人最終把自己從動物種群中擺脫出來的標誌，是人的精神性，人是一種精神性存在。人的這種精神性存在，從原始的宗教、藝術和文學創造中得到了很好的闡釋。

面對自然所顯示出來的渺小和對自然力的無奈，使人類對各種自然現象，無論是日月星辰，還是風雨雷電，都只有敬畏和崇拜的份兒，所以自然崇拜和多神崇拜是世界上所有民族原始和早期宗教的共同特徵。進入定居農業生活以後，敬天地之神以求風調雨順，更是農民必須為之的事業。雖然定居農業給人類帶來了生產和生活方式上的革命，但農業靠天吃飯的弱點始終無法得到根本的改善，亙古未變，至今依然。所以，以種植農業為核心的宗教信仰，很自然就發展起來了。

作為對宗教信仰的直觀表達，原始藝術也隨之產生。為人所熟知的以宗教為主要

[4] 〔意〕卡斯蒂格略尼《世界醫學史》（第一卷），北京醫科大學醫史教研室主譯，第三九—四〇頁。

題材的壁畫和圖騰崇拜，就是最重要的原始藝術。原始藝術不僅展現了人類對自然的理解，對自身的理解，還展現了人對人與自然關係的理解。原始宗教讓人類有了敬畏之心、崇拜之情，從而有了道德之範。從這個意義上可以說，原始宗教為人類找到了打開道德進化這扇門的鑰匙，跨進道德進化這扇門，人類就開始正式與動物種群揮手告別了，前面等著人類的是第一道文明之門。原始宗教與藝術也是人類思想的肇始，它拉開了人類思想的序幕，思想之光從此照亮了人類進一步前行的道路。

如果說，文字的出現是人類進入文明社會的標誌之一，那麼人類在進入文明社會之前，首先讓我們看到了一道文明的曙光，即以語言為核心的文學創作——口頭文學。神話故事、口頭傳說和民間歌謠等，是口頭文學的主要形式。人類社會開始形成之時，尤其是種植農業開始、農耕社會形成和發展過程中，如何把眾多的人和人群組織起來分工協作，如何對眾多人群進行管理使之正常有序地進行生產，以及生產的目的和未來的前景如何等，便成為頭等重要的事情。於是，世界各地眾多的民族開始有了各自的關於宇宙、人類和世界起源的創世神話，開始出現了代表各自美好憧憬的「天堂神話」等。例如，在蘇美爾和巴比倫人的神話故事中，天上神界的統治模式和地上人間的統治模式如出一轍，或者說，地上人間的統治模式就是天上神界統治模式的翻版。[1] 這樣的故事就是為人間的統治者塑造合理、合法存在的依據，讓這樣的信念為維護生產和生活秩序發揮粘結劑的作用。在英國著名古典哲學家休謨（Hume）[2] 看來，「政府建立在輿論的基礎

❶ 參見于殿利《巴比倫與亞述文明》，北京師範大學出版社二〇一三年版，第六一七—六一九頁。

❷ 大衛・休謨（一七一一—一七七六），英國哲學家、經濟學家和歷史學家。代表作有《人性論》和《人類理解研究》等。

上。這個原理適用於最自由和最得人心的政府，也適用於最暴虐和最好戰的政府」[3]。輿論首先是由語言創造的，文字在其產生後也成為了最重要的輿論工具。語言和故事及其所傳達的信念，成為連結人們的紐帶，也成為人們共同的精神依託和工作動力。理想和信念是人類的特性，也是人類的方法，人類的生產和生活在某種程度上就是靠此和依此才得以前行的。這是人類的智慧，也是人類的祕密。

在文字之前，人類的生活智慧依靠口頭故事得到了積累和發展，一位作者也是一位嗜書的讀者，給出了這樣具有想像力的描繪：「語言之前也已有生活——有咕噥聲，有痛苦的表情，有眼淚，有歡笑（可是，沒有語言，能有多少歡笑呢？），有尖叫，有低吟，還有同情悲憫之心。所有這些都很容易想像得到。可是，空有語言沒有書呢？玉米搗碎，水也來擔，奶油也攪拌好了，然後幹什麼呢？讓頭腦空空如也……沒有故事讓大腦超脫，空虛也可能就是真正的空虛……好了，總算有講故事的人出現了，老婦人坐在火塘邊，讓一家人聽得出神入迷。要麼是行吟詩人在集市的汲水管旁吟唱著世代傳誦的謠曲，婦女們從鄉間的烤房回來經過這裏，肩上用木板頂著熱烘烘的麵包。可那只是一種社會經驗。有了書籍以後，就沒有一同聽故事的人了，不再有活生生的說書人，再也沒有同類的感覺存在。」[4]故事與傳說給人類留下了很多寶貴的精神財富，它們激勵了文字的出現，促進了以文字為主要方式的文明的進步。文字出現之後，其魔力和魅力得到了淋漓盡致的發揮。人類進入了讀文字之書的新時代，也因此進入了文明演進的快車道。

[3] 參見〔加〕哈羅德．伊尼斯《傳播的偏向》（中文修訂版），何道寬譯，中國傳媒大學出版社二〇一五年版，第三八頁。

[4] 〔美〕琳莎．施瓦茨《讀書毀了我》，李斯譯，北方文藝出版社二〇一四年版，第二九—三〇頁。

二……讀文字之書與城市革命

城市的誕生和演進開創了人類文明和社會進步的新模式，學者們把這一重要歷史性事件稱之為「城市革命」。與「城市革命」相伴而生，並極大地促進了「城市革命」的另一更重大事件，是文字的發明。兩者相互促進，互為表裏，相得益彰。文字活動和城市文明自古產生，人類享用至今，成為人類的依賴，無可替代。

文字的出現、城市的誕生和冶煉技術的發明，是人類進入文明社會的三大標誌。城市和文明的淵源，可以從詞源學中找到確鑿的根據。「文明」（civilization）一詞最早見於法語，源自拉丁語的 *civilis*，意思是「市民的」、「公民的」和「城市的」[1]。現代城市和文化學者堅定地認為：「城市與文明是不可分離的；隨著城市的出現和發展，人類最終從原始狀態中擺脫出來。進而，城市使人類能建造一種更為複雜、我們相信也是更加令人滿意的生活方式。」[2] 現代學者的研究指出：「第一批出現的城市是社會共同體的聚居點，其顯著的標誌是城市四周建立起來的城牆。那些『文明的』人與外部的人由城牆分立開來，後者被稱為『野蠻人』。」[3] 城市生活為什麼就被看作是文明生活，居住在城市的人為什麼就被稱為「文明的」人，這是因為「都市生活要求有相當特殊和熟練的技巧」[4]，它們包括適應社會分工需要的各種專業技能，適應組織性生產需要的合作精神，

[1] 參見 John Ayto, *Dictionary of Word Origins*, London: Bloomsbury Publishing Plc., 2001, p.115.

[2] 〔英〕諾爾曼·龐茲《中世紀城市》，劉景華、孫繼靜譯，商務印書館二〇一五年版，第一三七頁。

[3] 〔美〕布魯斯·馬茲利什《文明及其內涵》，汪輝譯，商務印書館二〇一七年版，第六頁。

[4] 〔英〕齊格蒙特·鮑曼《流動的現代性》，歐陽景根譯，中國人民大學出版社二〇一七年版，第一六七頁。

以及適應群體生活和交往需要的教養和禮儀等。在「修養」和「教養」的意義層面，「文明」與「文化」又有機地聯繫甚至混合在了一起。人們適應城市生產、生活需要的種種努力，就是學習和成長的過程，也是人類向著知識和道德進化的過程，就是通常所說的「以文化人」的過程，文字、閱讀和學校教育在這一過程中發揮了主導作用，成為這一過程的最重要推動力。所以說，「城市是文明人的自然居住地（the natural habitat of civilized man）。正因如此，它也是一個具有獨特文化類型的文化區域」[5]。

文字對於文明的標誌性意義，現代人理解起來並不困難，因為語言和文字表達得是否得體，至今還被人們用來衡量一個人「文明」程度的重要標誌，語言文字的內核是知識、文化、思想甚至還有道德情操。文字的出現，順應了城市生產生活的需要，一套包含知識、思想、道德情操和科技發明在內的文化系統，在城市的經濟和社會模式中得到了迅速的發展，同時又反過來極大地促進了經濟和社會的發展。作為「一種經濟單位，城市的經濟組織以勞動分工為基礎。城市人所從事的工作與職業的五花八門是現代生活最引人注目卻也最不易被一般人理解的眾多景象之一」[6]。社會勞動分工意味著生產的專門化，生產的專門化則要求知識和技能的專業化。學者們的研究表明：「文化與栽培作物的農耕有關。它是人類從自然中得到的東西，進而又是使人類超出自然的東西。在這一進程中，人類進入了城市生活，出現勞動分工，形成祭司階層，並且『孕育』出了藝術和科學。文字出現了，這是對口頭交流這種佔支配地位的交流手段的補充。這些是將

[5]〔美〕羅伯特·E. 帕克等《城市——有關城市環境中人類行為研究的建議》，杭蘇紅譯，商務印書館二〇一六年版，第七頁。

[6]〔美〕羅伯特·E. 帕克等《城市——有關城市環境中人類行為研究的建議》，杭蘇紅譯，第六頁。

『文明』人從『野蠻』人突顯出來的特徵。」[1] 文字是生產活動的產物，也是人類思維的產物，文字的傳播和知識的普及，在很大程度上促進了城市的變革和以冶煉為起點的科技的發展，城市又為以文字為核心的知識創造、生產和傳播提供了需求動力和組織及制度保障，極大地促進了人類的思維、思想力和創造力。從此，城市發展就沿著知識和文化創造、積累與傳承的軌跡前行。

1 一 文字之光點燃思維之炬

考古發掘表明，位於巴勒斯坦約旦河谷，屬於公元前九〇〇〇年左右的耶律哥(Jericho)，已經具有了很多城鎮佈局的特徵。[2] 儘管「蘇美爾人認為自己建造了世界上第一座城市埃利都」[3]，但現在的史料只能揭示埃利都是歐貝德文化的發源地，在公元前四五〇〇—前四三〇〇年的歐貝德文化時期，尚無城市形成的明顯跡象。[4] 公元前三五〇〇—前三一〇〇年的烏魯克[5]文化，建築風格不僅具有了明顯的城市佈局特徵，市民生活方式已經形成。更為重要的是，在烏魯克文化時期出土了蘇美爾人的象形文字，時間約公元前三三〇〇年。[6] 語言史家認為這是世界上最早的文字。[7] 城市與文字同時出現在一種文化遺址中，不知是巧合，還是揭示了兩者的「姻親」或「孿生」關係。無論如何，學者們一致認為，蘇美爾人創造的烏魯克文化標誌著文明的誕生。[8]

一般而言，語言先於文字產生。如同文字一樣，語言也是在勞動過程中產生的，

[1] 〔美〕布魯斯．馬茲利什《文明及其內涵》，汪輝譯，第一二頁。

[2] Charles Gates, *Ancient Cities: The Archaeology of Urban Life in the Ancient Near East and Egypt*, Second Edition, London: Routledge, 2011, p.17.

[3] Charles Gates, *Ancient Cities: The Archaeology of Urban Life in the Ancient Near East and Egypt*, p.33.

[4] 參見 Georges Roux, *Ancient Iraq*, Third Edition, London: Penguin Group, 1992, p.55–65.

[5] 因烏魯克城而得名。烏魯克，即《聖經》中的「以力城」，今瓦爾卡。

[6] Georges Roux, *Ancient Iraq*, Third Edition, p.73.

[7] 〔英〕尼古拉斯．奧斯特勒《語言帝國：世界語言史》，章璐、梵非、蔣哲傑、王草倩譯，上海人民出版社二〇一六年版，第四五頁。

[8] Petr Charvát, *Mesopotamia Before History*, London and New York: Routledge, 2002, p.98.

是順應溝通和相互學習的需要產生的。然而，對於生產和生活而言，僅有語言是不夠的，繼語言之後，文字的出現是必然的、命令式的。「文字是再現具體口說話語的書面標記」，「所有語言都首先是口說的語言，只有少數語言才有文字。」⑨人的手腳四肢是很平庸的，平庸到只憑它們人類是無法在地球上獲得生存空間的，手腳不足靠腦力來彌補，單個人力量不足，靠群體力量彌補，文字及其所承載的信息便成為了人們趨利避害、發明工具和武器的知識手段，這些知識手段一代代積累和傳播，人類的生存能力才得以日益提高。專家學者就有這樣的評論：「文字是人類文化最傑出的成就之一。首先，文字能夠超越時空的局限進行交流。口語的說話，只能為近旁的人所知曉，既無法傳於遠方，也不能留給後世。有了文字，不管多麼久遠的時間跨度，也無論多麼遙遠的空間距離，信息與故事都能被記錄並傳遞。」⑩這便是文字能夠積累和傳播人類生存技能的奧祕。圖書是承載文字最早的具體形式之一，從蘇美爾人在泥板上刻寫文字，並在學校中教授學生開始，這種學習的古老傳統也就隨之開始了。上學就是讀書，讀書就是上學。所謂學生，就是學習生存，自古便如此。在資訊發達的現代社會，不學習更無法生存，無法在社會上立足。「人類沒有學，人類不可以生存；人類沒有學，人類也無須乎生存！」「生即須學，學即為生！」「凡生者都應學，就是凡生者都是學生。」⑪

越來越多的信息對於人類來說，可用氾濫成災來形容。不是所有信息都對人有用，只有有用的信息才能稱為知識。知識不等於智慧，只有轉化成生產力或有助生產與生活

⑨〔加〕亨利．羅傑斯《文字系統——語言學的方法》，孫亞楠譯，商務印書館二〇一六年版，第三頁。

⑩〔加〕亨利．羅傑斯《文字系統——語言學的方法》，孫亞楠譯，第一頁。

⑪ 陳東原《為什麼要學，怎樣學》，載范壽康編《我們怎樣讀書》，當代中國出版社二〇一三年版，第一〇頁。

的知識才能變成智慧。信息、知識和智慧的產生和積累有賴於思維，思維的基礎是記憶力，記憶的東西越多，又反過來更大地促進思維的發展。然而，儘管與其他動物相比人類擁有超長的記憶力，但人的記憶力終歸有限，而圖書之類的文字紀錄大大幫助了人類的記憶，或者說彌補了人類記憶的有限性。語言文字學家指出，「文字能夠彌補人類記憶的不足」，「而且書寫的文本比人的記憶更為可靠準確」。[1] 科學家的研究表明，一個人一生對自己大腦的使用只佔其腦容量很少的部分，只能怪人的體力、精力和記憶力跟不上大腦思維力的發達。只有不間斷地多讀書，才能在一定程度上彌補記憶力的不足，才能更多更有效地利用或開發思維能力，使大腦中主思維的部分減少浪費，這樣人自身才能得到充分和均衡的發展。現代文明發展的成果不斷地提示我們，人類擁有無限的思維力，擁有無限的想像力和創造力，文字之書則是推動思維、想像和創造力的引擎和燃料。

對天地、宇宙萬物長期的經驗和認識積累，人類創造出第一批富有思想和智慧的文字之書。不同的民族、國家和地區以不同的文字形式把自己祖先長期積累的知識和智慧，以自己發明的文字符號記錄下來，奠定了其獨特的思想和文化根基。我們把這類書稱為原典，就是經典中的經典，它們成為後世一切思想的基礎和來源，也因此成為一切圖書的基礎和來源。這些書具有三個突出的特點：其一，它們沒有引文注釋，它們是絕對的原創，體現的是先民讀天地之書的感悟；其二，它們雖有著者名字，但也不意味著就是為一人所做，或為一人之功，它們往往是該民族、國家和地區世世代代知識和智慧

[1] 〔加〕亨利．羅傑斯《文字系統——語言學的方法》，孫亞楠譯，第一頁。

的結晶，署名的作者僅僅是最後整理者或集大成者而已。如《詩經》和《春秋》等。其三，整理者或集大成者有時也不是單純地做文字書寫工作，而是通過對話或演講的方式記錄先民的思想和智慧。如《論語》和蘇格拉底與柏拉圖的各種對話錄等。

文字和閱讀對人類思維發展和知識的創造和積累，以及物質文明和精神文明的進步，所產生的巨大推動作用，怎麼評價都不為過。沒有文字，沒有閱讀，人類還會在黑暗中摸索更長的時間。憑藉高級的思維和高度的思想力，人類不僅在科技發明方面幾乎每天都會取得難以想像的成果，在文學藝術方面激發出無限的想像力和創造力，還為自身發展進行了難以計數的、堪稱精妙的制度設計，包括經濟制度、政治制度、教育制度和法律制度等等，它們為文明發展既提供了動力系統，又提供了控制和約束機制。這些構成了我們今天坐享的所謂的文明果實，可以想像，這些仍在發展中的文明果實還會結出更多、更讓人意想不到的果實。果實是甘甜的，有時也是苦澀的，也許這就是人類應該承受的。但保證更多甘甜、減少苦澀的努力，應該是對人類智慧的一種考量。思維能力是人類存在之本，但正確地使用思維能力同樣也是人類存在之本。

2 一 磚石紙墨造就靈魂不朽

德國著名思想家奧斯瓦爾德·斯賓格勒（Spengler）[2]說：「所有偉大的**文化**都是城鎮文化。第二時代的高級人類是一種被城鎮束縛的動物。在此，世界歷史便是市民的歷

❷ 奧斯瓦爾德·斯賓格勒（一八八〇—一九三六），德國著名哲學家和文學家。代表作有《西方的沒落》、《普魯士的精神與社會主義》和《人與技術》等。

史，這就是『世界歷史』的真正尺度……民族、國家、政治、宗教、所有藝術以及所有的科學，全都有賴於一種原初的人類現象，那就是城鎮。」❶ 關於城鎮及文化，他進行了進一步深入的剖析，「所有**文化**的所有思想家自己都生活在城鎮之中」，「真正的奇跡是一個城鎮的心靈的誕生」，它「突然地從它的**文化**的一般精神中產生出來」。❷ 城市通過知識、技能和思想的創造與傳播發展著文化，同時也發展著人性，因為複雜的城市「是人性的某種表現形式」。❸ 與之相伴，城市也為記載人類文明成果的文字之書提供了發展、傳播的空間。

知識、技能和思想是人類在生產實踐活動中產生的，體現的是人類對宇宙萬物和世界的認知，最終轉化為人類在生產和生活中的生存手段和工具。有了文字之後，知識、技能和思想得以跨越時間和空間，在更長的時間和更廣的空間傳播，並積累起來。可以說，認識自然和世界，掌握其發展和運行規律，已經成為人類的生存之道。

不僅如此，正是在這一過程中，人類發現了自己超越生存之道的獨特存在方式。這就是思想性和精神性的存在方式，它更深刻而清晰地表明了人從根本上來說是精神性的動物，是一種精神性存在。知識、技能和思想都是認知的結果，一方面任何事物和現象都是多維的存在，都是由諸多要素綜合運動的結果，而根據現象學的學說，任何事物對人而言都只是一種「側顯」，即每次只能顯現出一面，所以人的認識必定是有局限的；另一方面，人的認識和知識是不斷積累的，始終是處於深化中的，而宇宙萬物也無時不

❶ 〔德〕奧斯瓦爾德·斯賓格勒《西方的沒落》第二卷，吳瓊譯，上海三聯書店二〇〇六年版，第七九頁。

❷ 〔德〕奧斯瓦爾德·斯賓格勒《西方的沒落》第二卷，吳瓊譯，第七九頁。

❸ 〔美〕羅伯特·E. 帕克等《城市——有關城市環境中人類行為研究的建議》，杭蘇紅譯，第八頁。

❹ 勒內·笛卡爾（一五九六—一六五〇），法國著名哲學家、數學家和物理學家。被稱為「近代哲學之父」和「近代科學的始祖」。代表作有《哲學原理》、《形而上學的沉思》、《談談方法》和《論世界》等。

❺ 〔法〕笛卡爾《談談方法》，王太慶譯，商務印書館二〇一三年版，第四九—五〇頁。

❻ 亞里士多德（前三八四—前三二二），古希臘著名哲學家、思想家、教育家和科學家，百科全書式的人物。代表作品有《政治學》、《物理學》和《形而上學》等。

處於運動和變化中，所以人的認識和知識必定只在一定的時間範圍內有效，或者說只反映當下的認知水平。關於人類認識的有限性，看看笛卡爾（Descartes）[4]是怎麼說的。他說：「我深信：任何一個人，包括醫務人員在內，都不會不承認，醫學上已經知道的東西，與尚待研究的東西相比，可以說幾乎等於零。」[5]可以說，知識和真理都是相對的，沒有永恆不變的真理，也正因為如此，人類才被激發起無窮的探究力量，在認知的道路上樂此不疲地前行，在取得一個個成就的同時，未知的黑洞卻越來越敞開大門，像是在向人類宣戰和挑戰一樣，人類也從不畏懼地在應對宣戰和挑戰中，變得越來越聰明，智慧越來越得到累積。一個個學科、一門門學問、一種種理論越來越多、越來越深地展現出來。一代代學人筆耕不輟，一輩輩學子矢志不忘。這不僅成為人類的精神追求，而且成為人類精神性存在的標誌。這種精神追求和存在標誌，成為人類永恆的存在方式。

其實，科學對於人類的意義絕不僅僅在於其轉化為生產力部分的實用價值，科學理論及其沿著這條道路不斷探索的意義遠超出人們所意識到的實際價值。說人類就生活在自己不斷建構起來的所謂科學理論之中，一點兒也不為過。或者說，一個個所謂的科學理論，為人類提供了永遠都不會完整、永遠都不會完善、永遠都需要不斷得到修補的精神寄託。從有文字記載以來，我們清晰地看到古希臘亞里士多德（Aristotle）[6]和古埃及托勒密（Ptolemaeus）[7]提出的地心說，十六世紀初波蘭人哥白尼（Copernicus）[8]以及十七世紀初德國人開普勒（Kepler）[9]和意大利人伽利略（Galilei）[10]提出和證明的日心

[7] 托勒密（約九〇—一六八）。相傳他生於埃及的一個希臘化城市赫勒熱斯蒂克。羅馬帝國統治下的著名的天文學家、地理學家、占星學家和光學家。「地心說」的集大成者。代表作品有《天文學大成》、《地理學》、《天文集》和《光學》等。

[8] 哥白尼（一四七三—一五四三），文藝復興時期波蘭偉大的天文學家和數學家。提出的「日心說」打破了長期以來居於宗教統治地位的「地心說」，實現了天文學的根本性革命。代表作品有《天體運行論》等。

[9] 約翰尼斯·開普勒（一五七一—一六三〇），德國傑出天文學家、物理學家和數學家。哥白尼的堅定支持者，發現行星運動三大定律。代表作品有《宇宙的奧祕》、《世界的和諧》和《魯道夫星表》等。

[10] 伽利略（一五六四—一六四二），意大利數學家、物理學家和天文學家。（轉下頁）

說，十七世紀下半葉英國人牛頓（Newton）❶提出的萬有引力定律，十九世紀英國人麥克斯韋（Maxwell）❷的光傳播理論，以及二十世紀上半葉愛因斯坦（Einstein）❸的廣義相對論和量子力學理論等等，在不同的歷史時期為人類提供了理解宇宙、理解自身的精神框架和方式。宇宙無止境，認識就無止境，理論就更無止境，人類就生活在自己編織的一個個所謂科學理論的神話中。關於科學理論的意義，霍金（Hawking）❹給了我們這樣的啟示，他說：「理論只不過是宇宙或它的受限制部分的模型，以及一族把這模型中的量和我們做的觀測相聯繫的規則。它只存在於我們的頭腦中，不再具有任何其他（不管在任何意義上）的實在性。」❺德國著名古典哲學家康德從哲學家的角度，說得更直接，「人頭腦中對世界形成的印象並不是世界在『人腦外』的本來面目。取而代之的是，人的觀念是世界給人的表象，是根據人的思維構造力的種種法則形成的」❻。人類根據自己的法則構建著對宇宙、世界的認識圖景，並不斷地增加或調整規則，豐富或調整認識的軌跡。康德對數學中的幾何圖形的解釋，為我們提供了具體的剖析。他指出，「幾何形狀是人思維中的『理想構造』。幾何其實是人類思維的創造物，因為不存在一個不具任何其他屬性的『純然的』三角形」❼。宇宙的無限性和人類認識的局限性，使得人類只能構建一個個有限的模型，編織一個個有限的科學神話。人類正是在自己不斷編織的一個個科學神話中，發現了自身存在的價值、存在的依據和存在的方式。

在這方面，還有一件事情能讓我們看得更清楚，即人類所謂的科學研究和探索，

科學革命的先驅。哥白尼「日心說」的堅定支持者。發明了擺針和溫度計，是近代實驗科學的奠基人之一。被譽為「近代力學之父」、「現代科學之父」。為牛頓的理論體系之建立奠定了基礎。代表作品有《星際使者》和《關於太陽黑子的書信》等。

❶ 艾薩克·牛頓（一六四三—一七二七），英國皇家學會會長，英國著名物理學家，百科全書式的「全才」。其萬有引力定律和三大運動定律，以及在理論上對哥白尼「日心說」的支持等，極大地推動了科學革命。代表作品有《自然哲學的數學原理》、《光學》和《自然定律》等。

❷ 詹姆士·克拉克·麥克斯韋（一八三一—一八七九），英國物理學家。

❸ 阿爾伯特·愛因斯坦（一八七九—一九五五），猶太裔物理學家。諾貝爾物理學獎獲得者。發表「量子論」，提出光量子假說，創立了狹義相對論、廣義相對論等。

在很多領域是永遠都不會有終極答案或結果的，但人類永遠也不會停止探索的腳步。比如關於對宇宙的認識，是永遠都不會有統一的理論的。其他諸如宇宙有多大，宇宙有無邊際，宇宙有無開端；時間從哪裏來，時間有沒有盡頭；我們是誰，我們從哪裏來，我們要到哪裏去；我們都見過雞生蛋，也都見過蛋生雞，但究竟是先有蛋還是先有雞，這些永遠都不會有答案的問題，卻是人類永遠都感興趣的話題，永遠都不會放棄追尋的問題，因為從根本上來說，這是在追尋人類自身。其意義已不在於或已超越了答案，而更在於追尋過程中。霍金說，「自從文明開始以來」，人們「渴望理解世界的根本秩序。今天我們仍然很想知道，我們為何在此？我們從何而來？人類求知的最深切的意願足以為我們從事的不斷探索提供充足的理由」。[8] 探索和追求是人類存在的理由，也是人類存在的標誌。

技術和發明同樣是激發人類想像力和創造力的引擎，或者說，它們本身就是想像力和創造力的結晶，是思維和思想的果實。人類從使用貝殼盛水，到製造簡單的刮削器和石器，從發明遠離敵對物的弓箭，到設計把自己發射至宇宙太空的飛船，可以說，人類對技術和發明的興趣，已經到了癡迷甚至著魔的程度，因為它把人類想像和創造的本性揭露無遺，人類想像和創造的潘多拉盒子一旦打開，其結果就如現在人們享受和遭受的一樣。享受和遭受本身就是一體兩面的，它體現的既是事物的兩面，也是人性的兩面。或者可以說，是人性的兩面同時發揮著作用，推動著技術與發明朝著人類自身都無法

參加反戰和平運動。被美國《時代週刊》評選為「世紀偉人」。代表作品有《非歐幾里德幾何和物理學》、《統一場論》和《我的世界觀》等。

④ 斯蒂芬·威廉·霍金（一九四二—二〇一八），英國劍橋大學著名物理學家。現代最偉大的物理學家之一。發現霍金輻射、提出無邊界條件猜想等。代表作品有《時間簡史》、《果殼中的宇宙》、《大設計》、《我的簡史》等。

⑤ 〔英〕史蒂芬·霍金《時間簡史》（插圖本），許明賢、吳忠超譯，湖南科學技術出版社二〇〇九年版，第一六—一七頁。

⑥ 〔英〕彼得·沃森《德國天才》一，張弢、孟鐘捷譯，第二二一頁。

⑦ 〔英〕彼得·沃森《德國天才》一，張弢、孟鐘捷譯，第二二一頁。

⑧ 〔英〕史蒂芬·霍金《時間簡史》（插圖本），許明賢、吳忠超譯，第二一頁。

讀文字之書

把握的方向前進。一本本文字記述，一個個科學公式，一張張設計圖表，既是人類聰明才智的傳承，同時也深深地刻上了人性的烙印。或者換句話說，人類肆意發展技術和發明，實際上是肆意發揮著人性。

思想是認識的結果或結晶，思想又反過來促進認識的發展，而且還引發實踐和社會變革，不斷地推動社會進步。這就是文字的力量，確切地說，是文字傳播的力量，文字在人的心中播下了某種不安的種子，它以思想的方式一次次打開人類的心門，結出一個個文明或不文明的果實。

自古以來，人類就有一種缺憾，這種缺憾甚至凝聚成了一種心結，即與永生的神靈相比，人最終難免一死。在古代神話和人類的早期歷史中，我們總能看到君王們不停地尋求長生不老的祕方，但終歸徒勞。其實，人類自古就存在著長生不死或獲得永生的方法，它不是肉體的，而是靈魂或精神的，文字之書就是讓靈魂和精神不朽的絕佳方式。

出於對人類理性的信仰，笛卡爾相信：「我們的靈魂具有一種完全不依賴身體的本性，因而絕不會與身體同死；然後，既然看不到什麼別的原因使它毀滅，也就很自然地由此得出結論，斷定它是不會死的了。」[1]中國古代早就有對靈魂或精神不朽的追求，那就是通過著書立說的方式，讓思想傳之後世。春秋末期完成的史書《左傳》中就記載了中國士大夫關於肉體生命實現人生超越的「三不朽」理念。即「『太上有立德，其次有立功，其次有立言』，雖久不廢，此之謂三不朽」。其後的司馬遷[2]將撰述《史記》直

❶ （法）笛卡爾《談談方法》，王太慶譯，第四七頁。

❷ 司馬遷（前一四五—不詳），字子長。西漢史學家和文學家。所著《史記》，開中國紀傳體史學先河。

接與成就不朽的功業相聯繫；曹丕[1]在《典論．論文》中發揚光大了這個理念，他說：「蓋文章經國之大業，不朽之盛事。年壽有時而盡，榮樂止乎其身，二者必至之常期，未若文章之無窮。是以古之作者，寄身於翰墨，見意於篇籍，不假良史之辭，不托飛馳之勢，而聲自傳於後。」近代張之洞[2]所作的《勸刻書說》更是將出資刊刻古籍作為平凡資質的人追求不朽的可行性途徑：「凡有力好事之人，若自揣德業、學問不足過人，而欲求不朽者，莫如刊佈古書一法。但刻書必須不惜重費，延聘通人，甄擇祕籍，詳校精雕（刻書不擇佳惡，書佳而不讎校，猶糜費也），其書終古不廢，則刻書之人終古不泯。如歙之鮑，吳之黃，南海之伍，金山之錢，可決其五百年中必不泯滅，豈不勝於自著書、自刻集者乎（假如就此錄中，隨舉一類，刻成叢書，即亦不惡）。且刻書者，傳先哲之精蘊，啟後學之困蒙，亦利濟之先務，積善之雅談也。」張之洞所指是，不是所有人都有著書立說的才能，即便沒有這等才能的人，也可以追求自己的靈魂和精神不朽，那就是刻先人之書，使之傳播久遠。後人的名字有可能由於對於先賢思想和文字的傳播行為，得以與不朽的古代聖賢聯繫在一起，而獲得不朽的機會。

詩人臧克家在懷念魯迅的詩中說「有的人活著，他已經死了；有的人死了，他還活著」。古往今來，人類多少偉大的人物雖已離我們遠去，其靈魂仍然照耀人類前進的道路，其精神仍然成為我們的指引，其思想仍然成為我們的財富。當一切都被時代的風雲吹散，惟思想永恆，精神永駐。文字之書成為凝聚這種永恆的美妙方式。

❶ 曹丕（一八七—二二六），魏文帝，字子桓，三國時期著名政治家和文學家。曹魏的開國皇帝。

❷ 張之洞（一八三七—一九〇九），字孝達，直隸人。清代洋務派代表人物。政治上主張「中學為體，西學為用」，創辦自強學堂等。所著《勸學篇》流傳甚廣。著有《張文襄公全集》。

3 — 文字與閱讀開啟城市文明之門

城市生活開啟了人類文明的新方式，城市生活作為文明方式，亙古未變，延續至今，而且還將繼續下去。在人類歷史的長河中，無論是郡縣還是行省，都只是出於統治和管理需求而設，也同樣可以根據需要而廢，惟城市是居住民自由、自願選擇和自然形成的結果，其文化也才鮮明和根深蒂固。我們還清晰地記得，二〇一〇年上海世博會的主題：城市讓生活更美好。文化是城市生活的鮮明特色和主題，文字和文字傳播又構成文化的核心。對於文字出現之前的人類社會，專家學者們給出了「蒙昧時代」和「野蠻時代」的界定，只有在文字出現後，人類方進入了文明社會。文字閱讀和文化教育亦是城市革命的催化劑。在公元前四千年代人類最早的城市——蘇美爾人的城市中，即伴隨有人類最早的學校，以文字和文字之書傳播知識的時代也隨之開始了，這一古老的方式同樣亙古未變，延續至今。

既然文字和文化教育開啟了城市和文明的方式，城市化的核心就絕不是街道的縱橫交錯和建築的鱗次櫛比，而是農民市民化和市民知識化的進程。市民化和知識化的道路並非一片坦途，也絕無可能一蹴而就，經過幾千年的文明進程，城市化和知識化仍然是人類面臨的重要課題，因為從一開始由於文字的複雜性和學習掌握文字的難度，當然還有統治階級出於自身統治的需要，採取愚民政策，加之經濟條件和社會地位等因素的限制，文字和知識一直只掌握在少數人手中，文字和知識的普及化或大眾化雖然是人類堅定的方向，但迄今仍然是人類努力解決的難題。

從歷史考察，「到中世紀末，有百分之十以上的西歐人口住在城市。在一些受移民青睞的地區如佛蘭德，這個比例上升到百分之二十或更多。從農村向城市的遷移在近代有加快的趨勢，隨著十九世紀工業的發展，歐洲每個城市中有一半以上的人口是剛剛來到城市生活的」[1]。歐洲的城市化進程比世界上其他地區要早，水平也相應要高。現如今從全世界範圍來看，總體來說，城市化的水平已經達到百分之五十，即一半的人口生活在城市，一半的人口生活在鄉村。而作為世界上最大的發展中國家的中國，正處於向著現代化邁進的過程中，目前城市化的水平還不夠高，十三億中國人中尚有十億的農民，為改變這種現狀，還需要做出更大的努力。中國勞動力人口受教育的平均時間只有十點五年，也就是說初中多一點兒未滿高中的水平；大學畢業生在總人口中所佔的比例，以及國民年人均閱讀圖書的冊數即閱讀率等，在世界上都處於較低水平。正因為如此，國家已將文化教育和全民閱讀推廣上升為基本國策，因為這將直接關係到中華民族偉大復興中國夢的實現，需要全社會的關注和共同努力，文化教育部門和文化企事業單位更要發揮突出的作用。對全民閱讀立法，已成為全社會的共同聲音。只有讓閱讀進入各級政府的工作日程表，進入各級財政部門的預算表，進入各級政府的履職考核表，進入中小學的課程表，這樣，全民閱讀才不會僅止於呼籲，才不會只聞雷聲而不見雨點。

城市生活的一個重要特徵，是其極大地促進了社會分工，社會分工變得越來越細，

[1]〔英〕諾爾曼·龐茲《中世紀城市》，劉景華、孫繼靜譯，第一三七頁。

這在一定程度上標誌著生產越來越進步，生活越來越精細。體現在造物方面就是，生產工具和生活用具的質量和品質越來越高。這是物質方面的表現。在精神文化方面的表現，則是生產工具和生活用具體現出的人類思維和思想的演進，體現出人類精益求精、精雕細琢的態度，體現出人類對造物的敬畏之心，對自然、社會和自身的態度。促進社會分工的根本動能是剩餘農產品和商品經濟的發展模式，剩餘農產品使得不必人人都得從事糧食、生產才能生活，一部分人騰出時間可以專門從事某項勞動，然後用其勞動成果換取自己生活所需的物品，市場提供了交換的場所和機制。商品經濟成為人類物質文明發展的基本道路，需求成為經濟和社會發展的根本動力。經濟模式、社會模式和生活方式，在一定程度上決定了文化模式。

「分工只是從物質勞動和精神勞動分離的時候起才真正成為分工。」[2] 城市生活所帶來的社會分工，其最大和最具影響者是把社會的勞動者分為了物質生產者和精神生產者，或者說是體力勞動者和腦力勞動者。一開始，絕對的體力勞動者佔大多數，腦力勞動者佔極少數。文字和以文字為主要承載工具的知識，被少數人所壟斷。在文字之初的人類早期文明中，文字甚至具有某種神祕和神聖的力量，學習、掌握文字和知識成為少數祭司和王公貴族的特權，最早的蘇美爾人學校也只有兩種形式，即神廟學校和王室學校。在古代美索不達米亞和古埃及社會中，都存在著一個特殊的階層，即書吏或書記官階層。在美索不達米亞和埃及等人類早期文明的社會中，有專門培養書吏的學校，書吏

[2] 馬克思、恩格斯《馬克思恩格斯選集》（第一卷），中共中央馬克思恩格斯列寧斯大林著作編譯局編譯，人民出版社一九九七年版，第八二頁。

學校的畢業生一走出學校的大門，便進入王室或神廟的官僚機構中任職，走上仕途。可以說，美索不達米亞和古埃及社會，都崇尚「學而優則仕」的價值觀念。其實這也不奇怪，知識和技能是人類最重要的生存手段，國家是個人和族群的命運共同體，由掌握知識和技能的人來操控和運營國家這台結構複雜的龐大機器，有利於促進公共和更多人的利益。這一重大社會分工造成了一個新的權貴階層——知識或知識分子階層的出現，他們不似傳統貴族靠血統或財富保有其社會地位，而是靠壟斷讀書或知識獲得地位和權力。從人類不斷向著知識方向進化的角度來審視，知識分子代表著某種先進的力量，這就要求知識分子擔當起知識傳播的重任，用先進知識、技能和思想的創造與傳播，推動社會的進步與完善。這同樣是圖書和閱讀最重要的，也是最終的目標所在。

在現代社會，在自由和平等觀念下，雖然讀書或追求知識被認為是最具平等性的事情，但直到現在它仍然沒有實現平等。在被認為最發達的美國社會，十九世紀時圖書仍然是奢侈品，有條件讀書的人仍佔少數。在現代社會直至今日，縮小乃至消除腦力勞動和體力勞動之間的差別，仍是人類面臨的一個重要課題。即便是教育的普及程度逐漸提高，國民乃至人類的閱讀率不斷攀升，腦體差別越來越小，以知識生產和傳播為職業的知識分子階層仍然還會繼續存在，文字之書的創造和傳播模式，仍然會成為繼續推動人類文明前行的主流動力。

三……讀屏時代與信息革命

閱讀進入所謂的讀屏時代，是與信息革命，確切地說，是與數字互聯網科技革命密不可分的。實際上，數字互聯網科技革命不是一夜間突然出現的，它是伴隨著人類的信息和知識創造，以及通訊傳播技術演進的自然結果。

1 一 從城市革命到信息革命

城市文明發展了專門的知識生產者和教育機構，極大地促進了知識的創造、積累和信息的傳播，人類文明沿著這條軌跡前行，信息、知識以及在此基礎上發展起來的智慧，成為人類文明演進的主旋律。信息、知識和智慧在人類生產和社會生活中扮演著越來越重要的角色，現代社會從根本上說就是知識社會和信息社會，以至於離開了信息和知識，社會將無法運轉，人類將不復存在。回望歷史，我們看到，人類的現代化走的是城市化和工業化之路。真正的城市化意味著農民市民化，市民知識化。現代知識和現代社會的起源可以追溯到文藝復興，經歷宗教改革、啟蒙運動和現代科學的興起，這一切都與印刷和圖書出版密不可分。近代哲學和科學的奠基人之一、英國著名思想家弗朗西斯·培根高度評價了印刷術的歷史貢獻，把它與火藥和指南針並稱為影響世界的三大發明，「這三種發明已經在世界範圍內把事物的全部面貌和情況都改變了」[1]。早在十三世紀，歐洲的大學城裏，圖書貿易就已經很興旺[2]，自十五世紀中期以來，貫穿全歐洲的書籍貿易就已經形成了許多共同的特點，書籍成為「國際性的商品交易」，「帶來國際性的閱讀」。[3]有學者把活字印刷描繪為「文藝復興最偉大的發明」[4]，美國當代著名傳播學家伊麗莎白·愛森斯坦指出：「十六世紀意大利文藝復興盛期文化的興旺在很大程度上歸功於早期的印刷商——尤其歸功於威尼斯的印刷商。」[5]關於印刷術對於宗教改革的影響，已經為學者們所公認，「到十六世紀初，印刷機複製和發行的印數很大的書籍顯然超過了抄書房的能力。由於書籍的數量增加、成本降低，印刷術對宗教改革時期的歐洲文明產生了重大的社會、經濟和思想影響」[6]。世界著名傳播學大師麥克盧漢（McLuhan）[7]說：「印刷術的統一性和可重複性構建了十七世紀的政治算術和十八世紀的享樂主義的微積分。」[8]十八世紀在英國、德國和法國等歐洲各地發生的「印刷大爆發」，直接促進了一場場資產階級革命，這些革命及其成果奠定了西方現代社會的根基。隨後的工業革命更加激發了科技發明與創造，信息通訊技術把世界連通在了一起。二十世紀五六十年代，隨著廣播、電視等電子傳播媒介和數字技術的廣泛應用，信息論等理論研究的深入，人類一步步向著新型的信息社會邁進，直到今天新的數字互聯網技術的無孔不入，可以說，至少一部分人類社會已經率先實現了轉型，邁進了信息社會的門檻。

實際上，對於數字互聯網技術的發明和廣泛應用，人們早就稱之為是一場新的，

[1] 〔英〕培根《新工具》，許寶騤譯，商務印書館二〇一六年版，第一一四頁。

[2] 參見〔美〕伊麗莎白·愛森斯坦《作為變革動因的印刷機》，何道寬譯，北京大學出版社二〇一〇年版，第一八五頁。

[3] 〔美〕理查德·B. 謝爾《啟蒙與出版：蘇格蘭作家和十八世紀英國、愛爾蘭、美國的出版商》，啟蒙編譯所譯，復旦大學出版社二〇一二年版，第四頁。

[4] 〔美〕伊麗莎白·愛森斯坦《作為變革動因的印刷機》，何道寬譯，第一六頁。

[5] 〔美〕伊麗莎白·愛森斯坦《作為變革動因的印刷機》，何道寬譯，第一八五頁。

[6] 〔美〕伊麗莎白·愛森斯坦《作為變革動因的印刷機》，何道寬譯，第二二三頁。

比以往任何一次都影響深刻的科技革命。這次科技革命最突出的特點是聚焦信息和信息技術，所以我更願意把它直觀地理解為，這是一場由廣播、電視等一路走過來的信息革命，這場科技革命最終是由數字互聯網技術實現的，人工智能和量子計算等其他技術還在引領著這場革命向縱深發展。信息革命正在引發全面的產業和社會變革，閱讀作為信息傳播的接受動作——寬泛地說，任何接受信息的過程都是閱讀，自然也不會不受影響。由於在信息時代，接受信息的主要方式是通過各種電子屏幕獲取，我們便由此把這種閱讀方式稱為讀屏。

信息社會是由信息技術革命，具體來說就是由電子通訊技術和數字互聯網技術引發和最終促成的。因此，信息社會是以信息技術特徵為重要標誌的。所謂的信息社會，信息應當是核心，「信息爆炸」也確實給人留下了最深刻的印象，但實際上最搶風頭的卻是技術，是傳播技術。儘管現代社會變得越來越複雜，新信息、新知識不斷湧現，但同時舊的信息和舊的知識也在消失，所以總體說來，造成「信息爆炸」的原因主要不是信息增多，而是信息傳播技術更加發達所致。以往社會結構同樣複雜，同樣製造很多信息，也同樣讓人有應接不暇的感覺。例如早在一六二一年，牛津學者羅伯特·伯頓擁有的私人圖書館藏書達一千七百本，他生動地描述了信息過多的感受：「我每天都能聽到新消息和流言蜚語，關於戰爭、瘟疫、火災、洪災、盜竊、謀殺、屠殺、流星、彗星、鬼魂、神童、異象，關於法國、德國、土耳其、波斯或波蘭等地的村鎮淪陷、城市遭圍、軍隊

⑦ 馬歇爾·麥克盧漢（一九一一——一九八〇），是加拿大也是二十世紀世界著名媒介理論家。代表作有《谷登堡星漢璀璨——印刷文明的誕生》、《理解媒介》和《機器新娘》等。

⑧ 〔加〕馬歇爾·麥克盧漢《谷登堡星漢璀璨——印刷文明的誕生》，楊晨光譯，北京理工大學出版社二〇一四年版，第三二三頁。

讀屏幕之書

集結和每日備戰，以及見諸如此動蕩時局的頻仍戰事、生靈塗炭、決鬥、船難、海盜、海戰、媾和、結盟、謀略、和新的警報，諸如此類。誓言、祈求、提議、敕令、請願、訴訟、呼籲、律條、宣告、抱怨、哀悼，相互混雜，每天不絕於耳。」[1] 通過信息分類，我們可以明顯地看出，十七世紀人們每天接觸的信息與我們今天並無大的差異，最大的差異在於，由於傳播技術的局限，十七世紀的信息只能在有限的空間傳播，生活在某一空間的人群並不知道或很晚時期才知道外面世界發生的事情，而今天的互聯網卻在同一時間把全世界的信息都聚合起來，瞬間形成轟炸之勢。因此，數字互聯網技術不僅成為這次科技革命的主要引擎，更成為當下信息社會的科技標識。

經濟是社會的中樞神經，是生活的血液命脈，因此社會的主要特徵首先必然表現為經濟特徵。在信息社會，新媒體和新的數字技術革命所帶來的產業結構和經濟驅動模式，已經使傳統的工業經濟發展道路轉向信息經濟發展道路，社會的生產方式正在全面信息化。數字互聯網技術正在改變所有的傳統產業，也正在消滅一些傳統產業，正在重新定義傳統產業，為傳統產業帶來新的價值創造，從而為傳統產業提供了新的動力和活力。與此同時，數字互聯網技術正在創造和衍生一些新興產業，尤其是文化產業藉助新的數字和互聯網技術，正呈現出蓬勃發展之勢，在有的國家比如美國，其文化產業已經發展成為國民經濟的支柱性產業，中國的文化產業也正向著這個目標努力，中國已經把發展文化和文化產業上升為了國策。新的數字互聯網技術還有一個更加深遠的影響，那

[1] 〔美〕詹姆斯·格雷克《信息簡史》，高博譯，人民郵電出版社二〇一八年版，第三九六頁。

就是它加速了經濟的全球化進程，並最終實現了全球經濟的互聯互通，它把全球有機地連接在了一起。全球市場與全球性的供給，全球需求與全球性的滿足，全球的原材料和勞動力提供，全球性的資本市場選擇，這些都是以前任何歷史時期不曾有過的事情。至於經濟全球化究竟會給人類社會帶來怎樣的影響，哪些是積極的，哪些是消極的，恐怕還要經過很長的歷史實踐，才能做出些許的判斷。但有一點是確定無疑的，即知識、信息和信息技術對人類經濟和全球經濟一體化的影響會越來越大。

信息和信息技術正滲透到人們生活的方方面面，正在改變著人們的思維方式。推特和臉書等正在成為西方人所喜歡的最重要的言論和信息發佈平台，而同樣的事情他們的先輩古希臘和古羅馬人卻要在廣場上通過高聲演講來進行；中國人開發的微信正在成為全世界人們共同喜愛的交流與溝通方式；支付寶也正在成為一種新的消費或金融方式，向全世界蔓延；中國的共享單車，正在引領一種新的所謂的「共享經濟」，中國的「小黃車」也已經出現在了外國的街道上。如今的中國人還用信息技術大大地促進了中國的美食，他們足不出戶，只需通過手機就可以把著名酒樓的招牌菜請到自己家的餐桌上；家長們再也不用為請不到好家教犯愁了，他們通過互聯網在家就可以選擇甚至來自全世界的名師為自己的孩子上課了。互聯網正在引發一場教育革命，這樣的革命在不考慮經濟因素的情況下，似乎更能幫助社會實現教育平等。這樣的事情舉不勝舉。

信息革命和信息社會給出版和閱讀帶來了新變化，同時這些新變化必然帶給人新的思考。數字技術讓接觸知識和閱讀手段多元化，屏幕閱讀成為當下閱讀最顯著的新特徵，學者們已經給出了「讀屏時代」這樣的概念。所謂的讀屏時代，絕不是說讀屏已經取代了傳統的紙質書閱讀，而成為了唯一的閱讀方式。恰恰相反，新媒體絕不是在消滅傳統媒體過程中產生的，甚至是在對傳統媒體的依賴，對傳統媒體內容生產的依賴中產生的。正如當代英國著名歷史學家、新文化史學的代表人物之一彼得．伯克（Burke）[1]在考察了媒體的歷史之後指出的：「一種通信方式替代另一種通信方式的簡單總結太過草率，例如電視替代了廣播，或者互聯網替代了報紙，等等。傳統媒體和新媒體交互並存，正如現代早期的歐洲，手稿和印刷體並存。兩種媒體有可能會相互競爭，但兩者之間通常會產生勞動分工。」[2]紙書仍然是主要的閱讀方式，數字閱讀只提供了一種新的閱讀方式。就像讀文字之書不能取代讀天地之書一樣，讀屏也不能取代紙質書的閱讀。因為決定內容承載形式的因素，也就是影響閱讀的因素，「不僅是技術方面的；同時也有社會和文化方面的」[3]。

對於數字化出版和數字化閱讀的發展方向，要給出結論性的評說，目前看來為時尚早。正如一位研究者所說：「五百多年來，書籍一直都是現代文化的重要特徵，是教育和學術所依賴的基礎。如果沒有以書籍為形式一代代保存、傳播、傳承下來的資源財富，很難想像西方文化乃至當今世界文明將會是怎樣的。但最近幾年，卻湧現這樣的猜想，那就是我們熟知並重視的這個五百多年的文化是否有消失的可能。今天，圖書出版業正

[1] 彼得．伯克（一九三七—）當今英國著名歷史學家，劍橋大學文化史榮休教授，當代最著名新文化史學家之一。著作宏富，代表作包括《圖像證史》、《語言的文化史——近代早期歐洲的語言和共同體》、《什麼是文化史》和《法國史學革命》等。

[2] 〔英〕彼得．伯克《知識社會史》（下卷），汪一帆、趙博囡譯，浙江大學出版社二〇一六年版，第九九頁。

[3] 〔英〕約翰．B．湯普森《數字時代的圖書》，張志強等譯，譯林出版社二〇一四年版，第三三九頁。

在經歷一場變革，其變化之深刻就如古騰堡開始用傳統的螺旋壓印機來生產印刷文本那樣。這個變革的動因之一是由數字化引起的科技革命，還沒有人能準確知道這個革命將會在圖書出版領域怎樣演繹。」❶

其實，早在半個多世紀之前，被譽為「媒體先知」和「媒體預言家與思想家」的二十世紀媒體理論宗師馬歇爾·麥克盧漢就曾預言：「文明賦予了野蠻人一隻『眼睛』，讓他們用眼睛而不是耳朵去認知，而如今這種視覺世界與電子世界產生了衝突。」❷麥克盧漢基於電視和廣播這種新技術所做出的判斷和預言，在如今的數字傳播技術時代，得到了充分的顯示。他有關新技術對傳播效果影響的判斷，對時下我們認識數字技術和數字時代，仍具有很強的指導價值。他說：「那些體驗到新技術第一次衝擊的人們，不管是文字還是無線電，都會有著最強烈的反應，因為視覺或聽覺的技術膨脹立刻形成了新的感官平衡，在人們面前展現出一個令人驚奇的新世界，在所有感官之中喚起一個有力的新『閉合』，或新穎的互動模式。但隨著整個社會工作和交往的各個領域吸收消化了這種新型的感知習慣，最初的震驚逐漸消退。而真正的變革發生在此之後，是所有個人生活和社會生活對這種新技術所形成的新感知模式長期的『調整』階段。」❸

雖然我們目前無法根據數字化出版和閱讀出現的短短時間來判斷其未來的命運，但現有的發展狀況足以引發學術界、出版界的行政管理部門，乃至廣大讀者關注，引發人們對閱讀本質的深思，對閱讀社會和閱讀文化的深思，以便在如何認識和對待屏幕閱讀

❶〔英〕約翰·B. 湯普森《數字時代的圖書》，張志強等譯，第二頁。

❷〔加〕馬歇爾·麥克盧漢《谷登堡星漢璀璨——印刷文明的誕生》，楊晨光譯，第九一頁。

❸〔加〕馬歇爾·麥克盧漢《谷登堡星漢璀璨——印刷文明的誕生》，楊晨光譯，第八七頁。

方面，形成共識和指導，保證我們的書香社會建設和社會主義文化建設行走在正確的軌道上。

② 一 音畫閱讀的輪迴與思想力的盈衰

如果說人類的書寫和閱讀是從讀圖開始，不斷發展，從直觀到抽象，從淺近到深遠，從稀缺到巨量，從信息閉塞到知識爆炸，那麼，信息時代的閱讀似乎又回到讀圖的原點。讀屏時代的閱讀特徵似乎呈現了初始閱讀的特質，直觀、簡略、淺近，除了更易得、更大量、更具吸引力之外，人類的閱讀彷彿走了一個輪迴，不能不引發我們的警覺和深思。有西方學者從社交媒體發展史的角度所做的研究，對我們思考人類的閱讀，尤其是由互聯網興起所帶來的屏幕閱讀，很具有啟發意義。社交和傳播媒體的快速發展和大受歡迎，有三大原因或動力：「一部分是因為在三千五百萬年的進化過程中，猿猴和其他靈長類動物社會性大腦的進化；一部分是因為約十萬年前人類有了語言之後流言的傳播；還有一部分是因為約五千年前書寫的發明。它們構成了三個古老的基石，二千年來一直支撐著分享型的社交媒體，無論是羅馬時期使用莎草紙卷，還是今天藉助互聯網。」[4]這段分析告訴我們，社會性大腦提出了人的交往性需求，或者說提供了交往的動能，語言和文字則為人的交往提供了根本性的保證，無論是石頭、莎草紙卷，還是互聯網，都只是手段和工具而已。

④〔英〕湯姆．斯丹迪奇《從莎草紙到互聯網——社交媒體 2000 年》，林華譯，中信出版社二〇一五年版，第一三—一四頁。

人類因閱讀而引發的相互之間的交流和交往，是從語言和文字開始的，或者說，是通過語言和文字發生的。如果上述研究無誤，人類是從十萬年前開始有了語言，開始了言語交流和通過語言相互傳遞信息和傳授知識，這個傳統一直到五六千年前文字產生之後仍然繼續著，以至於神話傳說和口頭民間故事成為了人類早期文明的重要資源型特徵。口頭文學甚至成為古希臘古典文明繁榮的重要催化劑，包括蘇格拉底（Socrates）[1]、柏拉圖（Plato）[2]和亞里士多德等著名哲學家在內的雅典社會，都十分崇尚口頭文學，而對文字創作帶有偏見。例如，在亞里士多德看來，語言體現著人的思維過程，而文字只是表達語言的符號而已。即便我們相信著名的《荷馬史詩》「是以文字書寫的形式撰作的」，但「沒有證據證明有任何可以稱之為『閱讀人群』的存在」。[3]也就是說，可能由於圖書製作成本昂貴難以普及，以及識字人群稀少等原因，圖書閱讀相較來說十分困難，傳播的方法就是朗讀或口頭傳誦。演講和演說藝術備受古希臘人推崇，湧現出了許多影響至今的著名演說家。讀書會或朗誦會也成為古羅馬的重要傳統，「到公元前一世紀末期，在仍然維持著宴會後朗讀文學作品的傳統的同時，出現了一種更加正式的宣傳新書的辦法，稱為朗誦會（Recitatio）」[4]。

亞里士多德不僅是古希臘著名哲學家，他還是另一個時代的標誌，即圖書和圖書館時代的標誌，在他生活和創作的時代，希臘形成了讀者群體和閱讀圖書的習慣，應該還出現了圖書館。[5]從此，文字創作或寫作開始主宰西方文明發展的進程，人類的現代文

[1] 蘇格拉底（前四六九—前三九九），古希臘著名哲學家。柏拉圖的老師。代表作有《政治家篇》、《智士篇》和《克提拉斯篇》等。

[2] 柏拉圖（前四二七—前三四七），古希臘著名的哲學家，蘇格拉底的學生，亞里士多德的老師。創建了著名的柏拉圖學園。西方文化史上的偉人之一。代表作品有《理想國》和《對話錄》等。

[3] 〔英〕弗雷德里克．G．凱尼恩《古希臘羅馬的圖書與讀者》，蘇傑譯，浙江大學出版社二〇一二年版，第四二頁。

[4] 〔英〕湯姆．斯丹迪奇《從莎草紙到互聯網——社交媒體 2000 年》，林華譯，第五三頁。

[5] 參見〔英〕弗雷德里克．G．凱尼恩《古希臘羅馬的圖書與讀者》，蘇傑譯，第五四頁。

明也是依靠文字催生的。關於語言和文字對於人類文明演進的不同作用，一位學者給出了這樣的評價：「文字比口語更能發揮人的意識潛力，更富有表現力。文字的出現，使得思想成為人類的一種重要專長。口語稍縱即逝，且完全出於本能反應，思想因其滯後而顯得無足輕重；文字具有更大的信息承載量，且打破了時間的限制，人的理性由此被激活。從某種程度上講，書面化的文字絕不僅是一種記憶的提醒物，它重新塑造了一個震撼人心的世界，並賦予思想一個理想的前提，使其能夠經受人們嚴格而持久的審視。文字對『語言的凝固』創造了文化與文明，也催生了無數文學家、數學家、哲學家、歷史學家和科學家。」[6]

由語言而到文字的發展，也經過了漫長的過程。人類最早的文字都是從圖畫開始的，現代人使用的文字都是由圖畫逐步簡化演變而來的。由圖畫到圖形，由圖形到線條，由線條再形成規矩。就連字母文字，也是從圖形文字的表音符號發展而來的。即便是抽象的概念，人類的祖先也有足夠的智慧，用圖形來加以表示。關於這一點，迄今所知最早的文字——蘇美爾人的楔形文字為我們提供了很好的證據。[7]所以，最早的閱讀傳統，在某種程度上可以說，就是讀圖的傳統。口耳相傳和讀圖傳統的重要優勢，前者是面對面交流的情感體驗和交流方式具有的故事性，後者是圖形的辨識性和易讀性，它們使得兩者具有便於傳播的特性。相隔了幾千年之後，它們又以新的形式實現了輪迴。傳播學大師麥克盧漢在為伊尼斯（Innis）[8]的名著《傳播的偏向》所做的序中做出了這

[6] 杜君立《現代的歷程——一部關於機器與人的進化史筆記》，上海三聯書店二〇一六年版，第八二頁。

[7] 參見于殿利《巴比倫與亞述文明》，第五七—六四頁。

[8] 哈羅德．伊尼斯（一八九四—一九五二），加拿大著名經濟學家，世界著名傳播學大師，麥克盧漢受其思想影響。代表作有《傳播的偏向》、《帝國與傳播》和《加拿大經濟史》等。

樣的描繪：「口頭文化在我們的電子時代復活了，它和尚存的書面傳統和視覺形態建立了一種非常多產的關係。這和字母表出現時的情況是類似的。在二十世紀，我們正在『將磁帶倒過來放送』。希臘人從口頭走向書面，我們從書面走向口頭。他們的『結局』是分類數據的荒漠，我們的『結局』是新型的聽覺咒語的百科全書。」[1]希臘人那麼崇尚的口頭文化，怎麼就變成了我們的「新的聽覺咒語」了呢？

幾千年來，書寫的傳統取代了口頭文化而成為人類文明的最重大的推動力，它是有著深層次的原因的，絕不是偶然的。文字出現以後人類自身進化，以及人類社會發生的日新月異且翻天覆地的變化，其成果是文字出現以前的千百萬年所無法比擬的。這要歸功於書寫，歸功於閱讀。「書寫文字是一種全新的語言，它意味著人的覺醒意識的各種關係的徹底改變，……書寫文字以一種充分發達的文法為前提，因為書寫和閱讀的活動比起說話與聽話的活動來，要抽象得多。」[2]文字的構造原理、語法的邏輯體系以及書寫的結構系統等，都成為思維和思想發展的驅動力。人類在書寫和閱讀中發展了思維，集聚了思想力，思維和思想力推動了人類自身的進化和人類文明的演化。這就是閱讀的本質和閱讀的真諦所在。什麼是閱讀？閱讀專家給出過這樣的定義：「可以促進理解的一系列複雜過程，包括推理、演繹推理、類比、批判性分析、反思和洞察。」[3]閱讀是通過接觸文字、理解內容而促進思維的過程，接觸和理解內容是方式，促進思維是目標。換句話說，閱讀的關鍵是思維或思考。我們評價或考察讀屏的意義，也必須本著這一原則

❶ 〔加〕哈羅德·伊尼斯《傳播的偏向》（中文修訂版），何道寬譯，第二六—二七頁。

❷ 〔德〕奧斯瓦爾德·斯賓格勒《西方的沒落》第二卷·世界歷史的透視，吳瓊譯，第一三三頁。

❸ 〔美〕內奧米·S.巴倫《讀屏時代：數字世界裏我們閱讀的意義》，龐洋、周凱譯，電子工業出版社二〇一六年版，第三〇頁。

和目的，或依此路徑來進行。

關於文字如何激發人的思想，以及聽說和數字技術如何影響人的思想，對口頭傳統和書寫文字一度產生嚴重糾結的古希臘先哲們及現代學者的認識，形成了遙遠又鄰近的呼應，麥克盧漢引用另一位著名學者的話說：「只要我們可以把柏拉圖的思想視為古希臘思想的代表，非常清楚的是，文字，無論是在頭腦中，還是書寫在紙張上，對他們來說，而且從我們的立場來看，仍然在『現實』世界中保持著巨大的力量。儘管最終它本身被視為非行動性的，但它現在不僅被視為是行動的源泉，也是所有發現的根源：它是開啟知識和思想的唯一鑰匙——無論言語或形象——能夠打開理解世界的所有大門。在某種意義上，文字或其他視覺符號的力量變得比以往更加強大了……現在言語和數字思想成為了唯一真理，而整個感官世界都被視為幻覺，除非思想被聽到或看到。」④

且不論在傳播方面口頭文化和書寫傳統的時空優勢與局限，就影響思維和思想力方面兩者的區別，更能說明其生命力和人類對其的依賴程度。僅從生理和人體接收信息的方式方面考量，閱讀和聽書就有很大的區別。閱讀是用眼睛看，聽書是用耳朵聽，用眼睛看時人是專注的，認真看，看進去時也在用心；用耳朵聽時，無論多麼認真，也無法阻擋其他聲音同時鑽進耳朵裏，這就是視覺和聽覺的天然差別。在生理學上，眼睛是連通著心的，過目可以不忘，觸目可以驚心；而對於聽覺來說，耳朵與心的連接程度就要弱化得多，左耳聽右耳冒就是用來形容不走心的聽覺狀態。另外，人在做任何事時，其

④〔加〕馬歇爾·麥克盧漢《谷登堡星漢璀璨——印刷文明的誕生》，楊晨光譯，第九三頁。

注意力都是靠眼睛來維持的，正常人基本不存在手或腳工作，而眼睛四處遊離的狀況。從我個人的成長經歷上說，至今仍刻骨銘心、能夠大段大段隨口說出的，還是小時候用心閱讀甚至背誦的篇章，而幾乎沒有從廣播聽來的，聽廣播只是一時熱鬧或情感得到暫時的滿足，而不能持續很久。國外學者針對有聲讀物所做的調查研究，為此提供了有力的支持。

「有聲讀物現在已成為一個學術分析課題。就聽書和讀書之間進行比較時，其中一些問題會讓人想起討論紙質閱讀和電子閱讀的利與弊時所提出的問題。通常人們論證有聲讀物不具有『書本性』時，都會指出傾聽是個被動的活動，聽書時不像看書時需要那麼高度集中精力，而且有聲書沒有書的樣子。」❶ 加拿大滑鐵盧大學的一項研究結果，更加細緻地為此提供了實證的支持。該研究結果顯示，讀書時要比聽書時更容易保持專注。研究人員比較了人們在大聲朗讀文章，聽別人讀文章和自己默讀文章時的走神兒程度。結果發現，接受調查的大學生在大聲朗讀時，最不易走神兒，在聽別人讀時最容易走神兒，默讀時的走神兒程度則處於兩者之間。在隨後進行的記憶測試中，那些大聲朗讀的人記得最牢，緊接著是默讀的人，最後是聽別人讀的人。研究者認為，在聽別人讀書時，由於在閱讀過程中缺少對實物的接觸，從而導致注意力不集中、記憶效果不佳。❷ 哈佛大學教育研究院的霍華德·加德納教授強烈反對有聲讀物，他十分堅定地指出：「對我來說，閱讀是用眼睛幹的事。」❸

❶ 〔美〕內奧米·S. 巴倫《讀屏時代：數字世界裏我們閱讀的意義》，龐洋、周凱譯，第五〇頁。

❷ 〔美〕內奧米·S. 巴倫《讀屏時代：數字世界裏我們閱讀的意義》，龐洋、周凱譯，第五〇頁。

❸ 〔美〕內奧米·S. 巴倫《讀屏時代：數字世界裏我們閱讀的意義》，龐洋、周凱譯，第五〇頁。

美國研究者針對成年人和兒童閱讀取向的調查，與加拿大滑鐵盧大學關於用不同方式閱讀產生不同閱讀效果的研究，形成了呼應。針對成年人所做的調查顯示，成年人更喜歡紙本閱讀；成年人更願意讓自己的孩子閱讀紙本，至少在某一年齡段之前，不希望孩子接觸電子書。二〇一一年所做的一項調查研究表明，某研究中心「在過去的一整年採訪了既讀電子書又讀紙質書的成年人，百分之八十一的人們說道：對於青少年兒童閱讀來說，紙質閱讀可能更好。來自於一年後的數據表明，父母認為，讓孩子自己去閱讀紙質書籍，這點非常重要」[4]。父母不願意讓孩子過早接觸電子產品，主要是擔心他們的孩子會被這些數字設備所干擾，不能集中精力專注於閱讀。這種擔心不僅存在於一般父母中間，就連IT界的精英們也一樣。「硅谷的父母把他們孩子送到半島沃爾多夫學校，在那裏沒有數字技術，只有紙，筆及編織品。這裏面包括eBay公司首席技術官及谷歌、蘋果、雅虎公司的員工父母。這些人都是技術愛好者。但是他們認為使用數字工具應該在合適的時間和地點，而對於早期教育來說使用數字設備並不合適。」[5]

來自於美國出版產業的調查數據，與研究機構的調查數據形成了呼應。「來自於出版產業的數據證實了家長並沒有完全為青少年購買電子書。一項來自於鮑克在二〇一二年秋天的研究發現，百分之六十九的家長希望六歲以下的兒童看紙質書籍，百分之六十一的家長希望年齡在七至十二歲之間的孩子看紙質書籍。當被問到為什麼時，父母們說道：除了自己喜歡看紙質書外，紙質書也能夠使孩子免受打擾，集中注意力專心閱讀。

[4]〔美〕內奧米．S. 巴倫《讀屏時代：數字世界裏我們閱讀的意義》，龐洋、周凱譯，第一四頁。

[5]〔美〕內奧米．S. 巴倫《讀屏時代：數字世界裏我們閱讀的意義》，龐洋、周凱譯，第一五頁。

一項由哈里斯互動在二〇一三年春季的調查顯示，百分之七十六的孩子年齡在八歲以上的父母表示，他們更喜歡自己的小孩閱讀紙書。」[1] 最近幾年來，美國針對閱讀所做的調查顯示，紙質書籍閱讀又呈現增長的趨勢，紙書閱讀的「回暖」，也揭示出出版和閱讀向「本質」的回歸。數字閱讀可能更適合作一種補充，而不是取代原有的紙本閱讀。

數字閱讀的推廣者在強調通過聲光電的方法來刺激閱讀，來激發人們尤其是孩子們的閱讀興趣時，恰恰是忘卻了閱讀的本質，忘卻了閱讀需要平心靜氣，需要不受干擾地用心體會。記得大哲學家尼采（Nietzsche）[2] 曾經說過，如果興趣需要外界的刺激才能產生的話，那這種興趣不會持續很久。閱讀也情同此理。如果孩子們必須通過所謂的「寓教於樂」、「寓學於樂」才能激發學習和閱讀的興趣的話，那前景不容樂觀，自古以來，「苦讀書」就是一種規律，是一種學習規律，更是一種人生規律。所以，閱讀向著音畫的回歸，難說是進步還是倒退。也許我們可以這樣理解，對於技術本身來說，它無疑是進步的，而對於正確地使用技術來說，它可能是倒退的。還是笛卡爾說得好：「單有聰明才智是不夠的，主要在於正確地運用才智。」[3] 笛卡爾的這句至理名言，不僅對於個人，而且對於整個人類，都是一種警醒。由此，我們似乎應該得出這樣的結論，即不能讓讀屏成為數字化時代唯一的閱讀方式。不能讓讀圖取代文字閱讀，也不能讓瀏覽信息代替思考性閱讀；娛樂和遊戲不能等同於讀書，更不能讓娛樂和遊戲代替了閱讀。當我們盡情享受讀屏所帶來的易得、海量和視覺刺激時，更應該保持人之所以為人的思想

[1] 〔美〕內奧米·S. 巴倫《讀屏時代：數字世界裏我們閱讀的意義》，龐洋、周凱譯，第一五頁。

[2] 弗里德里希·威廉·尼采（一八四四—一九〇〇），德國著名哲學家、語言學家和思想家。西方現代哲學的開創者，對後代哲學的發展影響極大。代表作有《權力意志》、《悲劇的誕生》和《查拉圖斯特拉如是說》等。

[3] 〔法〕笛卡爾《談談方法》，王太慶譯，第三頁。

力的訓練和教育，而這種教育和訓練的最有效方式，由人類迄今為止的閱讀史研究所顯示，閱讀紙書，依然是最無以替代的答案。

日本學者對日本學生偏愛動漫與遊戲的現狀，提出了更加令人深思的擔憂，即長期讀屏會導致閱讀能力的下降，以及閱讀習慣和閱讀興趣的喪失：「說某人閱讀能力強，我們用吃東西來打個比方，就像一個人有一副好牙和強壯的下巴頦一樣，人處在發育和成長期，吃硬的食物能夠鍛煉牙齒和下巴頦，然後憑著鍛煉出來的牙齒和下巴頦走完自己的人生。如果是光吃些柔軟的快餐食品，就會有礙牙齒和下巴頦的正常發育，以致對以後的營養吸收造成負面影響。讀書，其實道理也是一樣。人們不愛讀內容生硬的書，而喜歡動漫和遊戲，就像追求不用自己的胃去消化的軟食品那樣，這種傾向變得越來越明顯。少男少女長成了大人，可他們的牙齒和下巴頦並沒有得到應有的鍛煉，這在日本可以說是相當普遍的現象。也就是說，人到了成年卻不具備愛讀書的『牙齒』和『下巴頦』。跟相對難啃的書相比，看動漫也就跟喝湯差不多吧，漫畫則相當於零食。最近就連字多的漫畫也變得人氣越來越差。」[4] 在中國，泛娛樂大有興起之勢，甚至有人預測，「未來，互動娛樂思維很可能會融入我們衣、食、住、行、娛樂、購物、教育等方方面面，徹底改變我們的生活方式」[5]。不錯，娛樂是符合人的天性，尤其是孩子的天性，但不是人的所有天性都需要順應和鼓勵，有些天性就必須得到克服和抑制，這是人類進化的根本途徑。就教育和閱讀而言，必須警惕泛娛樂化的傾向，否則會把孩子們引入歧途。

[4] 〔日〕齋藤孝《閱讀的力量》，武繼平譯，鷺江出版社二〇一六年版，第五〇頁。

[5] 馬化騰《互聯網＋：國家戰略行動路線圖》，中信出版社二〇一五年版，第二〇五頁。

一代接一代的人類，早就懂得「苦讀書」的道理。美國作家琳莎·施瓦茨在談到在閱讀方面習慣於接近搖滾樂陣陣喧囂的機器設備的當代青年人時說，他們「會嘲笑他們的父輩，可應該受到嘲笑的正好是他們自己，就是說，語言的丟失是一個憂鬱的玩笑」[1]。不認真閱讀文字，而只追求感官刺激，是一條歧路。我們不是一味地反對寓教於樂或寓讀於樂，只是強調凡事有度。把正確的讀書方法告訴我們的孩子，是這個時代賦予我們的職責。

3 — 信息社會的閱讀矛盾

信息社會以及給閱讀帶來的變化即讀屏，創造了很多新價值，這是無疑的，可能還會創造更多的新價值，但同時也帶來了很多「負影響」，這些「負影響」構成了潛在的閱讀危機，需要引起高度的重視，甚至警醒。

其一，「信息巨人」與「知識侏儒」。

當今世界著名新文化史學的代表人物之一，英國劍橋大學榮休教授彼得·伯克提醒說，「我們正淹沒在信息中，但卻迫切渴求知識」，「或許我們是『信息巨人』，但可能變成『知識侏儒』」。[2]信息社會和讀屏時代，人們接觸的信息多了，而積累的知識卻少了。大量的信息蜂擁而來，讓人應接不暇，它讓人感覺知道的很多，實際上它們多數都沒有作為知識而積累下來。一來是因為不是所有的信息都能構成知識，不是所有信息都

❶〔美〕琳莎·施瓦茨《讀書毀了我》，李斯譯，第四二頁。

❷〔英〕彼得·伯克《知識社會史》（下卷），汪一帆、趙博囡譯，第五頁。

具有價值和意義，「真正重要的訊息會淹沒在一大堆不太重要的訊息中而難以識別」[3]。在大量過剩的信息中尋找有用的知識，彼得．伯克做了這樣的比喻：「彷彿乾草堆裏尋針，或者用更現代的話來說，這是個如何從不相關的『噪音』中區分出真正想要的東西。」[4]二來因為構成知識的那部分信息，若要積累下來，並成為人們智慧的一部分，需要認真理解、品味，光靠瀏覽是不夠的。一位法國哲學家、控制論史家這樣寫道：「信息社會中存在這樣一個悖論：我們彷彿擁有了關於這個世界越來越多的信息，但這個世界在我們看來卻越來越缺乏意義。」[5]信息因為有意義和價值才成為知識，知識轉化成改變世界的工具時，它才成為智慧。不是信息越多越好，信息太多也會給人帶來麻煩。法國思想家蒙田說：「初學者的無知在於未學，而學者的無知在於學後。」當代學者評論說，「第一種的無知是連字母都沒學過，當然無法閱讀。第二種的無知卻是讀錯了許多書」[6]。在今天互聯網「信息爆炸」的時代，人們的無知不是錯讀了許多書，而是錯誤地被無意義、無價值的信息包圍，而無法靜下心來真正地閱讀。真正的閱讀是什麼，很少有人對此進行學理性的考證。所謂的閱讀，是閱而讀之，從閱開始，落到讀上。「讀」是什麼或怎樣算「讀」？從字源學考察，《說文．言部》曰：「讀，誦書也。從言，賣聲。」「誦，諷也。從言，甬聲。」「諷，誦也。從言，風聲。」文字學家對「誦」和「諷」的注釋為：「誦之者，抑揚高下其聲」；「倍（背）文曰諷，以聲節之曰誦」。[7]《說文．竹部》曰：「籀，讀書也。」[8]段玉裁《說文解字注》：「蓋籀、抽古通用。」「抽繹其意蘊至於

[3]〔美〕詹姆斯．格雷克《信息簡史》，高博譯，第三九九頁。

[4]〔英〕彼得．伯克《知識社會史》（下卷），汪一帆、趙博囡譯，第一六二頁。

[5]〔美〕詹姆斯．格雷克《信息簡史》，高博譯，第四一三頁。

[6]〔美〕莫提默．J. 艾德勒、查爾斯．范多倫《如何閱讀一本書》，郝明義、朱衣譯，商務印書館二〇一四年版，第一八頁。

[7]許慎《說文解字》，湯可敬譯注，《中華經典名著全本全注全譯叢書》（一），中華書局二〇一八年版，第四七三頁。

[8]許慎《說文解字》，湯可敬譯注，《中華經典名著全本全注全譯叢書》（二），第九二一頁。

無窮，是之謂讀。」[1]由此我們可以看出閱讀的幾層含義：有節奏地朗誦；把文字背誦下來；不斷地思考，不斷地領會其意蘊。讀屏正在以海量的信息瀏覽阻礙人們深入思考，更阻礙人們背誦文本，讓優美且意蘊深長的文字融入人的血液裏，好像在雲端儲存的知識就已經屬於我們了，不需要記憶了似的，卻忘記了人類需要依靠腦子裏儲存的知識才能夠思想。事實上，人們對「信息過載」或「信息過量」已經產生了某種程度的焦慮，正如一位音樂評論家指出的：「焦慮感取代了滿足感，渴求與失落循環往復。人們剛開始一種體驗，其他還會有什麼的想法就又隨即萌生。」[2]有學者對這種狀況給出如此的評論：「這是富足的窘境，無疑也再次提醒了我們，信息不是知識，知識不是智慧。」[3]其實，關於「信息過載」、「信息過量」、「信息疲勞」和「信息焦慮」等現象在歷史上早已有之，自從谷登堡發明印刷機以後，印刷圖書迅速膨脹，將中世紀的手抄本取而代之，引發了「印刷大爆發」或「印刷革命」，對此麥克盧漢[4]和愛森斯坦[5]都有過詳細而精闢的論述，造成一時間「書太多，讀不過來」，就連萊布尼茨（Leibniz）[6]這樣的智者都擔心，人類因而會退回到野蠻狀態——「對於這種結果，數量駭人且還在持續增加的書籍可能要負很大的責任。因為到了最後，無序狀態將變得幾乎不可抑制，不計其數的作者將很快遭遇普遍湮沒無聞的危險」[7]。萊布尼茨及後繼者們所擔憂的由於「信息過載」導致記憶喪失、作者湮沒和思想力下降等，並沒有發生，因為人們並沒有因為書太多而放棄閱讀，但讀屏時代的情況卻有所不同，人們正在用瀏覽信息取代真正的閱讀。

[1] 許慎《說文解字》，湯可敬譯注，《中華經典名著全本全注全譯叢書》（一），第四七三頁。

[2] 〔美〕詹姆斯·格雷克《信息簡史》，高博譯，第四〇三頁。

[3] 〔美〕詹姆斯·格雷克《信息簡史》，高博譯，第四〇三頁。

[4] 〔加〕馬歇爾·麥克盧漢《谷登堡星漢璀璨——印刷文明的誕生》，楊晨光譯。

[5] 〔美〕伊麗莎白·愛森斯坦《作為變革動因的印刷機》，何道寬譯。

其二，虛假信息與權利邊界。

在信息時代，在數字互聯網時代，充斥網上的海量信息有的簡直連信息都不能算，只能將其視為垃圾，因為它們有的要麼是毫無價值和意義的「花邊」或「八卦」，要麼是聳人聽聞、沒有任何科學依據的假信息或假知識，要麼是質量低劣的胡編亂造。在此基礎上生成的所謂大數據，其價值更是令人擔憂。這一點也早已引起了國外研究者的重視，「現如今，人類的詞匯越來越多地存在於網絡上——這樣既方便保存（儘管它總是在變化），又方便訪問或搜索。同樣地，人類的知識也融入了網絡，進入了雲端。各種網站、博客、搜索引擎和在線百科、對於都市傳說的分析以及對於這些分析的駁斥——在上面，真實與虛假錯綜複雜，難以分辨」⑧。對於這種危機的真實狀況，國外學者給出了這樣的描繪：「一直以來，是選擇塑造了我們。選出真正的信息需要做功，而後遺忘它們也需要做功。這是伴隨全知全能而來的詛咒：藉助 Google、維基百科、IBMb/YouTube、Epicurious(菜譜網站)、全美 DNA 數據庫或這些服務的模仿者和繼承者，任何問題的答案似乎觸手可及，但同時我們依然不能確定自己到底知道些什麼。」⑨不幸的是，在這樣的情況下，我們卻成為了擁有大量信息的無知者。面對這種令人擔憂的閱讀狀況，彼得·伯克深刻地指出：「我們所閱讀的是『信息洪水』或者說『信息海嘯』，它們正『洶湧拍打著文明世界的沙灘』。」⑩

大量垃圾信息、虛假信息、不準確不科學的知識在網上肆意傳播，至少有兩方面的

⑥ 戈特弗里德·威廉·萊布尼茨（一六四六——一七一六），德國著名哲學家、數學家和政治家。與笛卡爾和斯賓諾莎一起被認為是十七世紀三位最偉大的理性主義哲學家。與牛頓一道成為微積分的發現者。代表作有《神義論》、《單子論》和《中國人的自然神學》等。

⑦ 〔美〕詹姆斯·格雷克《信息簡史》，高博譯，第三九七頁。

⑧ 〔美〕詹姆斯·格雷克《信息簡史》，高博譯，第四一四——四一五頁。

⑨ 〔美〕詹姆斯·格雷克《信息簡史》，高博譯，第四二〇頁。

⑩ 〔英〕彼得·伯克《知識社會史》（下卷），汪一帆、趙博囡譯，第二八〇頁。

原因值得探究。一方面，互聯網為所有人提供了寫作和發表的平台，本來這並不是一件壞事，但不設任何門檻、沒有任何嚴把質量關的「守門人」，使這件事情有了變壞的風險。彼得·伯克指出：「信息在不同的媒介和語言間傳遞，更確切地說，是在不同的人之間傳遞。其中有不少『守門人』，他們可能給自由的信息流設置障礙。」[1] 不設門檻、沒有「守門人」，任由信息隨便流動與傳播，這嚴重違背了人類幾千年來知識創造與知識傳播的規律，或者說，這正在顛覆人類既有的成熟的知識創造與傳播秩序。關於這一點，信息史專家這樣說：「新的信息技術在改造了現有世界景觀的同時，也帶來了混亂，這就像是新的河道和水壩改變了原來灌溉和航運的水道。信息創造者與消費者（比如作者與讀者、說者與聽者）之間的平衡已被顛覆。」[2] 不錯，人人都有寫作和發表的自由和權利，這是理想社會應有的追求，「而現如今，『實時的』信息已被視為現代人一項與生俱來的權利」[3]，寫作和發表這種創造知識和傳播知識的活動，也同樣被視為現代人一項與生俱來的權利。然而，幾千年來的人類文明史揭示出，人類的文化和科學知識遠沒有普及到人人都可以隨意從事研究、寫作和發表的水平，自文字出現和城市革命以來，知識生產與傳播從來都是專門化的工作。數字互聯網的信息時代似乎也同樣應該遵循這一規律，至少不能完全放棄這一規律，不能給胡編亂造的信息和虛假知識的製造和傳播者以機會，相關的制度建設必須跟上互聯網傳播實踐的腳步。雖然在彼得·伯克看來，「知識的民主化」構成了「一個主要趨勢」[4]，但同時他也承認，「『業餘愛好職業化』的

[1] 〔英〕彼得·伯克《知識社會史》（下卷），汪一帆、趙博囡譯，第九九頁。

[2] 〔美〕詹姆斯·格雷克《信息簡史》，高博譯，第四〇五頁。

[3] 〔美〕詹姆斯·格雷克《信息簡史》，高博譯，第四〇二頁。

[4] 〔英〕彼得·伯克《知識社會史》（下卷），汪一帆、趙博囡譯，第三〇三頁。

代價是精確性的缺乏愈發嚴重」[5]。在尊重寫作與傳播自由的同時，也應該考量一下自由與權利的邊界。

另一方面，便是經濟原因或市場利益驅動。在互聯網經濟時代，互聯網已經成為了利益角逐的重要戰場，角逐的方式和投放的砝碼變幻無窮，無所不用其極。「信息可以同時表現得太廉價和太昂貴」，「當信息變得太廉價時，注意力就變得昂貴了」。[6]大量真真假假的廉價信息甚至免費信息，卻隱藏著巨大的商業利益，那就是以犧牲知識和科學為代價換取的廣告或其他領域的收益。人們似乎對售賣虛假信息的危害還缺乏足夠的認識，廉價和免費信息還大有市場，其實其危害絲毫不亞於售賣假藥。不同只在於，假藥毒害身體，而假知識則毒害精神；假藥的後果可能立竿見影，假知識的後果猶如慢性毒藥。

其三，大數據服務與信息依賴和奴役。

人是社會性動物、群體性動物、世界性動物和交往性動物，人類生存最重要的前提就是人的交往性。民族與民族之間、組織與組織之間、個人和個人之間的交往，相互學習生存技能，通過知識的積累，通過信息的交換，更加增強人類的生存技能，成為人的生存方式。即便是不同的哲學體系，也都承認交往性是人性的重點。馬克思在《關於費爾巴哈的提綱》中提出：「人的本質不是單個人所固有的抽象物，在其現實性上，它是一切社會關係的總和。」[7]在《德意志意識形態》中，馬克思和恩格斯提及，「個人是什麼

[5] 〔英〕彼得．伯克《知識社會史》（下卷），汪一帆、趙博囡譯，第三〇八頁。

[6] 〔美〕詹姆斯．格雷克《信息簡史》，高博譯，第四〇四—四〇五頁。

[7] 馬克思、恩格斯《馬克思恩格斯選集》（第一卷），中共中央馬克思恩格斯列寧斯大林著作編譯局編譯，第五六頁。

樣的，這取決於他們進行生產的物質條件」，「而生產本身又是以個人彼此之間的交往為前提的」。[1]所以，交往性是人甚至是社會乃至是整個世界得以能夠接續運轉和前進的最重要動力，交往是人類文明的發展方式。存在主義哲學家們認為，人是交往性動物，世界歷史就是一場統一的運動[2]，人類的交往是走向統一的重要方式，從克爾凱格爾到雅斯貝爾斯，再到海德格爾，一以貫之。存在主義哲學家們都強調溝通與交往這一人性以及由此推動的文明之發展的特徵。「彼此溝通始終是各派存在主義哲學中的主要問題之一。不管在克爾凱格爾的哲學中是間接的也好，在雅斯貝爾斯的哲學中是直接的和努力爭取的也好，在海德格爾的哲學中是分成『可靠的』和『不可靠的』也好（看來，可靠的領域是留給含有詩意的表達的），在薩特爾的哲學中是粗俗的和令人失望的也好，彼此的溝通總是存在的——至少作為一個問題來說是如此。甚至在缺乏溝通的情況下，這個思想也頑強地繼續存在著。」[3]今天我們知道，互聯網最重要的特性就是它的交往性，它甚至可以把處於不同空間、不同時間的人通過知識、通過信息各個方面連接在一起。所以互聯網能夠發展到今天，是人性、是人性的特點促使它走到今天，然後它又放大了人性的這個特點。

互聯網在短短的時間裏已經對出版、閱讀和學術研究產生了深刻的影響，互聯網和人工智能等正在把出版從單本的圖書閱讀，引向知識服務，其中專業數據庫和大數據是最重要的服務形式之一，無論是專業的研究者還是普通讀者，都在一方面享用著大數

❶ 馬克思、恩格斯《馬克思恩格斯選集》（第一卷），中共中央馬克思恩格斯列寧斯大林著作編譯局編譯，第六八頁。

❷ 參見〔德〕卡爾．雅斯貝斯《歷史的起源與目標》，魏楚雄、俞新天譯，華夏出版社一九八九年版，第二八四—三〇五頁。

❸ 〔法〕讓．華爾《存在主義簡史》，商務印書館一九六二年版，第七頁。

據，一方面也在創造著大數據。人們通過搜索引擎獲取著應有盡有、跨越時空的信息，應用這些信息從事著科學研究和其他生產和生活活動，節約著時間，提高著效率，因而充滿著興奮感和滿足感。但久而久之，人們便對大數據和搜索引擎產生了依賴，彷彿離開了它們自己便無法行動了，尤其是傳統的通過閱讀查找資料的基本功有喪失的危險。而早在一九七〇年，人文學者、技術哲學家劉易斯·芒福德（Mumford）[4]就很有先見地指出：「不幸的是，『信息提取』，不論有多快，都無法替代藉助直接的、個人審視知識進行發現的方式，儘管這種知識的存在本身人們根本無法意識到，並且它是按照自己的步調沿著相關文獻深入發展。」[5]實際上，大數據和搜索引擎不是萬能的，不是什麼都能搜索得到的。還有另外一個事實，即當人們開始搜索或試圖在網上獲取信息時，有關個人的信息就隨之被記錄了，個人便成為了大數據本身被計算和運營，計算的結果導引著「大數據」的控制者對個人「投其所好」地發佈信息，個人便沒有了隱私和安身之處，甚至個人的思想也被有意識地「啟發」和導引著，個人被「大數據」運營著，成為任由信息擺佈的奴隸。其實，在生產和生活中，我們已經淪為了信息的奴隸。例如，離開了電腦和電子郵件我們無法工作了；不依靠導航系統，我們不會走路了；離開手機我們不僅無法工作了，還會產生孤獨感甚至恐懼感，好像自己被世界拋棄了似的，這與存在主義所闡釋的人的恐懼感產生了暗合，存在主義認為人被拋到這個世界上，無依無靠，現在人們沒有手機也會有無依無靠的感覺。

[4] 路易斯·芒福德（一八九五—一九九〇），美國著名城市規劃學家、歷史學家、社會學家和技術哲學家。曾獲英帝國勳章和美國自由勳章。代表作有《技術與文明》、《歷史名城》、《機器的神話》和《生存的價值》等。

[5] 〔美〕詹姆斯·格雷克《信息簡史》，高博譯，第三九八頁。

④—讀屏與社會文化的得與失

閱讀，其實不止於閱讀。閱讀是一種文化活動和社會活動，其必然具有文化意義和社會意義。信息時代所帶來的閱讀的讀屏新現象，其影響和意義也必然不僅限於閱讀層面，也必將影響到社會文化方面。在這裏，我們選取圖書的物理特性和讀屏的媒體特性兩個方面，來談其中的變化與得失。

在圖書的物理特性方面，我們關注的是虛擬閱讀與物質文化的得失。

人離不開物，物亦離不開人。人離開物，便無法生存；物離開人便沒有生命和寄託。人就是物，物就是人。最高級的人，才昇華為物，昇華為器物，成大器者，乃為人物。凡世間事物，都是雙重性存在，即物質性存在和精神性存在。物質性存在是說其有形、有色，甚至有氣、有味；看得見，摸得著，甚至聞得到。精神性存在是說其價值存在，即其存在的意義。無論是物質性存在，還是精神性存在，最終體現的都是人的存在。人既存在於精神中，也存在於物質中。物質也是人的精神體現，是人的意志創造，從而也是人的化身。尼采說：「人從自身中投射出了他最確信無疑的三個『內在事實』，即意志、精神和自我，——他首先從自我概念引出了存在概念，他按照他的形象，按照他那作為原因的自我概念，設置了存在者的『物』。之後，他在物中總是僅僅重新找到他已經放置於其中的東西，這有什麼奇怪的呢？——物本身，再說一遍，物的概念僅僅是自我即原因這個信念的反映。」❶

❶〔德〕尼采《偶像的黃昏——或怎樣用錘子從事哲學》，李超傑譯，商務印書館二〇一三年版，第三六頁。

物品的特性就是其屬性，圖書的屬性是什麼？出版的數字化和屏幕閱讀，究竟有沒有或在多大程度上，改變著出版業的基本屬性，學者們曾經各抒己見。書本的核心價值無疑是其所承載的文字內容，具有精神屬性，但無疑書本也是一種物質性存在，人也同樣會在書本的物質性存在中，找到自身的存在。「印刷書是出版業最有形的產品」[2]，「文本成為文化文明與商業文明的一部分」[3]。書籍是承載知識的工具，同時也是美輪美奐的物質文化存在。就這一點而言，人們無法在數字產品和數字閱讀中找到這種存在感。研究者指出：「紙質書有他自己所獨有的特性，即它們作為書、報紙、雜誌的實物性。當讀到紙質書本的時候，你會感覺到一種文學氣息，也會有觸感。用文學教授安德魯·皮特的一句話來說就是，讀書不僅是大腦的事，我們身體也要參與其中。假設你買了本紙質書或者是收到的一份禮物，你就擁有了它；你可以給它升值，借給朋友，賣掉它，或者把它傳承下去。而你從亞馬遜得到的電子書卻不是這樣的。」[4]

其實，關於圖書物理特性的不可或缺，還體現在出版和閱讀過程中的很多方面，我們僅從文化方式方面就很難想像，作者出版了一本書之後，每每示人或進行科研成果統計和展示時必須登錄網絡的虛擬空間，才能找到文字編排的方式，而拿不到沉甸甸的，自己甚至參與了設計的美感十足的實物，更聞不到墨香，觸摸不到自然的紙感；很難想像在讀者見面會上，面對排著長隊、等待簽名的讀者，作者只能要求他們登錄網絡虛擬的空間下載電子版。君不見百餘年前某著名作家簽名本的圖書至今仍在讀者之間以收藏

[2]〔英〕約翰·B. 湯普森《數字時代的圖書》，張志強等譯，第三二六頁。

[3]〔英〕戴維·芬克爾斯坦、阿利斯泰爾·麥克利里《書史導論》，何朝暉譯，商務印書館二〇一二年版，第二四頁。

[4]〔美〕內奧米·S. 巴倫《讀屏時代：數字世界裏我們閱讀的意義》，龐洋、周凱譯，第二二二頁。

的方式流傳著，每每在這個時候想起看不見、摸不著的虛擬電子版，會不會感到很滑稽；很難想像出版社自己的榮譽牆上展示的不是琳琅滿目、開本各異、色彩迷人的精美圖書，而只有一本孤零零的閱讀器，或者一台隨時需要登錄網站、點擊各種界面的電腦。

可以說，讀屏時代的閱讀方式剝奪了人們通過閱讀和購買載於書本的知識而產生的物質上擁有的儀式感，而這種擁有和儀式感是人類千百年來形成的情感定勢。紙書時代，人們在通過讀書和購書獲取知識和信息的同時，還獲得書這種實物的佔有。通過讀書、購書和藏書，人們不止獲得知識，還得到對書本設計的欣賞和坐擁書城等其他意義上的精神滿足。正如國外的一位研究者所說：「如今的書籍包裝儼然已成一門藝術。在書架上瀏覽一番，本身就是叫人流連忘返的一件美事，是眼睛的一次大享受。在某種情況下，書皮就是全書最好的一個部分，是全書的精華所在。」[1]在歷史長河中不同時期、不同民族和國家不同的圖書裝幀和設計形式，構成了各自不同的文化傳統和文化特色。這種審美的感受及其呈現出的文化多樣性，是冰冷的機器閱讀所無法給予人類的。信息化和大數據彷彿給予了人類更多，給予了人類獲得知識的無限的可能，但卻剝奪了人們建立在少量擁有上的物慾滿足感，以及由物質擁有帶來的某種精神滿足感。從某種意義上來說，擁有全部就是一無所有。機器閱讀帶來的這種物質感的缺失，會在多大程度上影響人們對於知識獲取和學習的樂趣，以及學習的積極性，值得我們更深入地研究和思考。

[1]〔美〕琳莎·施瓦茨《讀書毀了我》，李斯譯，第一五頁。

紙質圖書作為一種物質存在，也是一種文化形態，這種文化形態既有作為文化特質或內容的抽象或無形的一面，也有把內容承載或包裝起來的物質形態或有形的一面。正如包括康德在內的西方古典哲學家反覆闡釋的，任何物質既是藝術或有形的物質存在，也是思想或哲學的精神存在，精神存在於物質之中，或者說，精神必有其所依附的物質，物質就是其表現形式。圖書的文化物質形態，還在於其具有超越閱讀的文化性，比如作為收藏品和裝飾品融入人們的日常生活中，甚至成為一種神聖之物，而具有了莊嚴的力量。在二〇一三年的阿布扎比國際書展上，擺放的大量華麗金箔圖書給人以心靈的震撼，圖書製作方不無驕傲地說：「電子書做不到這些。這是一門藝術。人們想用眼睛看，想用手摸。」[2]另外，圖書作為有形文化的特徵，在人類的文化傳承中，具有獨特的價值。圖書館館員和珍本收藏家能夠了解把一本珍貴書籍捧在手裏所產生的情感。芝加哥大學特殊收藏研究中心的圖書管理員愛麗絲・施賴爾說：「拿著一本幾百年前的古書，就會產生一種對那個年代的親切感……而誰曾在什麼年代接觸過這本書，也是這本書歷史的一部分。」[3]

圖書的物質性，還體現在讀者對書所飽含的特殊情感中，這種特殊情感可以用生活方式和文化方式予以解釋。學者們早已關注到了這一點，「如果我們想要理解印刷形式與電子形式的內容傳遞之間的關係正在發生以及即將發生的變化，那我們就不能只關注技術變革，還應關注這些書本內容所植根和被使用的生活及社會實踐。」[4]除了閱讀之外，

[2] 〔美〕內奧米・S. 巴倫《讀屏時代：數字世界裏我們閱讀的意義》，龐洋、周凱譯，第一九八頁。

[3] 〔美〕內奧米・S. 巴倫《讀屏時代：數字世界裏我們閱讀的意義》，龐洋、周凱譯，第一九九頁。

[4] 〔英〕約翰・B. 湯普森《數字時代的圖書》，張志強等譯，第三二七頁。

圖書還具有其他文化涵義。崇拜書籍的大有人在，甚至有人把書籍當作枕頭枕著來睡覺。一位讀者在買到了自己心愛的新書時，這樣寫道：「我在書架中為這本新書找了個位置，但願自己會喜歡上它。經過這本書旁邊的時候，我會深情地望著它桃紅色的書脊，努力想讓它覺得是受歡迎的，就像一個繼養的孩子一樣——不是我自己的骨肉，也不是過繼來當自己的養子，而只是為一個陌生人臨時找一個家——永遠也不讓它知道，它溫暖的褐紅色總讓我想起自己的損失——那本令人肅然的黑色封皮的書。我並不經常打開它來看，知道我擁有這麼一本書就夠了。」❶

無論什麼樣的精神，都需要有所寄託，所託之物便因此具有了價值。圖書作為以內容為主的精神性價值，同樣需要有形的物質作為依託。人就是在這種有形的寄託之中，顯示著自己作為內在精神性動物的外在性存在。這種外在性存在，在這位讀者堪稱人生感悟的文字中，令我們為之動容：「當我們老去，已然看清一切事物，經歷過擁有又失去的傷感，同時還會繼續為其束縛時，我們會張開滑稽而熱烈的臂膀將那一大堆枯朽的書籍緊擁在我們懷裏，這時，我們也許會想起李爾王所說的：『這一切早已發生過，我並沒有迷失在人跡罕至的蠻荒裏，只不過，在這場偉大浩蕩的行進中，輪到我獨自前往了。』」❷

在讀屏的媒體特性方面，我們關注的是在媒體融合環境下，讀者身份的轉換，即由讀者轉變成了受眾。

❶〔美〕琳莎．施瓦茨《讀書毀了我》，李斯譯，第一三七頁。

❷〔美〕琳莎．施瓦茨《讀書毀了我》，李斯譯，第一八八頁。

數字化和讀屏時代給出版和閱讀帶來的巨大變化，讓我們不得不重新審視出版和閱讀的本質，重新審視出版業媒介或傳播特徵的突顯，重新審視讀者向受眾身份的轉變。實際上對於數字出版這種形式，雖然我們從情感上還沿用出版和閱讀的概念，但由於其媒體或媒介和傳播的特性被無限放大，所以全社會在談到所謂的數字出版或全媒體出版之時，都採用了新的概念——媒體融合。因此，閱讀也發生了變化，讀者的身份也發生了變化，讀者更具有了受眾的特徵。關於這一點，國外學者給出了這樣的學術討論：「多媒體和縮放功能引發了一個更大的問題：改變內容的媒介形式是否會改變作品本身。我們針對印刷文本和電子文本討論過『載體與內容』的問題。但是這個問題其實面臨著更加廣泛的分歧。仔細想想有聲讀物。當我們是用耳朵聽到而不是用眼睛看到同樣的詞句，媒介的不同是否改變了閱讀的意義？」[3]就閱讀而言，更多的媒體或傳媒特徵，使得人人都可以很方便地參與創作的所謂互聯網出版，實際上在某種程度上變成了人人盡言盡歡的輿論場，讀者變成了受眾，變成了既聽且言的參與性很強的受眾。在這種情況下，閱讀和讀者深深地打上了傳媒特性的烙印。

信息化和大數據應用的讀屏時代貌似帶來了人類社會上前所未有的平等，提供了最低成本的溝通和交流的通道。正如Facebook（臉書）的創始人扎克伯格所謂：「我們的任務是幫助全世界的人聯繫在一起，拉近大家的距離。」千百年來受知識精英統治的知識王國和輿論世界前所未有地呈現出開放和平民化傾向，「網絡也被形容為一種民主的

[3] 〔美〕內奧米．S. 巴倫《讀屏時代：數字世界裏我們閱讀的意義》，龐洋、周凱譯，第四八頁。

力量（數字民主）」[1]。表面上，從讀者寥寥到人人皆是作者，從信息匱乏到知識爆炸，人人都可以更低成本和更低門檻、自由地獲得發佈信息和傳播信息的機會和渠道。但實際上，這種看似的自由和平等是虛幻的，網絡已經淪為了政治戰場，[2]給人類帶來更大的困擾。在互聯網和信息平台上，我們更容易受到裹挾和蒙蔽，更容易遭受蕪雜信息的干擾而陷入偏狹。二〇一八年三月十七日，英國《觀察家報》和《衛報》以及美國《紐約時報》報道了英國戰略交流實驗室公司（SCL）的美國分支機構劍橋分析公司「竊取」五千萬臉書用戶的信息，稱這些信息有可能用於政治應用。據英國《觀察家報》報道的爆料人懷利所述：「我們充分利用臉書用戶檔案信息，依據對他們的了解建立模型，投放內容迎合他們內心邪惡的一面。」雖然媒體關於信息戰和數據戰的報道有時真假難辨，但它恰恰顯示了大數據和信息操縱已經侵入了整個社會和民眾生活的態勢。關於技術如何為統治和管理服務，馬爾庫塞（Marcuse）[3]早就有過精闢的論述。他說：「掌握了科學和技術的工業社會之所以組織起來，是為了更有效地統治人和自然，是為了更有效地利用其資源。」[4]他還說：「工業化的技術是政治的技術。」[5]在對發達工業社會的分析中，他犀利地指出：「對現存制度來說，技術成了社會控制和社會團結的新的、更有效的、更令人愉快的形式。」[6]「在技術的媒介作用中，文化、政治和經濟都併入了一種無所不在的制度」，「這一制度的生產效率和增長潛力穩定了社會，並把技術進步包容在統治的框架內。技術的合理性已經變成政治的合理性」。[7]新的科技革命也必然帶來新的制

❶ 〔英〕彼得·伯克《知識社會史》（下卷），汪一帆、趙博囡譯，第三〇七頁。

❷ 參見〔英〕彼得·伯克《知識社會史》（下卷），汪一帆、趙博囡譯，第三〇七頁。

❸ 赫伯特·馬爾庫塞（一八九八—一九七九），美籍猶太裔哲學家和社會學家，法蘭克福學派的代表人物之一。

❹ 〔美〕赫伯特·馬爾庫塞《單向度的人——發達工業社會意識形態研究》，劉繼譯，上海譯文出版社二〇一七年版，第一五頁。

❺ 〔美〕赫伯特·馬爾庫塞《單向度的人——發達工業社會意識形態研究》，劉繼譯，第一五頁。

❻ 〔美〕赫伯特·馬爾庫塞《單向度的人——發達工業社會意識形態研究》，劉繼譯，第六頁。

度革命、新的管理革命，這種新技術的傳播或媒介特徵，也必然帶來宣傳和輿論控制方法的新革命。[7]

在現代傳播學的視野下，「傳播技術的偉大進步，反而加重了人們彼此理解的困難。就連科學、數學和音樂這些西方思想的最後庇護所，也陷入了機械化俗語的控制。商業主義需要造成新的語言壟斷和新的理解困難，甚至階級鬥爭和語言族群的鬥爭也成為語言的壟斷」[8]。無論出於政治目的還是經濟目的，現代世界的競爭，最終必將上升為文化的競爭，在全球化的環境下，文化的競爭直接演變成話語權的爭奪。為了各自的利益自說自話，自然彼此互不理解，甚至爭鬥不休。在價值傳播過程中，傳播媒介、傳播方法和傳播技術發揮著重要的作用。互聯網的新媒介傳播，與傳統的傳播方式相比，體現出了諸多的新特點。現代傳播學的代表人物之一哈羅德·伊尼斯指出：「根據傳播媒介的特徵，某種媒介可能更加適合知識在時間上的縱向傳播，而不適合知識在空間中的橫向傳播，尤其是該媒介笨重而耐久，不適合運輸的時候；它也可能更加適合知識在空間中的橫向傳播，而不是適合知識在時間上的縱向傳播，尤其是該媒介輕巧而又便於運輸的時候。所謂媒介或倚重時間或倚重空間，其含義是：對於它所在的文化，它的重要性有這樣或那樣的偏向。」[9]現在的互聯網已經超越了「輕巧而且便於運輸」的條件，突破了原有的物理空間，建立起了無障礙的虛擬的傳播空間，因此自然成為競爭的焦點和主戰場。在現代的文明社會，赤裸裸的教化已經不能起到很好的效果，製造所謂大數據以

[7]〔美〕赫伯特·馬爾庫塞《單向度的人——發達工業社會意識形態研究》，劉繼譯，第七頁。

[8]〔加〕哈羅德·伊尼斯《傳播的偏向》（中文修訂版），何道寬譯，第六八頁。

[9]〔加〕哈羅德·伊尼斯《傳播的偏向》（中文修訂版），何道寬譯，第七一頁。

此誘導公眾，便成為隱性的策略。也難怪，因為這完全符合媒介的特點，符合傳媒的規律。回望西方工業社會發展的道路，在伊尼斯看來，每一次技術和媒介的革新，表面上帶來的都是新的自由和民主，而實際上這些都只是幻覺。之所以產生這樣的幻覺，是因為大眾看似自由發表意見，實際上他們是受到了媒介的引導，而自己並不知情，並不知道有人利用媒介來實現自己的目的。

彼得·伯克在分析信息傳播過程時指出：「信息在不同的媒介和語言間傳遞，更確切來說，是在不同的人之間傳遞。其中有不少『守門人』，他們可能給自由的信息流設置障礙。『知識經紀人』則積極地推動知識的傳播。無論什麼情況，不同的個人或者群體對相同的信息或許會有不同的理解。他們往往有自己的隱藏目的，將知識用於初始傳播者無法想像的地方。」[1]信息或知識傳播過程中，「守門人」有時是必須的，因為必須保證符合公眾利益的信息或知識之傳播，直至目前，出版社的編輯一直在充當必不可少的「守門人」的角色。信息化時代，扁平化的信息傳播成為可能，傳統意義上傳播的權威階層受到挑戰。澳大利亞文化學者約翰·哈特利和賈森·波茨在他們的研究著作《文化科學：故事、亞部落、知識與革新的自然歷史》中談到了這種數字化和互聯網時代的傳播新態勢，他們認為「數字媒介和社交網絡使講故事民主化，卻不普及對立的『攻擊性狹隘主義』——但這種潛在的可能性是存在的；非專業人士可能學會很多故事，勝過少數主導國家政治、電影、新聞和教育的人士」。也因此，「數字媒介和社交網絡使建

[1] 〔英〕彼得·伯克《知識社會史》（下卷），汪一帆、趙博囡譯，第九九頁。

構『我們的』亞部落機制更加有風險、複雜、開放、不確定和多價值，這個勢頭有增無減」[2]。認識和利用這種傳播特徵，一些組織和大型機構應運而生，充當起「知識經紀人」的角色，他們製造和發佈信息，並製造大量的跟帖和轉發者，引導更多的人發表意見，形成所謂的大數據。所謂的大數據又反過來產生誘導，讓人誤以為這就是「民意」。這使得現代意義上的傳播呈現出更加紛繁複雜的現象。

可以肯定的是，「一種新媒介的長處，將導致一種新文明的產生」[3]。這種新技術、新媒介和新文明像科學技術和現代社會一樣，又一次率先從西方開始，西方對此的認識和應用顯得更加熟練。看看伊尼斯是怎樣說的：「在西方文明中，穩定的社會需要這樣一種認識：時間觀念和空間觀念維持恰當的平衡。我們不僅關心對廣袤空間的控制能力，而且關心對長時段的控制能力。我們對文明的評價，要看它對地域大小和時間長短的關心。傳播媒介的性質往往在文明中產生一種偏向，這種偏向或有利於時間觀念，或有利於空間觀念。」[4]網絡新媒體具有傳播速度快、內容更新快和覆蓋面廣的特點，因此應該首先具有空間觀念，即首先迅速傳遍全球，佔有先機話語權。例如，谷歌的宣言是「讓信息在全世界觸手可及」[5]。與數字閱讀或網絡屏幕閱讀相比，紙質圖書的時間偏向更強，因為圖書保存和流傳的時間更長久，更具有穩定性，因此也是維持社會長期穩定的砝碼。但一個個的新媒體對它的穩定性產生了衝擊，伊尼斯論述到了比圖書出版周期短和傳播速度快的期刊和報紙。他說：「書籍是思想長期鑽研的成果，具有穩定作用。但

[2] 〔澳〕約翰．哈特利、賈森．波茨《文化科學：故事、亞部落、知識與革新的自然歷史》，何道寬譯，商務印書館二〇一七年版，第七八—七九頁。

[3] 〔加〕哈羅德．伊尼斯《傳播的偏向》（中文修訂版），何道寬譯，第七二頁。

[4] 〔加〕哈羅德．伊尼斯《傳播的偏向》（中文修訂版），何道寬譯，第一〇三頁。

[5] 〔英〕彼得．伯克《知識社會史》（下卷），汪一帆、趙博囡譯，第九七頁。

是，期刊和報紙的增長卻破壞了書籍的穩定作用。」[1]德國的一位軍事家曾經說過類似的話：「對和平構成危險的，再也不是王公的野心，而是人民的情緒，是面對國內情況而感到不舒服的人民。」[2]這樣的情緒往往是由媒體引發，並不斷推波助瀾的。現在輪到了互聯網，輪到了以互聯網為根基的各種屏幕閱讀，它們比期刊和報紙傳播速度更快，覆蓋面更廣，甚至可以即時直播。這也讓我們進一步明確了，圖書出版和傳統閱讀與新媒體出版和以網絡為基礎的屏幕閱讀，具有本質的區別。圖書是物體，互聯網是媒體；讀書的人是讀者，網民是受眾；圖書的價值在於育人，媒體的價值在於影響人。因此，在讀屏時代，把握出版和閱讀的本質性變化，從而把握思想和價值引領的話語權，顯得尤為重要。在報刊等媒體出現時，西方學者就給出了這樣的判斷：「美國思想的領導地位正在從大學轉向廉價雜誌。」當廣播電視出現時，這句話變成了，「美國思想的領導地位已經傳遞給了廣播和電視」[3]。很顯然，在互聯網時代，在讀屏時代，美國仍然會努力把「美國思想的領導地位」傳遞給互聯網，傳遞給屏幕。能夠引導公眾的大數據，便是其理想的通行證。製造和傳播大數據，看似是新時代新科技產生出來的順應民意，實則是一種新形式的民眾引導。

讀屏時代給閱讀帶來了極大的便利，但也同樣帶來了更多的困惑甚至干擾。信息社會的讀屏行為極大地釋放和彰顯了人性，同時也讓人性的弱點經受著不小的考驗。我們只能相信，人類有能力和智慧解決文明道路上的一切問題，因為這些問題都是我們自己

[1] 〔加〕哈羅德·伊尼斯《傳播的偏向》（中文修訂版），何道寬譯，第一一六頁。

[2] 〔加〕哈羅德·伊尼斯《傳播的偏向》（中文修訂版），何道寬譯，第一一六頁。

[3] 〔加〕哈羅德·伊尼斯《傳播的偏向》（中文修訂版），何道寬譯，第一一九頁。

製造的，我們必須解決。

結語

閱讀的三個時代是與人類發生的三場重要社會革命相伴隨的，也許是巧合，也許是機緣。農業革命至今仍然是供養人類生命的福音，讀天地自然之書，也成為人類至今不能放棄的永恆事業；城市革命至今指引著人類文明演進的軌跡，讀文字之書，也成為人類最為倚重的思維和思想彙集與拓新之路；信息革命為人類帶來了「建設性」與「破壞性」並存的新思維、新發明和新創造，它還將製造什麼，沒有人能確切知道。

嚴格說，閱讀的三個時代這種說法並不嚴密、科學，因為這不是三個涇渭分明、彼此分割的時代。我們願意這樣說，是因為在不同時期存在著不同的鮮明特徵。讀天地之書是人類知識和智慧之源，是個人思想和悟性之源，是人類和個人永遠的必修課，是在文字時代和讀屏時代也不能忽略，更不能放棄的必修課。非常注重閱讀世界之書的伽利略曾經對只知道死啃書本的人給予了這樣的批評：「唯一反對這個觀點的人，是捍衛哲學上的細枝末節的少數死硬派。就我所知，這些人從他們接受教育的那一刻起，就喝這樣一種意見的奶長大，也即哲學是、並且只能是對亞里士多德著作的持續研究，一旦碰到什麼問題，就立即從不同來源大量彙集這些著作，然後湊合起來解決那問題。他們從未想過讓目光離開這些書頁，彷彿那本偉大的世界之書不是大自然寫來給大家看的，而只是寫給亞里士多德看，彷彿亞里士多德的眼睛可以替代他的所有後代看。」❶

文字之書是人性的創造物，也是人性的彰顯和接續，知識的創造、思想的生發以及兩者的傳承，是人性突出的表現形式，讀文字之書已經成為人類生命中不可替代的一部分，讀屏也不能代替手捧書香的感受。日本作家齋藤孝指出：「隨著網絡的興盛和普及，那種將一切作為信息看待的觀點將會更加流行。在最短的時間內截取自己所需的信息並進行綜合，在將來的社會這將是一種不可或缺的能力。然而，如果僅有針對具體事項的處理和整合信息碎片的能力，人性不可能得到充分的培養。人，往往通過與社會精英的對話而獲得總體性的進步。然而，社會精英未必就一定在你的身邊。所以我們只要有書，就能跟社會精英對話，哪怕這些精英已經不在人世。與社會精英的邂逅，會刺激你的上進心，提升你的人性。」❷

讀屏時代給閱讀帶來了極大的便利，給人生帶來了多彩的體驗，但也給人帶來了更多的困惑甚至干擾。霍金說，「我們稱之為智慧和科學發現的東西給我們帶來了存活的好處。這種情況是否仍會如此沒有這麼清楚：我們的科學發現可以輕易地毀滅我們的一切。」❸對於數字化的互聯網時代，我們套用狄更斯（Dickens）❹的一段話來說：這是一個最好的時代，這是一個最壞的時代；這是一個智慧的時代，這是一個愚蠢的時代；

❶〔意〕伊塔洛·卡爾維諾《為什麼讀經典》，黃燦然、李桂蜜譯，第九六頁。

❷〔日〕齋藤孝《閱讀的力量》，武繼平譯，第一〇—一一頁。

❸〔英〕史蒂芬·霍金《時間簡史》（插圖本），許明賢、吳忠超譯，第二一頁。

❹查爾斯·狄更斯（一八一二——一八七〇），英國著名文學家。代表作有《大衛·科波菲爾》、《霧都孤兒》和《雙城記》等。

這是一個誠信的時代，這是一個欺騙的時代；這是一個光明的季節，這是一個黑暗的季節；這是一個希望的春天，這是一個絕望的春天；人們面前應有盡有，人們面前一無所有；每個人都走向天堂，每個人都墮入地獄。

以退為進，退步就是進步；盲目前進，進步就是退步。歷史在螺旋中上升，文明有時也走回頭路。真真假假，是是非非，曲曲折折，退退進進。這就是歷史，這就是文明。我們說，在互聯網時代，人性的優點和弱點，同時得到了最大的釋放。無論是最好的，還是最壞的，都離不開閱讀。出版人的期盼和信念在於，最好的需要用閱讀日日滋養，最壞的需要靠閱讀漸漸消弭。也許，這就是我們應該具有的文明觀。

第二章

閱讀是一種責任

近年來，全民閱讀不僅不止一次地寫進政府工作報告，而且已經上升為了基本國策，閱讀從來沒有像時下這樣受到社會的廣泛關注，這是中國百餘年來現代化進程所取得的最重要的成果之一，它標誌著中國已告別吃飯穿衣的生存時代，而進入了文化的新時代。文化的新時代提出了更高的要求，而現實離要求差距依然很大。一方面中國在經濟高速發展的同時，社會卻出現了令人擔憂的文化發展滯後、道德誠信滑坡、理想信念缺失等現象；另一方面，與一些發達國家相比，國人的閱讀量明顯偏低，[1] 提高國民閱讀水平和整體素質的任務很緊迫，也很艱巨。

政府機構、媒體、企業和專家學者都行動起來，投入到全民閱讀的浪潮中，這是令包括出版人在內的關心文化教育事業發展的人們由衷感到欣喜的一種態勢，意味著國家與社會近些年來孜孜不倦的全民閱讀推廣工作已初顯成效。關於閱讀本身也成了熱議話題，其中不乏真知灼見，比如知名青少年閱讀推廣人朱永新先生最知名的觀點：「一個人的精神發育史就是他的閱讀史，一個民族的精神境界很大程度上取決於這個民族的閱讀水平。」

❶ 據二〇一四年的相關報告，中國人年均讀書四點七七本，韓國人均十一本，日本人均四十本，俄羅斯人均五十五本，以色列人均六十四本。二十一七年抽樣調查的數據顯示，雖然中國人年均讀書量有所提高，但仍然明顯偏低。

但總體來說，關於閱讀文化的學術探討和理論研究相對滯後，對全民閱讀這一新生事物的理解和準備都明顯不足，急需學理上的深入思考與闡釋，更需要將學術成果轉化為國民閱讀的動力。

毋庸置疑，人類數千年所創造和積累的物質和精神財富，主要是以書籍的形式保存和傳承下來的，因此，繼承和發揚人類的物質和精神世界，閱讀是其中不二法門。從這個意義上來說，閱讀可謂是一種責任和擔當，一種關係到個人自身成長，關係到社會進步，關係到民族和國家繁盛，甚至關係到人類繁衍生息和人類文明發展的重大責任。

一……閱讀讓人成為人

人是社會性動物、思想性動物和道德性動物，這是人性的基本方面。閱讀能夠幫助人完成這種社會性的過程，可以讓人成為社會中的人，成為組織中的人，成為有文化、有理性的社會和組織中的人，成為有思想的人，成為有道德觀念的人。閱讀滋養人性，讓人成為人。

人出生時只不過就是一個生命或一個生物，至於他或她會長成什麼樣的人，完全取決於日後的習得和訓練。所以，人不是一生下來就是人的，他是隨著教育過程而逐漸成為人的，這也是人與動物在本能方面的區別。正如黑格爾（Hegel）[1]所精闢指出的：「人所首先直接是的東西，僅僅是他變得有理性和有自由的可能性，僅僅是規定，僅僅是應當；只有通過管教、教育與陶冶，他才會成為他應當是的人，成為有理性的人。人只不過是他出生以後成為人的可能性。動物則在出生以後很快就成熟了；它的成長多半是一種增強過程。動物在本能上也同樣有它需求的一切。人們必定不會把這看作大自然對動物的一種特別善舉，以為它很快就結束了它的培育過程；其實那僅僅是一種量的增強過程。人則必須自己學會一切，必須把自己培養成為自己應當成為的人，否則，就會僅僅是他過去的那種可能性，而這恰恰是因為人是一種精神的東西；他必須擺脫那自然的東

[1] 黑格爾（一七七〇—一八三一），德國著名哲學家，十九世紀唯心論哲學的代表人物之一。一生著述豐厚，代表作有《美學》、《邏輯學》和《精神現象學》等。

西。因此，精神是他自身的結果。」[2]人只有學習和讀書才能成為人，因此，海德格爾（Heidegger）[3]說：「人是萬物中的繼承者和學習者。」[4]

1｜社會的人和組織的人

閱讀讓人成為群體中的一員，組織中的一員，社會中的一員，並因此享受群體、組織和社會的權利與榮光，擔當起作為群體、組織和社會成員的責任和義務。這首先是由人的本性和閱讀的特性，即人是群體性動物，閱讀是一種社交方式決定的。

人是群體性、社會性和組織性動物，這是人性的最重要特點。人類之所以形成社會，之所以形成社會的各層級組織，包括從家庭到企業和非贏利性組織，再到城市（最早的國家形態）和國家，從根本上說是因為單個的人只依靠一己之力無法在地球上生存，人必須以群居的方式，必須以結社成會的方式團結起來，取長補短，以群體的力量和智慧為自己贏得生存的機會。不要說與豺狼虎豹這樣的猛獸相比，人的體格和力量差距有多大，就算是與所謂鱗介蟲豸這樣的「弱小」動物相比，人的耐力和抵抗力也得自歎弗如。人類能夠逐步走到食物鏈的頂端，靠的決不是強壯的體格，而是不斷進化的頭腦、不斷改良的工具、分工合作和經驗傳承。

人類自遠古以來就是群居的動物，人們只有靠群居才能獲得更多的食物和抵禦其他掠食者的進攻，人只有組織在一起才能戰勝各種威脅，才能生存下去。群體性和社會性

[2]〔德〕黑格爾《世界史哲學講演錄》，劉立群等譯，《黑格爾全集》第二七卷第Ⅰ分冊，商務印書館二〇一四年版，第三四—三五頁。

[3]馬丁·海德格爾（一八八九—一九七六），德國著名哲學家，二十世紀存在主義哲學的創始人和主要代表人物之一。一生著述豐厚，代表作有《存在與時間》、《林中路》和《荷爾德林詩的闡釋》等。

[4]〔德〕海德格爾《荷爾德林詩的闡釋》，孫周興譯，商務印書館二〇一四年版，第三八頁。

在閱讀中尋找自我

是人性的重要特點，十九世紀意大利著名思想家、革命家朱塞佩·馬志尼（Mazzini）[1]對意大利工人的一番話頗具代表性。他說：「人是有理性的和合群的動物，只有通過聯合才能取得一種誰也無法限量的進步；這就是我們今天所知道的賦予人類的生活法則的內容。這些特點構成那種使你們同周圍其他生物有別的人性。」[2]「正如許多人團結起來齊心協力蓋起一幢供天下人居住的廣宇的工作比你們各為自己搭個孤零零的茅舍，僅僅靠相互交換一些石頭、磚塊和灰漿所取得的成就崇高得多一樣。」[3]人類是強大的，但人是弱小的，人類的強大就來自於弱小的個人之間的聯合，國家就是這種聯合的最高級形式，因此他說「一個國家是自由和平等的人們友好和諧地團結在一起為一個共同的目標而奮鬥的社團」。

國家是目前為止人類最大的組織，公民及其權利的存在體現在國家之中，「沒有國家，你們就沒有名稱、象徵、聲音，也沒有權利。……那時你們就是私生子」。[4]「只有你們的國家，即從阿爾卑斯山一直延伸到西西里島盡頭的遼闊而富饒的意大利，才能實現這些希望。只有聽從責任的號令，你們才能得到權利，先要具備得到權利的資格，然後你們才會得到權利。」[5]人類之所以能夠表現出高出其他動物的智慧、技能和文化，是因為人從群體中傳承和學習了大量知識和經驗，一旦脫離群體，便得不到傳承。普通人不能夠離開組織社會而作為一個單獨的個體而存活存在，所以人的生存具有群體性和社會性，進而一切活動都無法脫離其社會性。

[1] 朱塞佩·馬志尼（一八〇五—一八七二），意大利革命家、作家，民族解放運動領袖，意大利建國三傑之一。代表作《論人的責任》。

[2] 〔意〕馬志尼《論人的責任》，呂志士譯，商務印書館一九九五年版，第七五頁。

[3] 〔意〕馬志尼《論人的責任》，呂志士譯，第八四頁。

[4] 〔意〕馬志尼《論人的責任》，呂志士譯，第八六頁。

[5] 〔意〕馬志尼《論人的責任》，呂志士譯，第八七頁。

人性中的群體性和社會性特點，還決定於人的自然屬性即動物性。人和動物一樣會把自身利益放在第一位，並且相比之下人類的殘酷和殘忍程度高過任何一種動物。像「大屠殺」、「殺千刀」、「同類相食」、「虐囚」、「屠貓狂歡」這些無尺度極端行為，都是人類無法迴避的歷史上曾經出現或正在上演的暴行。如果不能夠正視人性弱點，不對人性加以規範、限制、約束，人類將會在自己創造的各種災難中掙扎，人間將成地獄，人們生不如死。馬志尼說：「如果沒有國家，就沒有你們可以向其求助的協調一致；一切由追求私利的利己主義所統治，誰佔上風，誰就有統治權，因為沒有共同的防衛措施來維護大家的利益。」[1]

國家作為最大的社會群體或組織，其組織功能包括兩個方面，一是把多個單人的力量整合起來，做單個人幹不了的事情；二是把單個人的弱點甚至缺陷屏蔽，甚至化有為無。黑格爾說：「國家以它至高無上的意志、倫理精神把整個民族凝聚為一個有機的統一體。國家先於並高於家庭、市民社會，是它們存在的前提，是決定的力量，是人類生活的最高形式。它是自我與他人、個人與社會、特殊利益與普遍利益的統一。個人只是國家的一些環節，生活在國家中，才能獲得個人的人格、自由和價值。」黑格爾對德國古典哲學中整體國家觀的傾向給予充分發揮，表明了他對古希臘以倫理和整體為特徵的城邦國家觀的崇尚。

人是群體性、社會性或組織性動物，人的一切活動都具有群體性、社會性或組織

[1] 〔意〕馬志尼《論人的責任》，呂志士譯，第八六頁。

性，讀書或閱讀自然也不例外。這是由圖書和閱讀的特點，以及讀書或閱讀已經成為人類的生活方式等因素決定的。

圖書這種產品的使用價值在於其內容，而內容的核心在於思想、觀點和方法，思想、觀點和方法則是由語言文字構成的，或者說是通過語言文字得以表現或表達出來的。語言文字是人類文明最偉大的成果，也是人類最偉大的發明，是人類其他文明成果和偉大發明的基礎。語言文字本身就具有鮮明的社會性，它是順應人與人之間的交流之需而產生的，如果人與人之間不需要交流，語言文字斷然沒有出現的必要和可能，交流之需決定了語言成為人類的社交工具，以文字為主要內容的圖書因此也就具有了社交性和社會性。孔子云：誦詩讀書，與古人居；讀書誦詩，與古人謀。也就是說，在孔子看來，誦讀古人的詩書，就猶如與古人生活在一起，與古人共同商量交流。

像德國的荷爾德林（Hölderlin）[2]和海德格爾這樣的語言和哲學大師甚至都認為，人本身就是一種對話，荷爾德林就有這樣的詩句：「人已體驗很多。自我們是一種對話，而且能彼此傾聽，眾多天神得以命名。」[3]海德格爾闡釋說：「自從時間是它『所是的時間』以來，我們就是一種對話。……兩者——一種對話存在和歷史性存在——是同樣古老的，是共屬一體的，是同一個東西。」[4]因此，閱讀也就不是純粹一個人與世隔絕的私屬活動，而是通過文字和圖書與他人交流思想、分享知識的活動，書寫的文本是一種在紙上的對話。

[2] 弗里德里希·荷爾德林（一七七〇——一八四三），德國著名詩人，古典浪漫派詩歌的先驅。代表作有《自由頌歌》、《人類頌歌》和《致德國人》等。

[3] 〔德〕海德格爾《荷爾德林詩的闡釋》，孫周興譯，第四〇頁。

[4] 〔德〕海德格爾《荷爾德林詩的闡釋》，孫周興譯，第四二頁。

日本作家齋藤孝在談到閱讀時指出：「讀書看似一個人的行為，實則不然。閱讀的時間也就是讀者跟作者見面的時間。由於書的作者不在讀者眼前，故對讀者來說不會形成不必要的精神壓力。然而，作者會靜靜地、充滿深情地向讀者娓娓道來。在這樣的一段時間裏，讀者可以獨自盡情享受那些精湛而洗練的語言；在這個時間裏，讀者的成長不可估量。愛好閱讀的人一定會懂得一個人讀書的時間有多麼難能可貴。」❶在閱讀過程中，讀者和作者之間不僅形成了對話和交流，讀者還被作者投入了社會之中，不僅投入到書中所描繪的社會之中，還投入到同時閱讀這本書的讀者圈即閱讀社會之中。

古羅馬著名神學家和哲學家聖奧古斯丁認為，字母「之發明，使我們甚至得以和不在現場的人對話」❷。讀書或閱讀能夠超越一般的社交活動，可以使讀者超越時空與自己素不相識的古代先哲、現代名人以及異域作者展開心靈對話。在一定的時空範圍內，人與人的交流是有限的，而超越時空的心靈交流則是無限的，這是讀書或閱讀這種社交方式之超越性的一種重要體現。十六至十七世紀西方近代哲學的創始人之一、法國著名哲學家勒內·笛卡爾在談到自己在學校的學習體會時講道：「遍讀好書，有如走訪著名的古代前賢，同他們促膝談心，而且是一種精湛的交談，古人向我們談出的只是他們最精粹的思想。」他接著意猶未盡地進一步指出：「同古人交談有如旅行異域。」❸

讀書或閱讀是通過詞語與宇宙萬物進行對話，認識、了解萬物，與萬物結下友誼。德國存在主義大師海德格爾在談論語言的本質時說道：「在我們思想的道路上，我們開始

❶（日）齋藤孝《閱讀的力量》，武繼平譯，鷺江出版社二〇一六年版，第一〇頁。

❷（加）阿爾維托·曼古埃爾《閱讀史》，吳昌傑譯，商務印書館二〇一四年版，第五五頁。

❸（法）笛卡爾《談談方法》，王太慶譯，商務印書館二〇一三年版，第六—七頁。

時所獲悉的在詞語上的詩意經驗將伴隨著我們。我們已經與這種詩意經驗一起進入一種對話之中。」古羅馬著名演說家、哲學家和政論家西塞羅有一句名言說：「詞語是事物的符號。」十九世紀末二十世紀初德國著名詩人斯蒂芬·格奧爾格的詩《詞語》，反覆被哲學家和語言學家所引用、研究，其中被稱為詩眼的名句「詞語破碎處，無物可存在」[4]，更是闡明了詞語不僅是語言，它代表著宇宙萬物。因此，我們可以說，閱讀詞語就是在熟知萬物，領略宇宙萬物之妙之美。海德格爾對《詞語》這首詩給出了這樣的評論：「倘若沒有如此這般的詞語，那麼物之整體，亦即『世界』，便會沉入一片暗冥之中，包括『我』，即那個把他所遇到的奇跡和夢想帶到他的疆域邊緣、帶向名稱之源泉的『我』，也會沉入一片暗冥之中。」[5]哲學家推此認為，人們只有在認識宇宙萬物之中，或者說通過宇宙萬物，才能發現自我。

有鑒於此，我們可以說，在知識的海洋中暢遊，在書中與宇宙萬物結識，通過文字與古今中外的作者進行思想交流，這就是閱讀的妙處。所以，讀書或閱讀這種社交活動並不會給人以絲毫的孤獨感，阿根廷裔加拿大作家阿爾維托·曼古埃爾在談到自己兒時閱讀的感受時說：「我不記得曾經感到孤獨；事實上，在寥寥幾次和其他小孩碰面的場合中，我發覺他們的遊戲及談話遠不及我所讀之書中的冒險和對白有趣。」[6]好書如同好朋友一樣，不僅令人終生受益，而且難以割捨。阿爾維托·曼古埃爾同樣為此提供了很好的例證，他對自己在圖書館的偷書行為給出了這樣的解釋：「一旦我念過了一本書，我就

[4] 參見〔德〕海德格爾《在通向語言的途中》，孫周興譯，商務印書館二〇一〇年版，第一四九—一五〇頁。

[5] 〔德〕海德格爾《在通向語言的途中》，孫周興譯，第一六七頁。

[6] 〔加〕阿爾維托·曼古埃爾《閱讀史》，吳昌傑譯，第一二頁。

無法承受與它分離之苦。」[1] 現代社會出現了「宅男」、「宅女」一族，顧名思義，所謂的「宅男」和「宅女」一般都是長時間待在家裏，可以一個月甚至更長的時間不出門不下樓，但這並不意味著他／她們與世隔絕，而是由於他們可以通過互聯網暢遊世界，與人交流、交往，或者讀書、看電影，如果沒有這些關在屋裏就可以與世界交往的條件，人們很難獨處很長時間，這也是由人性之社會性特點決定的。

人在走出校門參加工作或生產實踐之前，主要是通過讀書進入社會、了解社會、參與到社會之中，而成為社會的一員的。走出校門步入生產實踐領域之後，閱讀仍然是其參與社會的主要方式，而且有的人還不僅是讀者，同時也成為作者，開始以寫作的方式與他人交流與對話，從而進入了新的閱讀社會中。套用當下最時髦的詞彙「刷存在感」來說，讀書和寫書是最具社會「存在感」的活動了，「我讀故我在」，就不用藉助於其他方式去「刷」存在了。

2 — **貴於思想，尚未成人**

迄今為止的一部人類文明史就是一部思想史，是一種種的思想轉化成一個個具體的社會實踐，推動著一個又一個社會變革，使人類的文明從一個台階向著更高的台階邁進。思想雖然看起來是抽象的，但它存在於一個個具體的人的頭腦中。人的思想也是人存在的標誌，法國思想家笛卡爾有句名言：我思故我在。因此，思想是人自身存在對人

[1] 〔加〕阿爾維托·曼古埃爾《閱讀史》，吳昌傑譯，第一七頁。

的要求；是文明進步對人的要求；也是人類這個物種自身進化對人的要求。因此，思想也必然是人和人類的最高需求。

很多人都知道美國著名心理學家馬斯洛（Maslow）[2]的五種需求方式理論。在馬斯洛說的五種需求方式中，人的最高需求是贏得社會的評價和自我價值的實現，社會評價就是贏得社會的尊重。怎麼來贏得社會的尊重？我們稍微引申一下思考。要想贏得社會尊重，在這個社會上贏得一席之地，達到自我價值實現，就只有通過思想的貢獻與傳播。思想是人贏得社會尊重、在社會上贏得一席之地的最根本性的要素，思想體現的是一個人對他人、集體、組織和社會的智慧貢獻，而智慧是任何集體、組織和社會發展的重要推動力。每個人若要證明自己是個有用的人，對他人、集體、組織和社會有用的人，就要不停地貢獻自己的智慧。教師在任何社會中都享有崇高的地位，其根本原因正在於此。所以，傳播思想便成為人的最重要需求之一，思想一旦得到傳播和接受，它不僅體現一個人的貢獻，還為其在社會上找到了屬於自己的位置。在任何一個群體裏面，哪怕最小的組織裏面，在企業裏面，甚至在企業的小部門裏面，在家庭裏面，一個人的地位就是靠其思想、見解或主張的價值來支撐的。如果一個人在任何一個組織裏面，在討論任何問題時都一問三不知，都無言以對，慢慢地，這個人在這個組織當中就失去了話語權，就失去了地位，就沒有了存在的價值和依據，就成了一個可有可無的人。由此可見，思想、見解或主張是贏得獨立人格的重要條件。

[2] 亞伯拉罕．馬斯洛（一九〇八——一九七〇），美國著名社會心理學家，第三代心理學的開創者，提出了人本主義心理學和需求層次理論。代表作有《動機與人格》和《人性能到達的境界》等。

人說到底是思想性動物，思想是對人最基本也是最高的要求。人的思想是通過言語和文字得到體現的。赫爾德（Herder）[1]指出：「語言是一座人類思想的寶庫，藏有每一個人以自身的方式做出的貢獻；它也是一切人類心靈持續活動的總和。」[2]人每天說的話和寫出的文字就在傳遞著其思想，這是所謂「文如其人」的最重要方面之一，言語和文字體現出人在諸多方面的水準。被譽為二十世紀世界三大哲學家之一的奧地利哲學家維特根斯坦（Wittgenstein）[3]說，「語言自身就是思想的載體」，「思想似乎就是言語的伴隨物」。[4]他還說：「我的語言的界限意味我的世界的界限。」[5]思想是每個人在世界上立足，並獲得獨立人格的重要保證，這裏說的思想不只是讓一般人望而卻步的高深莫測的、只屬於聖人或偉人的東西，更多的包括一般人都會有的對自然和社會事物的看法、見解和主張。人都有表達自己思想的願望，都有使自己的意見或主張在一定範圍內被認可和採納的願望，進而都有讓自己的思想在更大範圍內，乃至在全人類範圍內產生影響的願望。古往今來有那麼多偉大的能夠影響到全人類的思想家，包括國外的蘇格拉底、柏拉圖、亞里士多德等，以及中國的孔子、孟子、老子等，他們是聖人，聖人不可追，我們不要求每個人都把他們當作追尋目標。但是我們在任何一個場合，任何一個話題，任何一個組織裏面做一個能有發言權的人，這個事情是最基礎的，是可以做得到的。當一個人在任何地方都沒話可說的時候，可能就意味著在任何地方都沒有位置了，對任何人來說這都是很危險的事。所以傳播自己的思想是人最高的需求，這是一個方面。

[1] J. G. 赫爾德（一七四四—一八〇三），德國偉大的哲學家、語言學家、歷史學家和人類學家。德國十八世紀文藝復興的代表人物之一，在「狂飆與突進」時代扮演重要角色；被認為是德國浪漫主義的先驅；其史學思想影響巨大。代表作有《論語言的起源》等。

[2] 〔德〕J. G. 赫爾德《論語言的起源》，姚小平譯，商務印書館二〇一四年版，第一一九頁。

[3] 路德維希．維特根斯坦（一八八九—一九五一），奧地利著名哲學家、作家，與德國哲學家海德格爾和美國哲學家約翰．杜威並稱二十世紀世界三大哲學家。代表作為《邏輯哲學論》和《哲學研究》等，有《維特根斯坦全集》存世。

[4] 〔奧〕維特根斯坦《哲學研究》，李步樓譯，商務印書館二〇一〇年版，第一六〇頁。

由此必然產生人的另一方面的需求，即讀書和學習的需求。人不讀書，包括讀天地和宇宙萬物之書，是不會憑空產生思想的，也不會有思想可傳播。早在十八世紀中期，德國著名哲學家和語言學家J. G. 赫爾德就指出：「沒有一個思想是自然的直接產品，正因為此，思想才可以由人自己來生成。」[6] 毛澤東的一個著名論斷說，人的正確思想是從哪裏來的？不是從天上掉下來的，也不是人頭腦裏所固有的，人的正確思想只能從生產實踐中來。常識告訴我們，人的知識和思想來自於直接經驗和間接經驗。所謂的直接經驗就是自己親自參加生產實踐，直接閱讀天地這本大書而獲得的感悟；間接經驗就是別人得自生產實踐和對宇宙萬物觀察的收穫。人的知識和思想絕大多數來自於學習，來自於學習別人的經驗和思想，任何人通過直接的經歷所獲得的知識都是有限的，絕大多數都是學習他人的。所以，思想性需求的另一個方面就是，人都有吸取他人思想的需求，而讀書是向他人學習、吸收他人思想的最主要方式。也就是說，人的思想性的需求來自於傳播自己的思想和學習吸收別人的思想，是兩方面的需求。因此，閱讀對於人來說，就是命令式。換句話說，人們要實現傳播思想的願望，卻要沿著相反的方向，即學習和吸收別人的思想的方向前進。任何人都不是生而知之，就像人不是一來到這個世界上就會說話一樣，思想也不是天生的，都必須通過讀書、學習而積累知識，在積累知識的同時發展思維能力及思想。所有讀書人或學習者都是在吸收和借鑒間接經驗的同時萌發和形成自己的思想，再把自己的思想傳播出去的。圖書是最重要的知識和思想載體，是可

5 〔奧〕維特根斯坦《邏輯哲學論》，賀紹甲譯，商務印書館二〇一五年版，第八五頁。

6 〔德〕J. G. 赫爾德《論語言的起源》，姚小平譯，第二六頁。

以世世代代流傳下去的載體。人就是在不斷的學習中，在不斷的思考中，才形成、發展和完善自己的世界觀、價值觀和人生觀，而這些世界觀、價值觀和人生觀則構成了人的思想基礎。

3 — 人之根，德為本

道德是人把自己從動物世界中脫離出來的最後和最高標誌，知識和思想是人和動物的最重要區別，但人只停留在知識和思想層面還不夠，因為在這個層面上，人如果仍然按照叢林法則過著弱肉強食的生活，人在本質上就仍然停留在動物世界裏。知書的目的是達禮，達禮就是樹立道德觀念，進而依禮行事，即按照道德觀念和道德標準行事，知行一體，人才成為真正的人。所以，道德性是對人的最基本要求，也是最高要求。說是最基本要求，是因為它是使人最終成為人的決定性因素，脫離了或者說達不到這個要求，不管知識多麼淵博，人都還只停留在動物層面；說是最高要求，是因為人天生就是有缺陷或者說是有弱點的生物，人永遠也無法達到至善至美，卻又永遠不能停止向著至善至美的方向努力，努力的道路是崎嶇不平的。

必須承認人性具有兩面性，既有讓人引以為傲的優點——表現為善的社會互助性，也有必須努力克服的弱點——表現為慾望的自私自利性，以及過度發展的貪婪性。無論是人性的優點還是人性的弱點，都源自人類生存需求的本能。來自自然屬性的需求或生存的壓力，讓人發展了自己獨特的生存本能，即群居的生活方式和大腦所帶來的記憶能力和思維能力，以及由此發展起來的發明和創造工具的能力，還有團結協作和互助的品質。然而，這種社會性和思想性的特性或本能一旦發動起來，便一發而不可收拾，以至於它們不止於滿足生存層面的需求，進入到「獲得」的或第二性的需求。這種在滿足生存的第一性需求或原始需求基礎上發展起來的「獲得」的第二性需求，也可以稱為佔有性需求或佔有慾。美國近現代實用主義哲學家、教育家約翰．杜威有過這樣的評論：「承認人們可以由於長期習慣而墨守成規，這就意味著相信第二性的或獲得的本性比較原有的本性更為強烈些。」[1]這種獲得的本性或慾望無論在物質需求方面還是在精神需求方面，無論在深度還是廣度方面，都超過了最原始的生存的本能需求，包括所謂得失的過分看重，以及對權利和虛榮等過分的追逐等。這時人性的弱點得到了無限地放大，人的正常需求沒有了邊界，人類不知不覺地進入了貪慾的範圍。十七世紀德國著名政治哲學家塞繆爾．普芬道夫說，在自然狀態下，人處於三種關係中：人與造物者上帝的關係；人與他人之間的關係；人與自己的關係。在人與上帝的關係中，由於「人被造物者上帝放在了比其他動物更為優越的位置之上」，因此人應該敬畏上帝[2]。然而，正如康德所說，人們「永遠無法理性地證明上帝的存在」，因此，「上帝是一種信念，人的信念」，「上帝只能設想為世界的道德秩序」。[3]人向上帝靠近，就是向道德秩序靠近和追求。在人與他人及人與自身的關係中，人是依靠他人和大家組織在一起才得以生存的，所以

[1]〔美〕約翰．杜威《自由與文化》，傅統先譯，商務印書館二〇一四年版，第五頁。

[2]〔德〕塞繆爾．普芬道夫《人和公民的自然法義務》，鞠成偉譯，商務印書館二〇一〇年版，第一六九頁。

[3]〔英〕彼得．沃森《德國天才》一，張弢、孟鐘捷譯，商務印書館二〇一六年版，第二二四頁。

不能傷害他人，要促進他人的利益；但由於「人是把自己及自身利益放在第一位的動物」，[1]這又要求人要「修養身心」，在「促進自己利益」的同時，「促進他人的利益」[2]。由此，普芬道夫把處理好三種關係指向了同一個目標，即善或道德的目標。也就是說，人是道德的動物，如果沒有道德規範，人就把自己降為一般動物了。

道德是人類社會健康發展的基礎，在道德的基礎上法律才會起作用。因此，培養人向善的方向和強化社會的道德觀念成為全社會共同努力的目標。修身養性成為每個人一生不能片刻放鬆的必修課。知識以及由此生成的思想和文化，對人樹立正確的得失觀和名利觀等，具有天然的養護作用。讀書養德，向聖賢學習，同時痛斥人類的惡行，並從中汲取教訓，成為人類的基本共識。同時，人的道德完善無止境，動物性總在某種程度上殘存著，因此，閱讀也無止境。這也對出版工作者提出了基本要求，即必須時刻保持清醒的認識，並時刻保持高度的警惕性，保證出版圖書符合人性需求的道德準則，不能只顧經濟利益而出版不符合社會道德風尚的劣質書。

二……「沒有缺乏閱讀而存在的社會」

社會是一種精神或文化共同體，但物質財富仍是其存在的基礎，因為沒有物質財富

[1]〔德〕塞繆爾・普芬道夫《人和公民的自然法義務》，鞠成偉譯，第一八七頁。

[2]〔德〕塞繆爾・普芬道夫《人和公民的自然法義務》，鞠成偉譯，第一六九—一七〇頁。

的供養，人就無法生存，沒有人便沒有社會。無論是物質財富的創造，還是精神文化的養成，都離不開讀書與教育。讀書和教育就不僅僅成為個人成長的必要條件，也成為社會存在的必要條件。教育和閱讀的根本目標在於立德樹人，由此，立德樹人便成為社會的基礎。英國著名哲學家羅素（Russell）[3]說：「沒有公民道德，社會將滅亡。」[4]當代美國著名哲學家和教育家杜威也有過類似的論斷。他說：「道德力量乃是一切人類社會興亡的最後決定因素。」[5]讀書與學習是塑造自我、完善自我並進而完善社會的最重要方式，也是人類道德進化的最重要方式。

1 — 塑造自我、塑造社會

每個人從出生開始就一直在消耗社會資源和財富，所以每個人都應該把努力創造比自己所耗更多的財富，作為自己一生的追求目標。如果一個正常人消耗的財富比創造的財富多的話，那麼在這個社會中他就是「負數」；如果每個人消耗的財富都比創造的財富多的話，則社會必將難以支撐和正常運轉，國家就將無法延續，民族也將無法繁衍。

作為社會的人，其一生可以明顯地劃分為三個階段：學習、工作和退休。學習期就是成長期和積累本領的時期，從另一方面講，也是純粹的消耗期，在這一時期可以說不創造任何價值；工作期就是回報期和創造價值的時期，雖然為了更好地回報和創造價值還要繼續學習；退休期就是享受期，享受自己和他人共同創造的價值，也可以說是社

[3] 伯特蘭·羅素（一八七二—一九七〇），英國著名哲學家、數理邏輯學家、文學家、歷史學家和和平主義社會活動家。無神論者。一九五〇年獲得諾貝爾文學獎。代表作有《西方哲學史》、《幸福之路》、《數學原理》和《物的分析》等。

[4] 〔英〕羅素《權威與個人》，儲智勇譯，商務印書館二〇一四年版，第八九頁。

[5] 〔美〕杜威《自由與文化》，傅統先譯，第九頁。

閱讀塑造自我

會對曾經創造價值之人的回報期。這種制度設計值得人類驕傲，體現了人這種動物最值得稱道的優點之一。在生命的三個階段上，有兩個階段處於消耗期，而只有一個階段是創造期，所以對人的創造性便提出了更高的要求。一個人若要具備創造更多社會價值的能力，就必須讀書，必須通過讀書和受教育掌握先進的科學知識和技能，具有先進的思想，有理想有信念，只有這樣才能成為低耗能、高效率、高素質的合格的生產力。

受教育是每個人必要的成長經歷，是每個人對社會應盡的義務。「當我來到這個世界的時候，就加入了教育的行列。」[1] 每個人，世世代代都如此，也必將永遠如此。在校享受的是學校教育，走入社會、走上工作崗位就是接受社會和實踐的教育。而無論走到哪裏，迄今為止，圖書都是最好的教材，也是一生離不開的教材，書中所涵蓋的社會就是一本巨大的人生教科書。閱讀文字、閱讀自然和閱讀社會，都是人生的必修課。所以，對於一個健全的社會而言，全民閱讀是其存在的基本依據，誠如阿爾維托．曼古埃爾所說：「沒有社會可以缺乏閱讀而存在。」[2] 我們至今仍習慣性地把上學稱作讀書，把老師稱作「教書先生」，學生稱作「讀書郎」，即可證明這一點。

讀書可以塑造人、完善人，這是古往今來許多名家都反覆強調的。「讀書既是為了塑造自我，完善自我，同時也是因為立志社會變革，使社會向更好的方向發展」。[3] 這是日本作家齋藤孝最為看重的讀書的目的和效用之一。所謂的塑造自我與完善自我，就是讓人發展人性的方面，而消滅動物性的方面。

[1] 〔德〕J. G. 赫爾德《論語言的起源》，姚小平譯，第一一八頁。

[2] 〔加〕阿爾維托．曼古埃爾《閱讀史》，吳昌傑譯，第七頁。

[3] 〔日〕齋藤孝《閱讀的力量》，武繼平譯，第八頁。

人是有理性的動物，這是人與動物的根本區別。但是，也必須承認，人還不能也沒有完全擺脫動物性，其中利己就是這種動物性鮮明的標誌之一。從最初的生存壓力，到後來的競爭壓力，都決定了人身上還不可避免地殘留著這種動物性。人類生活的群體性特點又必須對人性給予更高的規定，即利他主義和群體主義精神，因為每個人都只有在利他主義和群體主義中才能實現利己的目的，目前人類最大的群體就是國家，因此，國家利益至上就成為當今人類所普遍亦不得不遵循的法則。

關於利他主義與利己主義的關係，十八世紀中至十九世紀初的德國著名哲學家費希特（Fichte）[1]有過深入的剖析：「我們終究會看到至少在我們之外有一種結合，在這種結合中，誰也不能不為其他所有人工作，而只為自己工作，或者說，誰也不能只為別人工作，而同時不為自己工作，因為一個成員的成就就是所有成員的成就，一個成員的損失就是所有成員的損失；這種景象通過我們在複雜紛紜的現象中發現的和諧，就會給我們帶來由衷的喜悅，使我們的精神大為振奮。」[2]可以說，人由於自身的特性，天然地就處於個人利益與群體利益、個人權利與公權利博弈的漩渦中。

人的一生注定是在不斷地跟自己的鬥爭中度過的，是在自己的人性跟動物性的鬥爭中度過的，鬥爭的過程就是不斷塑造自我的過程。鬥爭是艱巨的，甚至是痛苦的，因為人自私自利的思想是很頑固的，有的人甚至為一己私利而損害他人和共同體的利益乃至生命。十七世紀德國著名政治哲學家塞繆爾．普芬道夫甚至說：「沒有哪種動物比人更殘

[1] 約翰．戈特利布．費希特（一七六二——一八一四），德國著名哲學家，古典主義哲學的主要代表人物之一。代表作有《全部知識學的基礎》和《自然法權基礎》等。

[2] 〔德〕費希特《論學者的使命 人的使命》，梁志學、沈真譯，商務印書館二〇一一年版，第三四頁。

忍、更殘酷、更傾向於犯破壞社會和平的滔天大罪。因為除了食慾和性慾這些獸類也受其控制的慾望之外，人還受許多獸類所沒有的邪惡慾望的驅使。」[3]因此，人還需要受法律和道德的規範，必須「知書」而後「達禮」。黑格爾說：「人是知識的這種特定存在和自為存在。」[4]知書達禮的人，是有教養之人，「有教養的人是這樣一種人，這種人對他所做、所說和所思的一切都知道要蓋上普遍性的印記，這種人放棄了自己的特殊性，而按照普遍原理行事」[5]。好在我們「已經有了一種認識自己和在自身之內進行反思的普遍精神」[6]，個人只有在國家這樣的群體中才能得到自由和獨立的人格，「國家是已經希求到和認識到的統一，因為國家不是以愛的形式、感覺的形式出現的精神，而是以對普遍東西的希求和認識的形式出現的精神」[7]。

人是需要有所畏懼的，古人云，無知者無畏。孔子說：人有三畏，畏天命，畏大人，畏聖人言。若要畏聖人言，首先就要讀聖賢書。讀書可以滋養人，讀書可以培養人性，讀書可以塑造人，並通過個人塑造社會。

孟子曰：「人皆知糞其田，莫知糞其心；糞田莫過利苗得粟，糞心易行而得其所欲。何謂糞心？博學多聞。何謂易行？一性止淫。」[8]孟子告訴我們，人不僅要給莊稼施肥增加其生長所需要的養料，人自身的成長也需要不斷地吸收營養，人的營養在於養心，養心在於多讀多看多學。人一輩子也不可能達成完善，因為人天生就是有缺陷的，但經過人性的增強和動物性的減弱，人性對動物性的不斷勝利，人卻可以無限地接近人格的

[3]〔德〕塞繆爾·普芬道夫《人和公民的自然法義務》，鞠成偉譯，第一八八頁。

[4]〔德〕黑格爾《世界史哲學講演錄》，劉立群等譯，第八二頁。

[5]〔德〕黑格爾《世界史哲學講演錄》，劉立群等譯，第四三頁。

[6]〔德〕黑格爾《世界史哲學講演錄》，劉立群等譯，第八二頁。

[7]〔德〕黑格爾《世界史哲學講演錄》，劉立群等譯，第七二頁。

[8]〔漢〕劉向《說苑》，程翔評注，商務印書館二〇一八年版，第一一九頁。

完善。費希特說：「完善就是人不能達到的最高目標；但無限完善是人的使命。」[1]每個人不斷地向著完善的方向塑造自己，為之付出努力，社會就能越來越接近和諧與秩序。

2｜閱讀普及與社會平等

健全的社會是人類的理想和追求，什麼樣的社會才算健全的社會，費希特說，「一切社會的最終目的」就是「一切社會成員都完全平等」[2]。然而，「所有屬於人類的個體都是互相有別的；只有在一點上他們完全相同，這就是他們的最終目標——完善。完善只決定於一種方式，即它完全自相等同」[3]。

據此判斷，從某種意義上說，人的完善是實現社會平等的最可行的方式，但個人的完善不是目的，不是真正的完善，通過個人的完善而達到社會的完善，通過社會的完善進一步達到人類的完善，才是最終目的和真正的完善。道理很簡單，「沒有任何一個人是為自身而存在的，他是整個人類的一分子，人類發展的鏈帶延續不斷，個人只不過是其中的一個節點」[4]。因此，費希特得出結論：「共同的完善過程就是我們的社會使命，這個過程一方面是別人自由地作用於我們，造成自我完善的過程；另一方面是我們把他們作為自由生物，反作用於他們，造成別人完善的過程。」[5]因此，自我完善並通過自我完善促進他人和整個社會的完善，是每個人的責任和使命。

自我完善和促進他人與社會完善有大致的路徑可循。自我完善包括知識、思想的完

❶〔德〕費希特《論學者的使命 人的使命》，梁志學、沈真譯，第一二頁。

❷〔德〕費希特《論學者的使命 人的使命》，梁志學、沈真譯，第二八頁。

❸〔德〕費希特《論學者的使命 人的使命》，梁志學、沈真譯，第二二頁。

❹〔德〕J. G. 赫爾德《論語言的起源》，姚小平譯，第一〇〇頁。

❺〔德〕費希特《論學者的使命 人的使命》，梁志學、沈真譯，第二二三頁。

善和道德、人格的完善，親身實踐對此的貢獻佔極小的一部分，絕大部分的貢獻來自於向他人學習，讀書是向他人學習的最重要方式。讀書是個人成長營養的源泉，而閱讀世界這部大書的實踐活動對於任何人來說終究是有限的，宇宙世界有如一部浩瀚無邊的巨著，每個人傾其一生也只能閱讀有限的篇章。閱讀他人的著作是最重要的獲取間接經驗的手段，人通過讀書從他人那裏獲得自己未曾經歷的經驗，通過著述向他人傳遞自己的經驗和學習心得。

自我完善是從作為或成為一個人，一個真正的人開始的，讀書或閱讀就是人作為人而存在的證明。笛卡爾有句家喻戶曉的名言，叫作「我思故我在」。我引申而說：我讀故我在。因為有所讀才能有所思，才能有所想，讀書是思想之源。在《荷爾德林詩的闡釋》一書中，海德格爾提出：「語言乃是人的所有物。人支配語言，用以傳達各種經驗、決定和情緒。語言被用作理解的工具。作為適用於理解的工具，語言是一種『財富』。」「唯語言才提供出一種置身於存在者之敞開狀態中間的可能性。唯有語言處，才有世界。」[6]那麼，閱讀或讀書就是在獲取財富，埋頭讀書無異於悶頭發財，閱讀量越大，詞語就越豐富，財富的積累也就越多；閱讀的面越寬，心中的世界也就越寬，心中的世界越寬，越能證明一個人的真實存在，因為在海德格爾看來，「語言足以擔保——也就是說，語言保證了——人作為歷史性的人而存在的可能性」，語言「是那種擁有人之存在的最高可能性的本有事件」。[7]「語言是人類此在的最高事件。」[8]所以，閱讀語言，創作語言，

[6]〔德〕海德格爾《荷爾德林詩的闡釋》，孫周興譯，第三九頁。

[7]〔德〕海德格爾《荷爾德林詩的闡釋》，孫周興譯，第四〇頁。

[8]〔德〕海德格爾《荷爾德林詩的闡釋》，孫周興譯，第四三頁。

表明人之真實性存在。

人作為有理性的動物，其理性依靠的是思維和思想活動，人的思想不是天生就有的，它來自於後天的經驗即習得，獲取後天經驗的過程就是習得或自身接受教育的過程。自我完善是遵循雙方向或沿著雙軌道展開的，一是向別人學習，一是向別人傳授。因為每個人所知道的都是有限的，又有「先知先覺」和「後知後覺」之別，每個「先知先覺」的人都有向未知者傳輸的責任。人類就是靠著互教互學，靠著共同創造的智慧，以及世世代代的積累才達到現在的文明高度。赫爾德說：「不管是我還是人類的任何一個成員，其行為和思想或多或少都會影響到整個人類及其全部連續的發展。每個行為都引起一圈或大或小的波紋，每個思想都改變著個別心靈的狀態，同時也改變了所有心靈狀態的總和。而且，一個人的心靈狀態會對其他人的心靈狀態產生影響，導致其發生變化。總之，第一顆人類心靈的第一個思想與最後一顆人類心靈的最後一個思想維繫在一起。」[1]

費希特在《論學者的使命　人的使命》中談到，人作為自由理性的生物相互之間有兩個意向：「首先是傳授文化的意向，即用我們受到良好的教育的方面來教育某個人的意向，儘可能使任何別人同我們自己、同我們之內更好的自我拉平的意向；其次是接受文化的意向，即從每個人身上用他受到良好教育，而我們卻很欠缺修養的方面來教育我們的意向。」[2] 如果不藉助於他人的智慧，每個所知甚少的心靈都是黑暗多於光明的，人類就是通過相互幫助，共同積累智慧，才能點亮自己和他人的心靈之光。赫爾德在暢想

[1]〔德〕J. G. 赫爾德《論語言的起源》，姚小平譯，第一一八頁。

[2]〔德〕費希特《論學者的使命　人的使命》，梁志學、沈真譯，第二八頁。

編寫一部古代語言的詞源詞典時，充滿激情地這樣寫道：「我們的心靈要掌握多少知識，要達到多麼靈活的程度，才能徹底了解那種野性的智慧、大膽的幻想和異時異地的民族感情，並用我們現代人的現代語言把這一切表達出來！然而，正是這樣一項工作，不僅可以使我們熟悉一個國家的歷史、文學和思維方式，而且將會照亮人類心靈中朦朧昏暗的領域。」❸

十九世紀意大利思想家、資產階級革命家朱塞佩·馬志尼在致意大利工人書中寫道：「上帝的旨意是，他給予世界的至善和博愛的思想應在不斷增長的榮耀中顯示出來，永遠格外受人崇拜和格外完美地體現出來。你們個人的塵世生活受其狹隘的時間和能力的限制，只能殘缺不全地和忽隱忽現地體現上帝的思想。只有人類通過世代相傳，普遍受其成員中各個人的才智的哺育，才能夠逐漸顯示出那種神聖的思想，並加以運用或讚美。於是上帝就賦予你們生命，使你們可以用它來為人類造福，可以用個人的才智去促進你們同胞的才智，可以用你們自己的工作部分地幫助改善集體工作，並幫助世世代代緩慢地從事的發現真理的工作。你們必須教育自己和教育別人，使自己完善，也使別人完善。」❹

「正如上個世紀一位思想家所說的，人類是個永遠學習求知的人。許多個人會死亡，但是他們所揭示的大部分真理，他們所做的大部分善行不會隨著他們的死亡而消失；人類會把它珍藏起來，那些在他們的墓地上徘徊的人會從中得到教益。如今我們每個人都

❸〔德〕J. G. 赫爾德《論語言的起源》，姚小平譯，第六六頁。

❹〔意〕馬志尼《論人的責任》，呂志士譯，第七五頁。

降生在以往整個人類所闡述的各種思想和信仰的環境中，並且我們每個人甚至不知不覺地給未來人類的生活增加比較重要的因素。人類教育的發展就像東方的金字塔那樣，由每個過路的人在上面增添一塊石頭而使它們巍然屹立。」[1]

沒有完善的個人，也沒有完善的社會，完善意味著終止，意味著死亡。因此，也不可能有絕對的平等。絕對的平等意味著新的不平等，適度的差異化，有時候反而襯托出平等的傾向。然而，我們不能停止向著完善和平等努力的腳步，這是每個社會中的人的責任，只有這樣我們和我們的社會才會無限地接近完善。讀書和閱讀就是這種努力的表現，個人良好閱讀習慣的培養可以創造書香社會，書香社會的形成就是向完善的社會邁出的重要一步。

3 國民閱讀與國民性之養成

社會健康發展，物質文明和精神文明的建設，國家和民族競爭力和影響力的提升，都離不開良好的社會風尚作為保證。良好社會風尚的形成則要求有全社會共同尊崇的價值觀，要求有全社會共同奉行的道德準則。

國民閱讀在良好社會風尚的形成方面，發揮著不可替代的作用。無論是教育家從教育的角度，還是哲學家從道德的角度，都得出了教育具有培養公民和社會道德的功能的結論。人類最早的文字蘇美爾人的楔形文字文獻顯示，作為人類最早學校的蘇美爾人的

[1] 〔意〕馬志尼《論人的責任》，呂志士譯，第七一頁。

學校就把培養人性設立為辨學的根本宗旨。[2]在德國古典哲學家康德看來，人與動物最重要的區別是，人具有能力「去設定自己的目標和方向，還能去培養天性中不成熟的潛力……教育的背後隱藏著完善人性的巨大奧祕」[3]。現代教育最重要或最依賴的手段就是教材或稱教科書，因此與其他出版物相比，教科書具有更加特殊的地位。但教科書之外，還必須有豐富的課外閱讀，因為教科書教授固定的、基礎的和普遍的知識，其他圖書則能給人更多。圖書固然教授學生以知識、思想和技能，但更重要的是培養學生的道德品質。依據教科書進行教學的教師被譽為人類靈魂的工程師，那麼出版社的編輯應該也無愧於這一稱號。暢銷書追崇和引導的往往是最前沿、最具時尚潮流的社會熱點，它們更可能代表最新的時代風尚和最新的價值取向。大眾文化因其受眾廣和影響範圍大，甚至可以被認為是社會的主流文化，而大眾的閱讀興趣和閱讀取向在一定程度上影響甚至決定著大眾文化的走向。另外，圖書等文化產品還有一個重要的特性，也是其他一般產品所不具備的，就是其道德性。圖書產品的道德性源自於其對個人心智的影響，甚至於對個人靈魂的塑造，並進而通過影響和塑造個人產生影響和塑造社會的效果。

圖書的影響力具有持久性。這個持久性包括兩個方面，一是出版物具有持久的生命力，一是對人的影響具有持久性。自有文字以來的文明史，在很大程度上可以說就是一部著述史和出版傳播史，從目前所知最古老的蘇美爾楔形文字文獻和埃及的象形文字文獻，到古希臘和古羅馬文明繁盛時期的古典希臘、拉丁文獻，到獨特的中國傳統文化古

[2] 參見于殿利《巴比倫與亞述文明》，北京師範大學出版社二〇一三年版，第五八五—五八七頁。

[3] 〔意〕彼得．沃森《德國天才》一，張弢、孟鐘捷譯，第二二五頁。

文獻等人類文明的優秀文化遺產，今天坐享高度發達文明成果的現代人，無時不在它們當中汲取著營養。甚至可以說，時間越是久遠，我們越能感受到古人智慧的深邃。另一方面，一個人從小讀的書會讓他終身受益，甚至還會影響或傳給下一代，下下一代。在這方面，人所接觸的任何其他物品，都無法與圖書出版物相比。

圖書出版物的影響還有由個人向群體再向社會延伸的特性。如果從某種意義上說，讀書是一件私屬的事情，那麼圖書出版物的影響也必然從讀者個體開始，這是不言自明的。但一方面從本質上說讀書本身就是一種交流，在讀書過程中始終保持著交流活動；另一方面同時會有很多人讀同一本書，從而在社會上形成一個讀書群體，他們會不時地將自己的讀書心得或價值判斷以各種形式向外發佈和傳播，從而在社會上產生影響。誠如梁啟超所說：「歷史之一大祕密，乃在一個人之個性何以能擴充為一時代一集團之共性？與夫一時代一集團之共性何以能寄現於一個人之個性？」[1]在少數人的思想變為群體思想，群體思想再變成社會思想的過程中，閱讀扮演了關鍵的角色。當某種知識、科學與技術、思想和觀念受到多數人追捧之時，它便具有了推動或改變社會的力量。這也是出版經濟作為影響力經濟的最高級形式。在這方面，最鮮活的案例是出版活動或出版物重構了美國的歷史。清代龔自珍[2]說：「滅人之國，必先去其史；隳人之枋，敗人之綱紀，必先去其史；絕人之材，湮塞人之教，必先去其史；夷人之祖宗，必先去其史。」[3]美國人給我們提供的案例則是，若要立其國，必先著其史。對於北美殖民地和建國初期

❶ 梁啟超《中國歷史研究法》，上海古籍出版社一九九八年版，第一二三頁。

❷ 龔自珍（一七九二—一八四一），近代著名文學家、詩人。代表作有《定庵文集》和《己亥雜詩》等。

❸ 《定庵續集》《古史鉤沉二》（又題《尊史二》；或題《尊史》）篇，載《龔自珍全集》（第一輯），上海人民出版社一九七五年二月版，第二二頁。

的美國而言，其在歐洲人眼裏或觀念裏，僅僅是作為歐洲人領土擴張的地位而被提及，而不是作為獨立存在的大西洋兩岸平等交流的一部分而受到關注。歐洲移民的出版傳統，最早是由蘇格蘭的啟蒙運動輸入到美國，從而帶動了美國出版業的發展，美國人用出版或書籍重構了自己的歷史，重構了作為獨立國家發展的歷史。「美國的早期歷史具有廣泛的歷史形態，包含了移民、文化傳播、貨幣兌換、佔用和兼併等內容，從物質方面到智力方面，書籍出版的歷史代表了重構大西洋世界的概念的一種途徑。」[4]

文化是民族存在的標誌和符號，語言文字不僅是書寫文化的工具，它還構成了文化的內核，代表著人性和國民性的基本方面。十八世紀法國著名哲學家和語言學家孔狄亞克說：「各種語言都表現著操這種語言的民族的性格。」[5]十八世紀中至十九世紀初德國著名哲學家、語言學家J. G. 赫爾德有一個著名的論斷，即語言標識出了一個民族。[6]法國當代著名文學理論家和符號學家、後現代批評的主要代表人物之一羅蘭·巴爾特指出：「除了一個人的階級以外，是主要的字詞在標誌著、充分確定著和表現著人及其全部歷史的。人是由其語言呈現和托出的。」[7]我們完全可以把羅蘭·巴爾特針對個人的這個論斷，延而推及至民族和國家，即一個民族和國家的特性、形象和精神是由其語言文字性成果呈現和托出的。換句話說，一個民族和國家的語言文字性成果塑造和反映著其國民特性、國家形象和民族精神。孔狄亞克明確指出：「語言就是每一民族的性格和特點的一幅真實寫照。在這幅寫照裏，人們可以看到想像是怎樣按照偏見和熱情把觀念結合

❹〔美〕理查德·B. 謝爾《啟蒙與出版：蘇格蘭作家和十八世紀英國、愛爾蘭、美國的出版商》（上冊），啟蒙編譯所譯，復旦大學出版社二〇一二年版，第二一頁。

❺〔法〕孔狄亞克《人類知識起源論》，洪潔求、洪丕柱譯，商務印書館二〇一〇年版，第二五九頁。

❻〔英〕彼得·沃森《德國天才》一，張弢、孟鐘捷譯，第一九六頁。

❼〔法〕羅蘭·巴爾特《寫作的零度》，李幼蒸譯，載王潮選編《後現代主義的突破——外國後現代主義理論》，敦煌文藝出版社一九九六年版，第二四〇頁。

起來的；在這幅寫照裏，人們也可以看到，在每一民族中，自然形成一種各不相同的精神，這種精神的差異隨著民族與民族之間的交往接觸的愈少而相應地愈多。」[1]圖書出版說到底就是處理語言文字的活動，是一門處理語言文字的科學，處理語言文字的藝術，閱讀就是讓語言文字入腦、入心的過程。如果說一個國家和民族的語言文字狀況和成就在某種程度上塑造和反映了其國民性、國家與民族形象和民族精神的總體面貌的話，那麼圖書和閱讀在其間發揮了無可替代的作用。

在某種程度上，一國或民族的語言是通過作家創作的作品而得到固化的，「當那些著名的作家們一旦把語言的規則固定下來的時候，語言也就會反過來影響風俗習慣，並且會把它的特點在每一民族中長久地保存下去」[2]。一個國家和民族的歷史，歸根結蒂是一部民族與國家的成長史，物質文明的創造史和精神文明的進化史，一個民族和國家的歷史，就是其過去與現在的精神性存在；文學與藝術遠不是單純的文藝創作，它猶如一面鏡子，塑造並折射出社會生活、國民性和民族精神的方方面面。羅蘭·巴爾特指出：「在寫作深處具有一種語言之外的『環境』，似乎有一種意圖的目光存在著，它已不再是語言的目光了。」[3]「寫作是存於創造性與社會之間的那種關係；寫作是被其社會性目標所轉變了的文學語言。」[4]回溯世界文化史，我們會看到那麼多偉大的作家與不朽的作品，包括神話、詩歌、小說和戲劇，以及哲學、史學和科學等巨著，是如何塑造和反映出各自國家的國民性和民族精神的。例如最早開啟現代社會之門的蘇格蘭人，通過他們的出

❶〔法〕孔狄亞克《人類知識起源論》，洪潔求、洪丕柱譯，第二七二頁。

❷〔法〕孔狄亞克《人類知識起源論》，洪潔求、洪丕柱譯，第二七二頁。

❸〔法〕羅蘭·巴爾特《寫作的零度》，李幼蒸譯，載王潮選編《後現代主義的突破——外國後現代主義理論》，第二〇六頁。

❹〔法〕羅蘭·巴爾特《寫作的零度》，李幼蒸譯，載王潮選編《後現代主義的突破——外國後現代主義理論》，第二〇二頁。

版活動和出版物向世人闡釋了「蘇格蘭文化中蘊含的平等主義和民主精神」[5]，它們構成了蘇格蘭民族和國家的標籤，「具有深刻而久遠的影響」[6]。對此，研究出版史的當代學者給出了這樣的評價：「通過出版學術和文學書籍，十八世紀蘇格蘭的文人群體自覺地嘗試去促成蘇格蘭民族的進步，為他們的國家爭光。即使是居住在倫敦的蘇格蘭作者和出版者，他們也經常由民族的紐帶聯繫在一起，充滿了作為蘇格蘭人的身份認同和民族自豪感。」[7]在這方面我們還能看到牛頓、莎士比亞和培根等及其作品之於英國，巴爾扎克、雨果和伏爾泰等及其作品之於法蘭西民族，歌德、席勒、海涅、康德、費希特和黑格爾等及其作品之於德意志民族，《常識》、《聯邦黨人文集》、美國憲法以及《湯姆叔叔的小屋》等之於美國，普希金、奧斯特洛夫斯基、托爾斯泰和高爾基等及其作品之於俄羅斯和蘇聯等等，無不塑造了各自獨特的國民性和民族性格，展現了不同的民族精神。

三……國民閱讀與國家盛衰

十九至二十世紀德國著名存在主義哲學家卡爾·雅斯貝斯（Jaspers）[8]在二十世紀中葉提出了一種被稱為「軸心期文明」的歷史哲學理論，集中反映在其著作《歷史的起源與目標》一書中，他反覆強調，世界歷史的發展就是一場在多樣性基礎上的「統一運

[5] 〔美〕阿瑟·赫爾曼《蘇格蘭——現代世界文明的起點》，啟蒙編譯所譯，上海社會科學院出版社二〇一六年版，第二一頁。

[6] 〔美〕阿瑟·赫爾曼《蘇格蘭——現代世界文明的起點》，啟蒙編譯所譯，第二一頁。

[7] 〔美〕理查德·B.謝爾《啟蒙與出版：蘇格蘭作家和十八世紀英國、愛爾蘭、美國的出版商》，啟蒙編譯所譯，第一九頁。

[8] 卡爾·雅斯貝斯（一八八三—一九六九），德國著名哲學家，現代存在主義哲學的主要奠基人之一。代表作有《世界觀的心理學》和《歷史的起源與目標》等。

國民閱讀決定國家興衰

動」[1]，類似的思想幾乎通篇貫穿在黑格爾十九世紀早期的著名著作《世界史哲學講演錄》（舊譯《歷史哲學》）中，例如書中就有「從整體上看，世界史中存在的是同一個進程」[2]的論述。此後一個多世紀的世界歷史發展脈絡正在驗證兩位大師的思想，世界歷史的這種「統一運動」正以不可逆轉的「全球化」趨勢呈現在世人面前，而且這種「全球化」趨勢不再需要大師或專家學者們來闡述，就是鄉野村夫也會洞察無遺，因為就連他們也身不由己地被捲入到「全球化」的浪潮中。

然而，讓先哲們始料未及的是，「全球化」的「統一運動」並沒有為人類創造出比以往歷史階段更多的「和諧」，相反卻加劇了各國家、各民族利益競爭的激烈性，從低端的赤裸裸的資源和能源爭奪，到隱蔽的人才、科技和信息情報爭奪，最後演變成以各種藉口作為遮羞布的戰爭。在這樣的世界上生存，無論是國家、民族亦或個人，都只能奮發圖強。真正的強者是智力強大者、思想強大者和文化強大者。因此，科技、教育和文化乃國之根本，一個不讀書的民族注定要淪為智力、思想和文化方面的侏儒，不會有任何競爭力，更不會為人類文明的發展做出自己引以為傲的貢獻。

作為公民來說，讀書是為增強自身的力量，更是為國家培育在世界上有競爭力的生產力，每個人都應該有這樣的自覺性，無論是孩子還是成年人，閱讀都是終生的事業。

[1] 〔德〕卡爾．雅斯貝斯《歷史的起源與目標》，魏楚雄、俞新天譯，華夏出版社一九八九年版。

[2] 〔德〕黑格爾《世界史哲學講演錄》，劉立群等譯，第七八頁。

1 一個人閱讀關乎國力

自現代社會形成以來，各個國家的有識之士都在恰當的歷史時期，針對各自國家發展的現實和需要，提出過教育興國、科技興國和文化強國等戰略性口號。這些涉及教育、科技和文化等充滿智慧的判斷和論斷，有一個共同的指向，那就是人。人是生產力要素的核心，是最重要的或第一生產力。人決定生產，決定一切。沒有人，沒有掌握先進知識、技能、思想觀念和道德理想的人，一切都是空話，國亦將不國。

馬克思在《資本論》中指出：「勞動生產力，即由於生產條件發展程度不同，等量的勞動在同樣時間內會提供較多或較少的產品量。」生產力的主要內容包括勞動者，生產工具和生產對象。決定生產力高低的主要因素是勞動者，而生產工具則是其中的最重要因素，掌握先進知識和技能的人，才能發明和創造出更為先進的生產工具。掌握了知識和文化的個人才能成為推動國家和社會進步的重要力量，閱讀則是掌握先進知識和技能的最重要途徑。

勞動力素質在很大程度上取決於受教育的程度，教育從根本上說就是讀書，先生教書，學生讀書。讀書在很大程度上，決定著勞動力的優劣，決定著生產力的高下。在這方面，日本近代資產階級思想家福澤諭吉有過詳細的論述。他說：「『天不生人上之人，也不生人下之人』，這就是說天生的人一律平等，不是生來就有貴賤上下之別的。人類作為萬物之靈，本應依憑身心的活動，取得天地間一切物資，以滿足衣食住的需要，大家自由自在、互不妨害地安樂度日。但環顧今日的人間世界，就會看到有賢人又有愚人，有窮人又有富人，有貴人又有賤人，他們之間似乎有天壤之別。這究竟是怎麼一回事呢？理由很明顯。《實語教》說：『人不學無智，無智者愚人。』所以賢愚之別是由於學與不學所造成的。加之，世間有困難的工作，也有容易的工作，做困難工作的叫做身份高的人，做容易工作的叫做身份低的人。大凡從事操心勞神和冒風險的工作是困難的，使用手足從事勞力的工作是容易的。」然而，「追根溯源，就可以知道這只是其人有無學問所造成的差別，並不是天命注定的。俗語說：『天不給人富貴，人們須憑勤勞來獲得富貴』。所以如上所述，人們生來並無富貴貧賤之別，唯有勤於學問、知識豐富的人才能富有，沒有學問的人就成為貧賤」[1]。雖然我們並不贊成福澤諭吉把人分成賢與愚、富與窮，把工作分成高貴與貧賤等狹隘的等級思想，但他所揭示出的勞動者讀書與不讀書的差距，其道理是可信的。實際上，讀書與否不僅造成個人之間的差距，一國國民讀書和受教育程度還會造成一國勞動力與他國勞動力之間的差距。在全球市場條件下，勞動力總體素質的高低，必然體現出其國際競爭力的高低。

勞動力的素質直接影響到產品質量、勞動效率、資源使用效率和生產創新能力等多方面，直接影響到生產力的水平。在國民經濟範圍內，勞動力素質直接影響著優勢產業和劣勢產業的形成，影響著各產業之間的協調和平衡，影響著總體經濟佈局。在全球化和信息社會的態勢下，在國際經濟範圍內，勞動力素質直接體現為一國的核心競爭力，

[1] 〔日〕福澤諭吉《勸學篇》，群力譯，東爾校，《漢譯世界學術名著叢書》，商務印書館二〇一六年版，第二頁。

因而直接影響到一國參與國際競爭的狀況，即一國能否創造具有國際競爭力的產業，能夠培育出什麼樣的產業參與國際競爭。實際上，國際競爭在某種程度上也表現為高端勞動力的競爭，即高科技人才的競爭。競爭導致各個國家一方面加大本國總體勞動力素質和高端科技人才的培養，另一方面在直接展開激烈情報戰的同時，還直接展開對高科技人才的爭奪。因此無論是資源稟賦好的國家、資源稟賦一般的國家，還是資源稟賦較差的國家，都更加重視總體勞動力素質和高端科技人才培養，直接表現為重視文化教育。由於學校教育和國民閱讀是提升國民素質的兩大重要要素，因而成為強國戰略的重要手段和內容。強國從根本上來說，強的就是人。實際上，勞動力素質和資源稟賦決定著生產力水平的同時，也就決定了國際經濟格局，以及各國在其中所處的地位。在全球市場競爭環境下，自從主要發達國家採取「離岸」和「外包」策略，發展中國家便成了廉價勞動力提供國、廉價原材料供應國和簡單的生產加工國。若想從根本上扭轉這種格局和態勢，發展教育和提倡閱讀就成為必由之路。

為了培養高素質、高技能和高效率的生產力或勞動力，各國都非常注重國民閱讀，有的甚至將之置於立國興邦之本的地位。在培養和創造高水平生產力的過程中，實施兩手抓，兩手都要硬的策略，既注重總體勞動力素質的培養，更注重高端科技人才的培養。在明治維新之後走上現代化道路的日本，十分注重閱讀和國民教育，十分注重高端科技人才的培養，有識之士紛紛為讀書和教育鼓與呼。為此，日本近代著名思想家福澤諭吉專門著作《勸學篇》，他勸導國民讀書，讀書才能成為優秀人才，才能從事研究和發明之事，研究和發明之事才能促進文明發展，才能使日本經濟強大而保有獨立地位。他說：「一國的文明，既不可由上面的政府發起，又不能自下面的一般人民產生，而必須由居於二者之間的人來興辦，一面向人民群眾指出方向，一面與政府共同協力，才能期望其成功。考察西洋各國歷史，經營工商業的辦法沒有一件是政府創造的。它的基本技術，都是居社會中等地位的學者們研究出來的。例如蒸汽機是瓦特發明的，鐵道是史蒂芬蓀研製的，首論經濟規律和改變經商方法是亞當·斯密的功勞。這些大專家（即所謂的『中產階級』）既不是國家的執政者，也不是幹體力活的小民，而是居於國內的中等地位，用智力來領導社會的人們。他們的研究發明，先是一個人在心裏有所領悟，然後公開發表，在實際施行中廣結私人同志，使其日益發展壯大，把造福人民的事業留傳萬世。」他繼續說：「這樣一國人民就能把增進文明引為己任，相互比賽競爭，相互羨慕誇耀。國內有一件好事，全國人民都拍手稱快，唯恐別國捷足先登，所以文明的事業就都成為增長人民志氣的工具，一事一物無不有助於國家獨立的。」[1]

明治維新甚至此前就已擁有的讀書傳統，養成了日本國民閱讀的高度自覺性，「明治維新以後，對日本人來說，廣泛閱讀對應的是實現現代化這一時代需求。如果不能迅速吸收信息和思想，日本就將面臨政治、經濟、文化全面崩潰的危險。在這個大環境裏，日本人成功地培養起了一種新的傳統，即立身出世主義與注重人文修養的因素相互參合

[1] 〔日〕福澤諭吉《勸學篇》，群力譯，東爾校，第三〇——三一頁。

的一種基於讀書的對知識的渴求」[1]。這種國民閱讀的自覺性，使得每一個人把自己的成長與造就國家所需的合格的生產力直接地聯繫起來，令讀書成為一種義務。世界書籍史研究專家指出，「日本的讀者讀書量很大」，其中一個重要的原因，「是在日本有一種共識，即有義務去閱讀，除了通過讀書獲取信息知識外，人的培養也是通過書本文化的陶冶來實現的」[2]。在日本人看來，「像日本這樣缺乏資源的國家，教育就是一種資源。大學生不具備閱讀能力，意味著日本綜合實力的下降」[3]。把教育和閱讀視為國家的一種資源，用來彌補自然資源的不足，這樣的理解和認識不可謂不深刻。這也從一個側面讓我們明白，日本的國民教育和國民閱讀為什麼一直處於世界前列，日本這樣一個自然資源相對貧瘠的國家，為什麼長期處於發達國家的前列。即便如此，日本的有識之士還時刻不忘提醒和促進日本的國民閱讀，尤其關注大學生群體的閱讀狀況。因為「在日本這個國家，大學及其他學校的威信帶有某種絕對的性質」[4]。

說到大學生群體及其閱讀，就不能不說美國了。美國也是高度重視國民閱讀和國民教育的國家，重視基礎教育、高等教育和大學生閱讀的國家，因此美國在科技和發明等很多方面都居於世界領先地位，美國也是世界上最具創新力的國家。美國非常重視大學畢業生佔國民總人口比例這樣一個數據，因為它體現的是美國勞動力素質的基本狀況，以及美國國家基本的生產力狀況，不斷改善和提高這一比例，意味著不斷改善和提高勞動力素質和生產力水平，不斷改善和提高美國的國際競爭力。根據經濟合作與發展組織

[1] 〔日〕齋藤孝《閱讀的力量》，序二，武繼平譯，第六一頁。

[2] 參見〔日〕齋藤孝《閱讀的力量》，序二，武繼平譯，第六〇頁。

[3] 〔日〕齋藤孝《閱讀的力量》，武繼平譯，第九頁。

[4] 〔日〕齋藤孝《閱讀的力量》，序二，武繼平譯，第六〇頁。

的統計數據，在全球高等教育擁有比例排名中，二〇一三年和二〇一六年排在前三位的都是加拿大、以色列和日本，而美國分別排在第四和第六位。奧巴馬上任以後，宣稱任期的一個重要目標就是把美國在這項排名中的位置提升到第一位。美國獨一無二的創新能力舉世公認，這不是偶然的，重視國民教育和國民閱讀，吸納全世界的英才，是其中最重要的因素之一。在創新能力和競爭力國家排名中，美國長期居於第一位；在全球企業創新能力排名中，擁有勞動力素質和高科技人才優勢的美國企業，長期處於領先地位。例如，在二〇一七年福布斯全球最具創新力企業排行榜中，前十位美國企業佔據半壁江山，前三十位美國企業仍然佔據半壁江山。美國憑藉人才等優勢，不僅長期佔據世界第一大經濟體的位置，還擁有保持自己核心競爭力的產業和企業，從而形成對世界經濟和科技的影響乃至掌控。在新一輪的數字科技革命中，在信息技術領域，美國擁有絕對領先的優勢。美國掌握著絕大多數核心技術專利，其應用軟件和網絡系統甚至成為全世界依賴的對象。文化產業作為國家軟實力的體現和保證，始終處於優先發展的地位，這一方面使得美國的文化產業發展成為其國民經濟的兩大最重要支柱性產業之一，佔比高達百分之二十五；另一方面使得美國的文化產業在全球文化產業發展中佔據壟斷地位，美國文化產業的產值在全球文化產值的佔比，更是高達百分之五十，具有引領風潮或風向標的作用。值得關注的是，在最近幾年關於美國大學生閱讀傾向的調查中，傳統的紙質圖書閱讀重新回歸了正常秩序，不斷呈上升趨勢，而與之相對的則是，電子閱讀大有在喧囂中退去之勢。

實際上，國民閱讀率高的國家，其生產力或勞動力的素質也就相應地高，其高端科技人才出現的比率也相對地高。另一個科技創新能力強和充滿活力的國家——以色列，同樣給我們以啟示，引發我們對全民閱讀的重視和思考。以色列也一直位居全球高等教育擁有比例排名前三位，依靠對知識和文化的重視，人口稀少、資源也不優厚、面臨國際環境複雜的以色列，卻成為世界科技強國之一。無論是基礎科學，還是創新技術，以色列都有自己的發展之道，並形成了自己的優勢。目前，憑藉在遺傳學、計算機科學、化學等領域的深耕，已有多達十名以色列人和以色列裔人獲得過諾貝爾獎；而在納斯達克的上市公司中，來自以色列的企業數量也位居世界第三。這一切與以色列人的讀書傳統和國民閱讀率有著很大的關係。聯合國教科文組織一項統計顯示，以色列人均年讀書六十四本，居世界第一。

猶太社會擁有很深遠的閱讀傳統，小孩子開始學習識字、讀書時，要舉行隆重的儀式，這個傳統可以追溯到中世紀。「在中世紀的猶太社會中，學習閱讀是以公開的儀式來加以慶祝。在五旬節——這是摩西從上帝之手接受《托拉》（*Torah*）的日子——正準備開始受教的男孩戴上了有穗飾的長方形披巾，並由父親帶著走向老師。老師引領男孩坐在他的大腿上，並展示一塊石板給他看，上面寫著希伯來文的字母、《聖經》上的一段引文，及『但願《托拉》成為你的終身職志』。老師宣讀每一個字，小孩跟著念。然後，石板上沾滿蜂蜜，小孩去舔它，代表身體將聖言同化。同時，《聖經》的詩歌也被寫在煮熟剝殼的蛋上和蜂蜜蛋糕上，小孩在向老師大聲朗讀這些詩歌之後將其吃下。」[1] 在猶太人家庭的日常生活中，家長也非常注重培養孩子愛書、讀書的習慣。中國傳統家庭中有孩子「抓周」的習俗，如果孩子無意中抓到了筆或書本，家長會格外開心，但猶太家庭的習俗卻是主動引導孩子愛書。母親通常把蜂蜜滴在書本上讓孩子舔食，目的是讓他從小就知道，書是甜的，從而建立起對書的喜愛之情。猶太人還用書來祭奠死者，他們把書奉獻給死者以示尊重和敬畏，在他們看來，靈魂也是會讀書的。在安息日，各種經營性的公共場所都要歇業關門，甚至公交也停運，只有書店被允許照常營業。閱讀已經成為猶太人的一種美德，已成為猶太文化的重要組成部分。

近代以來，中國社會一直處於積貧積弱、凋敝落後的狀態。究其根本原因，就在於文化教育和國民閱讀落後，勞動力素質和生產力水平低下。中華人民共和國建立尤其是改革開放以來，中國的文化教育和國民閱讀取得了長足的進步，極大地促進了經濟和科技的發展。當前中國雖然已經躍居世界第二大經濟體，並成為世界製造大國，但我們必須清醒地認識到，我們還不是製造強國，實際上我們在很多領域都只是大而不強。要實現從「中國製造」向「中國創造」的質的轉變，把中國發展成科技強國、文化強國和創新型國家，我們還有很大的差距，還有很長的路要走。

僅從國民教育和國民閱讀角度來審視，努力快速提高全民族的教育水平和全民閱讀

[1] 〔加〕阿爾維托·曼古埃爾《閱讀史》，吳昌傑譯，商務印書館二〇一四年版，第八九頁。

率，就是當務之急。根據二〇一八年的政府工作報告，中國勞動力的平均受教育時間為十點五年，居於初中和高中之間。根據中國新聞出版研究院二〇一七年發佈的第十四次全國國民閱讀調查報告數據顯示，二〇一六年中國零至十七歲未成年人的人均圖書閱讀量為七點一九本，其中零至八歲為六點三四本。相比之下，在美國最大的童書出版社學樂出版社（Scholastic）針對全美兒童與家庭所做的關於閱讀的年度調查報告中顯示，美國六至十七歲兒童的平均閱讀量為二十三本，是中國同齡者的三倍。中華民族偉大復興的中國夢要靠一代一代的人來實現，要靠掌握先進的知識、思想和科學技術，具有社會主義崇高理想的人來實現。為此，每個人都要有高度的責任意識和自覺意識，努力提高自身的文化教育水平和閱讀能力，讓自身的文化水平和閱讀能力轉化成國家的勞動力素質、生產力和競爭力。

2 — 國民閱讀推動社會變革

迄今為止的一部人類文明史，就是一部思想史，一部思想推動社會進步的歷史。只有思想傳播至廣大民眾，進入廣大民眾的心裏，被廣大民眾所理解和擁有，並變成民眾自身的力量，推動社會變革才有可能，變革的現實才可能發生。社會變革不僅是社會發展的需要，更是人性成長的需要。個人閱讀不僅關乎個體人性的成長與完善，個人閱讀形成的閱讀社會更能使個體的人性成長轉化成群體的進步力量，從而成為推動社會變革的力量。人類現代社會的形成，為我們提供了這方面清晰的軌跡。

現代社會的興起與現代科學的發展密切相關。「現代科學的興起是與文藝復興、宗教改革和資本主義的興起同步發生的。」❶ 文藝復興、宗教改革和資產階級的啟蒙運動，其核心和實質就是新知識、新思想和新文化的運動。隨著新知識、新思想和新文化的傳播，社會變革的力量在不斷地積聚，並最終釀成了一浪高過一浪的資產階級革命和無產階級革命，舊社會被摧毀，先進的新社會制度得以確立。自十五世紀起，傳播新知識、新思想和新文化的圖書出版，在歐洲就已經形成了國際的市場，蘇格蘭、英國、尼德蘭和法國等成為活躍的出版中心。一五六六年至一六〇九年爆發了人類歷史上第一次成功的資產階級革命——尼德蘭資產階級革命，在歐洲還普遍處於封建專制統治的時期，荷蘭率先建立資產階級共和國，開了先河，樹立了典範。一六四〇年的英國資產階級革命，具有更加重要的意義，在人類歷史上產生了更大的影響。一七八九年的法國大革命影響至今，關於圖書出版和閱讀傳播對大革命所產生的推動作用，學術界有著深入的研究。

說起新知識和新科學的興起和傳播，法國自然是重中之重的核心之一。而說到法國在新知識、新科學創造與傳播中的貢獻，人們自然會聯想到啟蒙運動時期一部規模巨大、耗時很長、堪稱奇跡的《百科全書》的出版。《百科全書》是十八世紀法國啟蒙思想家狄德羅、達朗貝爾和伏爾泰等發起、規劃、編撰和出版的，它是啟蒙運動的象徵和標

❶ 〔英〕李約瑟《文明的滴定》，張卜天譯，商務印書館二〇一六年版，第一七八頁。

誌，是向舊制度宣戰的知識武器，是「有史以來最偉大的《百科全書》，人類所知曉的一切事情的概要、曾經有過的最有用的著作以及一部自身就是一座圖書館的書」[1]。百科全書不僅提供了關於萬物的全新的詳細知識，還明確指出：「知識來自理性，而不是來自羅馬教廷或《啟示錄》。偉大的秩序化力量是理性，它和記憶、想像等共同發揮作用。」也就是說，百科知識的編撰者「重新安排了認知的世界，重新確定了人類的位置，並把上帝拒之門外」[2]。《百科全書》「試圖在理性並只在理性的支配下勾勒出知識世界新圖景的新邊界」，「用理性的標準衡量一切人類活動，並以此為思考世界提供一個基本原則」。[3]《百科全書》可以被看作是法國資產階級的知識宣言書，儘管有的學者因為編撰者成分複雜，有的甚至難以確定身份等原因持有不同看法，但權威學者堅持認為，「必須把《百科全書》編撰者看成一個獨特的群體，一個有一定組織結構的『百科全書團體』」，「他們也可以被定義為資產階級」，「能夠把《百科全書》編撰者確認為同一個群體的，不是他們的社會身份，而是他們對某一理想的信奉」，「這部書象徵著一種『主義』的出現」。[4]

就像一七八九年爆發的法國大革命影響了全人類一樣，《百科全書》的影響也不僅在法國，「《百科全書》賣遍了『歐洲的兩端』，有一些甚至還遠銷到非洲和美洲」[5]。對於《百科全書》的具體影響及其意義和價值，學者們也進行了深入的研究。一七八九年以後，《百科全書》的出版者和銷售者更加明確地「把它當作一部表現了國家在對知識的理

[1] 〔美〕羅伯特·達恩頓《啟蒙運動的生意——〈百科全書〉出版史（一七七五—一八〇〇）》，葉桐、顧杭譯，生活·讀書·新知三聯書店二〇〇五年版，第四四八頁。

[2] 參見〔美〕羅伯特·達恩頓《啟蒙運動的生意》，葉桐、顧杭譯，第六頁。

[3] 〔美〕羅伯特·達恩頓《啟蒙運動的生意》，葉桐、顧杭譯，第九頁。

[4] 〔美〕羅伯特·達恩頓《啟蒙運動的生意》，葉桐、顧杭譯，第一四—一五頁。

[5] 〔美〕羅伯特·達恩頓《啟蒙運動的生意》，葉桐、顧杭譯，第五一六頁。

解力和領悟力方面的卓越性的書來銷售。在新的三色旗的外衣下，《百科全書》和大革命正在強加給學術界的新形態以及百科全書編纂者職業生涯中的新規範是一致的」[6]。「《百科全書》展示了一種文化制度是如何被打碎的。大革命摧毀了舊制度的根本原則——特權，又根據自由和平等的原則建立了一種新秩序」，「《百科全書》的歷史展現了它們是如何以印刷物的方式被表達出來、如何在社會體制中傳播、如何具體體現在制度中以及如何與一種關於世界的新見解結合在一起的」[7]。

通過現代出版活動廣泛傳播現代思想和觀念，進而孕育現代社會的過程，在英國、法國和德國等其他歐洲國家以及美國都有比較清晰的軌跡可尋，這條清晰的軌跡還與啟蒙運動時期的出版，或者換一種說法即出版活動對啟蒙運動的推動作用密切相關。如果說瓦特發明蒸汽機推動了英國工業革命的進程，亞當·斯密的《國富論》奠定現代經濟學理論，以及大衛·休謨的《人性論》和亞當·斯密的《道德情操論》等奠定了資本主義的倫理，成為蘇格蘭人對現代社會的最大貢獻，開創了現代社會的起點的話，那麼英國的培根、洛克和牛頓，法國的笛卡爾、伏爾泰、孟德斯鳩和盧梭，德國的康德和席勒，以及美國的托馬斯·潘恩、富蘭克林、傑斐遜等的著述和思想之傳播則把現代社會延展開來。現代思想的傳播是與出版業的大發展相伴而生的，出版業的發展和圖書的普及是這些著述和思想得以向深度和廣度快速傳播的重要依靠，「印刷是傳播開明思想和價值觀的巨大發動機」[8]，當時的出版業更多地被稱為印刷業。十八世紀思想廣泛傳播的時

⑥ 〔美〕羅伯特·達恩頓《啟蒙運動的生意》，葉桐、顧杭譯，第五三二頁。

⑦ 〔美〕羅伯特·達恩頓《啟蒙運動的生意》，葉桐、顧杭譯，第五三二頁。

⑧ 〔美〕理查德·B. 謝爾《啟蒙與出版：蘇格蘭作家和十八世紀英國、愛爾蘭、美國的出版商》，啟蒙編譯所譯，第二頁。

代，是「印刷業大爆發」、「印刷業大繁榮」、「印刷資本主義」大發展的時代，「英國發現它被印刷物淹沒了」。[1]英國湧現出了大量的出版社，倫敦成為英語書籍貿易的首都。「在十八世紀後半葉，法國和德國也經歷了相同的『十八世紀印刷業大爆發』」，以至於現代學者們宣稱，「出版業的擴張和閱讀群體的成長……成了推動十八世紀文化發展的主要動力」。[2]這些涉及政治、經濟、科技和社會倫理等構成現代社會主要因素的思想，代表著新興資產階級的利益和主張，滋養和孕育了現代社會。毫無疑問，影響世界歷史進程的一七八九年法國大革命的爆發，是深受思想啟蒙影響的，學者們咸信，當時全新的出版產業是「對大革命生死攸關的產業」[3]。

另一場在北美大陸發生的革命——美國獨立戰爭催生了一個新國家，而對北美十三州打贏這場戰爭起到關鍵作用的是托馬斯·潘恩的一本小書《常識》。當時，面對與英國爭取獨立的戰爭，北美十三州遠沒有形成共識，很多人要麼猶豫不決，要麼堅決反對戰爭，幻想以殖民地的身份和地位與英國達成和解。《常識》改變或扭轉了這種局勢，誠如英國媒體報道的，「很多讀過這本書的人改變了態度，哪怕是一小時之前，他還是一個強烈反對獨立思想的人」。潘恩在《常識》中首先分析了英國所實行的君主政體和君權世襲的不合理性，指出「君主政體意味著我們自身的墮落和失事」，「國王享有世襲權是荒謬的」[4]，「君主政體和世襲制度不僅使某個王室而且使整個世界陷於血泊和瓦礫之中」[5]。接著有理有據地分析了和解的弊端和爭取獨立的好處，「認為一個大陸可以永

[1] 參見〔美〕理查德·B.謝爾《啟蒙與出版：蘇格蘭作家和十八世紀英國、愛爾蘭、美國的出版商》，啟蒙編譯所譯，第二一三頁。

[2] 〔美〕理查德·B.謝爾《啟蒙與出版：蘇格蘭作家和十八世紀英國、愛爾蘭、美國的出版商》，啟蒙編譯所譯，第三頁。

[3] 〔美〕羅伯特·達恩頓《啟蒙運動的生意》，葉桐、顧杭譯，第四八八頁。

[4] 〔美〕托馬斯·潘恩《常識》，馬清槐譯，商務印書館二〇一五年版，第一二頁。

[5] 〔美〕托馬斯·潘恩《常識》，馬清槐譯，第一六頁。

遠受一個島嶼的統治，那就不免有些荒謬。在自然界從來沒有使衛星大於它的主星的先例；既然英國和北美在彼此的關係上違反自然的一般規律，那麼顯而易見它們是屬於不同的體系的。英國屬於歐洲，北美屬於它本身」[6]。如果接受和解而善罷甘休，「結果是北美大陸的毀滅」[7]，「和解與毀滅是密切相關的」[8]。關於獨立的好處，潘恩是把它與對未來國家的建議式治理構想連在一起論述的，在北美將建成沒有國王只有憲章的自由國家，「在專制政府中國王便是法律，同樣地，在自由國家中法律便應該成為國王」[9]，「組織我們自己的政府，乃是我們自然的權利」[10]。最後，潘恩用鞭辟入裏的分析打消了人們心中能否打贏戰爭的疑慮，他指出現在是北美打贏戰爭的最好時機，「時間已經找到了我們」，「我們偉大的力量在於團結一致，而不在於人數的多寡。然而我們現在的人數是足以抵抗全世界的武力的。北美大陸目前擁有的武裝齊備而訓練有素的隊伍，比世界上其他任何國家為大，而且恰巧在力量上達到這樣的地步，那就是，單獨一個殖民地無法獨立自存，但聯合起來的整體卻什麼都能辦到」[11]。潘恩還進一步分析，美國臨海的天然條件，不僅能使美國成為世界上海軍最強大的國家，還能使美國成為世界上經濟最強大的國家。《常識》被視為美國獨立運動的教科書和重要思想武器，美國重要開國元勳之一、《獨立宣言》的主要起草者托馬斯·傑斐遜就深受《常識》的影響，並以此為榮。美國國父、率領軍隊打贏戰爭的華盛頓將軍稱這本書在「很多人心裏，包括他自己在內，引起了一種巨大的變化」。接任華盛頓的美國第二任總統、被譽為「美國獨立的巨人」、最

[6] 〔美〕托馬斯·潘恩《常識》，馬清槐譯，第二七—二八頁。

[7] 〔美〕托馬斯·潘恩《常識》，馬清槐譯，第二九頁。

[8] 〔美〕托馬斯·潘恩《常識》，馬清槐譯，第三一頁。

[9] 〔美〕托馬斯·潘恩《常識》，馬清槐譯，第三四頁。

[10] 〔美〕托馬斯·潘恩《常識》，馬清槐譯，第三五頁。

[11] 〔美〕托馬斯·潘恩《常識》，馬清槐譯，第三七頁。

重要的開國元勳之一的約翰·亞當斯更是在一八〇五年的一次演講中說：「如果沒有《常識》作者手中的筆，華盛頓手中的劍也是沒用的。」❶

在中國現代社會的形成中，也同樣能夠看到出版引領思想進步，推動社會進程的清晰軌跡。中國現代出版也的確是以此為使命而萌生的。其中，作為中國現代出版誕生的標誌性企業商務印書館，創立之初便以「昌明教育開啟民智」為己任，在戊戌變法失敗的高壓形勢下，商務印書館依然出版了「戊戌六君子」之一譚嗣同反抗封建制度的名篇《仁學》以及其他具有進步思想意義的啟蒙著作。《天演論》和《茶花女》等西方思想和文學名著的出版，更是極大地激蕩了中國社會。根據胡適的自述即可一窺這種影響的巨大與深廣。胡適這樣描述道：

> 《天演論》出版之後，不上幾年，便風行到全國，竟做了中學生的讀物了。讀這書的人，很少能了解赫胥黎在科學史和思想史上的貢獻。他們能了解的只是那「優勝劣敗」的公式在國際政治上的意義。在中國屢次戰敗之後，在庚子辛丑大恥辱之後，這個「優勝劣敗，適者生存」的公式確是一種當頭棒喝，給了無數人一種絕大的刺激。幾年之中，這種思想像野火一樣，延燒著許多少年人的心和血。「天演」、「物競」、「淘汰」、「天擇」等等術語，都漸漸成了報紙文章的熟語，漸漸成了一班愛國志士的「口頭禪」。還有許多人愛用這種名詞做自己或兒女的名字。陳炯明不是號競存嗎？我有兩個同學，一

❶ The Sharpened Quill, *The New Yorker*, Accessed November 6, 2010.

個叫做孫競存，一個叫做楊天擇。我自己的名字也是這種風氣底下的紀念品。我在學堂裏的名字是胡洪騂。有一天的早晨，我請我二哥代我想一個表字，二哥一面洗臉，一面說：「就用『物競天擇，適者生存』的『適』字，好不好？」我很高興，就用「適之」二字（二哥字紹之，三哥字振之）。後來我發表文字，偶然用「胡適」作筆名，直到考試留美官費時（一九一〇）我才正式用胡適的名字。❷

《茶花女》等以平民為主人公的小說，將現代民主思想潛移默化地在中國大眾讀者中傳播，對顛覆舊的封建文化同樣起到了重要作用。當時的出版活動以其對現代知識和思想觀念的傳播，成為了孫中山所領導的資產階級革命的啟路者。誠如維新人士蔣智由《盧騷》一詩所說：「力填平等路，血灌自由花；文字收功日，全球革命潮。」孫中山也盛讚一九〇三年上海大同書局印行的鄒容《革命軍》所起到的革命宣傳作用「功效真不可勝量」。直到一九一七至一九一九年期間，孫中山在《建國方略》中仍再次提到：「《革命軍》一書，為排滿最激烈之言論，華僑極為歡迎；其開導華僑風氣，為力者大。」❸

但是，孫中山領導的資產階級民主革命並沒有真正為現代中國解決出路問題。另一種在中國生根、開花、結果的現代思想即馬克思主義思想理論，最終促成了中國社會翻天覆地的變革，即以馬克思主義為指導的中國共產黨，領導中國人民建立了新型的社會主義制度。在中國現代出版人傳播人類進步思想的早期，馬克思主義經典思想作為文明

❷ 胡適《胡適文集》（一），歐陽哲生編，北京大學出版社二〇一六年版，第六四—六五頁。

❸ 《覆某友人函》，《孫中山全集》第一卷，中華書局一九八五年版，第二二八頁。

進步的思想武器被引入中國，並對處於探索強國之途、進步之路的現代中國人起到了思想啟蒙的重大作用。五四新文化運動的先驅陳獨秀主編《新青年》，李大釗等主編《少年中國》、《新社會》，他們都是最早利用圖書報刊提倡民主與科學、傳播馬克思主義思想的集革命家和出版家為一身的進步思想先鋒。早年的毛澤東也充分認識到出版對於社會變革的重要性，在他創辦的《湘江評論》創刊宣言中闡述說：「浩浩蕩蕩的新思潮業已奔騰澎湃於湘江兩岸了！順他的生，逆他的死。如何承受他？如何傳播他？如何研究他？如何施行他？這是我們全體湘人最切最要的大問題，即是『湘江』出世最切最要的大任務。」周恩來也曾創辦《天津學生聯合會報》。一九二一年李達創辦於上海的人民出版社是中國共產黨最早的出版機構，出版了一系列如《共產黨宣言》、《俄國共產黨黨綱》、《列寧傳》、《資本論入門》等有關馬克思主義的叢書。

在馬克思主義傳入中國和中國共產黨創建過程中，商務印書館作為當時最有影響的文化出版機構也做出了積極的貢獻。在二十世紀初，商務印書館主辦的《東方雜誌》很早就有翻譯和介紹社會主義和共產主義的文章，並連載日本幸德秋水所寫的《社會主義神髓》等著作。一九一九年至一九二二年間，中國共產黨籌建和創建初期，商務印書館出版傳播馬克思主義的書籍達到二十餘種，這些書籍包括馬克思的《價值價格及利潤》，陳溥賢翻譯的《馬克思經濟學說》，瞿秋白的《新俄國遊記》等。一九二九年出版了恩格斯《從空想到科學社會主義》；一九三四年出版了馬克思《資本論》第一卷第一分冊

（吳半農譯）；一九四三年出版了陳瘦石翻譯的《共產黨宣言》完整本，除陳望道較早的譯本外，這是一九四九年以前《共產黨宣言》六個版本中唯一由非共產黨人翻譯、在國統區出版發行的版本。中國共產黨的早期領導人陳獨秀、李達等都是商務印書館的外聘編輯。中國共產黨最早的黨員之一沈雁冰，也就是作家茅盾，於一九一六年至一九二六年在商務印書館工作，從普通編輯到《小說月報》雜誌主編一共工作了十年。一大批進步文化名人如魯迅、鄭振鐸、葉聖陶、冰心、巴金、老舍、丁玲都和《小說月報》保持著密切關係並在《小說月報》上發表作品。這一時期，與商務印書館的出版相輝映，亞東圖書館在一九二二年出版了宣揚革命的《獨秀文存》，泰東書局、光華書局、現代書局、湖風書局、北新書局等也都成為當時左翼進步思想藉以傳播的工具。在五卅慘案發生後，胡愈之、鄭振鐸在《東方雜誌》和《小說月報》闢出專刊，並創辦《公理日報》，揭露帝國主義罪行，張元濟、高夢旦、王雲五等各捐出一百元作為其辦報經費，甚至引發了租界當局對《東方雜誌》主辦者商務印書館的起訴。

孫中山在《致海外國民黨同志函》中高度評價了中國現代出版在促進中國現代社會變革和推動中國思想文化進步方面的作用，他說：「新文化運動，在我國今日，誠思想界空前之大變動。推其原始，不過由於出版之一二覺悟者從事提倡，遂至輿論放大異彩，學潮彌漫全國，人皆激發天良，誓死為愛國之運動。」❶

在中國現代化社會的形成過程中，出版人以其卓越的實踐活動傳播思想、傳承文

❶《孫中山全集》第五卷，第二一〇頁。

化、教育民眾，奠基學術，推動了古老中國融入現代世界的主航道的進程，保證了她在行進過程中對自身優秀文化傳統的延續和繼承，更以其所傳播的先進思想不斷促進中國社會的變革，並最終促成了中國獨特的社會發展道路。

3 — 閱讀決定國之興衰

老一輩無產階級革命家周恩來同志，在青年時期便發出了「為中華之崛起而讀書」的吶喊，這句著名的吶喊不止是他個人理想的呼喚，還道出了讀書或閱讀的真諦，即為什麼要讀書，或者讀書是為了什麼。讀書或閱讀不是想讀就讀、不想讀就不讀的私人愛好，讀書是人類為了生存和培養競爭能力必須為之的事業，這是由宇宙環境、人性的特點和閱讀的性質決定的，是不以人的意志為轉移的「規定」。這種生存和競爭能力不僅關乎自己的命運，更關乎每一個人賴以生存的社會和國家的命運。

一部人類現代文明史揭示出，現代社會的形成和第一批現代化強國的出現，無不與閱讀和文化教育密切相關，甚至在某種程度上可以說，是圖書出版所帶來的新知識和新思想，以及所推動的閱讀社會的形成，托出了第一批現代化強國。相反，閱讀以及與之相關的文化教育的貧弱，必然帶來國家的衰敗。十六至十七世紀的英國思想家弗朗西斯·培根在現代社會形成之際，就發出了「知識就是力量」的斷言。知識不僅是個人的力量，更是民族國家的力量，是推動國家這架龐大、複雜機器健康、持久運轉的力量。

先以曾經建立起「日不落」帝國，至今仍享受「帝國餘暉」的英國為例。現代社會起源於十五世紀的文藝復興。自十五世紀中期以來，圖書貿易已經貫穿於全歐洲，書籍已成為「國際性的商品交易」，並且「帶來國際性的閱讀」。❶蘇格蘭和英國是書籍普及和學校教育普及最早的國家，所以它們成為現代世界文明的起點。十六世紀，蘇格蘭首席人文主義者喬治·布坎南就率先提出了「天賦人權」的思想。十七世紀，英國著名政治思想家約翰·洛克分別於一六八〇和一六九〇年出版兩篇《政府論》❷，系統批判了「君權神授」說，闡釋了「天賦人權」的思想，以及「自由」、「平等」和「私有財產神聖不可侵犯」等思想，成為資產階級統治和資本主義制度的思想基石。十八世紀在英國發生了印刷業革命或稱「出版社革命」、「出版物革命」，英國除了湧現出大量的出版社外，還出現了其他諸多現象，如「讀者群體的數量擴張、讀者類型多樣化，出現了各種為人們提供閱讀便利的機構，比如書店、不同類型的圖書館（例如會員圖書館、流通租借圖書館、教會圖書館、咖啡屋圖書館）、閱讀俱樂部的成立和個人藏書的盛行」，「到處都可以看到書籍」。❸「在物質消費和商業文明發展的初期，書籍在英國人社會生活中的地位遠遠超過了其他國家」❹，「閱讀成為這個民族大部分人的第二天性」❺。

蘇格蘭成為當時世界出版的中心之一，圖書使蘇格蘭成為「歐洲第一個現代意義上的文明社會」，「在十八世紀末，蘇格蘭人的識字率領先全球」，「在蘇格蘭的窮鄉僻壤——總的來看，最貧窮的人也會識字念書」。「即便在蘇格蘭鄉村，從小培養讀寫能

❶ 〔美〕理查德·B.謝爾《啟蒙與出版：蘇格蘭作家和十八世紀英國、愛爾蘭、美國的出版商》，啟蒙編譯所譯，第九頁。

❷ 參見〔英〕洛克《政府論》上篇和《政府論》下篇，商務印書館二〇一二年版。

❸ 〔美〕理查德·B.謝爾《啟蒙與出版：蘇格蘭作家和十八世紀英國、愛爾蘭和美國的出版商》，啟蒙編譯所譯，第三頁。

❹ 〔美〕理查德·B.謝爾《啟蒙與出版：蘇格蘭作家和十八世紀英國、愛爾蘭和美國的出版商》，啟蒙編譯所譯，第五頁。

❺ 〔美〕理查德·B.謝爾《啟蒙與出版：蘇格蘭作家和十八世紀英國、愛爾蘭和美國的出版商》，啟蒙編譯所譯，第三頁。

力也成了社會習慣」。在蘇格蘭，「知識爆炸隨即展開。亞當·斯密和大衛·休謨這類作者的著作涵蓋的讀者群擴及一般大眾，而不僅限於知識分子」。[1]「在蘇格蘭，即使不算富裕的中等階層也擁有自己的藏書，如果想閱讀昂貴的書籍，還能從當地圖書館借閱。一七五〇年，所有城鎮都有圖書館。位於珀斯郡和克里夫的因內佩弗里就是很好的例子。那裏的圖書館保存了從一七四七年至一八〇〇年間的借閱記錄。記錄顯示借閱者形形色色，包括當地的面包師傅、鐵匠、箍桶工人、染匠和染坊學徒、農夫、石匠、採礦工人、裁縫以及傭人。藏書以宗教書籍為主，但被借閱的書一多半都是世俗主題，作者包括約翰·洛克、法國啟蒙運動的博物學家喬治－路易·勒克萊爾·德·布豐、蘇格蘭本土歷史學家威廉·羅伯遜。閱讀的風氣開創了文化的多重面向，在蘇格蘭培育了大量讀者群。他們的品味形形色色，主題包羅萬象。」[2]蘇格蘭人對新知識的渴求和對圖書的需要，自然極大地促進了出版經濟及相關產業的發展。以愛丁堡為例，「書籍貿易在愛丁堡當地的經濟中有著重要地位。一七六三年，這個城市的人口僅有六萬，卻擁有六家出版公司，一七九〇年增至十六家。造紙業是民族經濟的支柱產業」[3]。出版業的從業人員數量和佔比也相當可觀，僅以造紙業為例，「蘇格蘭本土的製造業中，從業人員數量超過造紙業的，只有羊毛、製麻、鑄鐵和釀酒業」。「一七九五年的官方調查顯示，蘇格蘭總人口一百五十萬，其中將近兩萬人依靠寫作或出版謀生，一萬零五百人從事教育。」[4]

蘇格蘭、英國和歐洲大陸成為最新知識或新科學以及現代大學的發源地，這使它們

[1] 〔美〕阿瑟·赫爾曼《蘇格蘭——現代世界文明的起點》，啟蒙編譯所譯，第二二頁。

[2] 〔美〕阿瑟·赫爾曼《蘇格蘭——現代世界文明的起點》，啟蒙編譯所譯，第二二—二三頁。

[3] 〔美〕阿瑟·赫爾曼《蘇格蘭——現代世界文明的起點》，啟蒙編譯所譯，第二三頁。

[4] 〔美〕阿瑟·赫爾曼《蘇格蘭——現代世界文明的起點》，啟蒙編譯所譯，第二四頁。

最早邁入了現代社會，最早確立了新的資本主義的生產方式，並把這種生產方式自然地轉化成民族國家的經濟發展方式，以及國家治理方式。它們的移民還將這種生產方式、經濟發展方式帶到了美洲大陸，並在那裏創立了更新的國家治理方式，創立了與歐洲既有相似性又完全不同的全新的國家形態。

東亞的日本在明治維新之後，走上了現代化強國之路，其基本國策就是讀書和教育，日本的成功經驗被總結為，「日本乃讀書立國之邦」[5]。日本除了經濟發展得到舉世認可之外，還有另一種共識，「即將日本實力雄厚的閱讀能力視為日本這個國家的一種軟實力資本」[6]。就讀書能力而言，日本人引以為傲的是，它曾經達到世界最高水平，至今仍維持在世界高水平之列。「眾所周知，江戶時代日本的識字率遠遠高過當時世界識字率水平，就連農民和小市民識字率都非常高。」[7]俄羅斯著名生物學家梅契尼科夫（Mechnikov）[8]曾於明治七年（一八七四）至翌年年底到訪日本，根據他的回憶錄《記憶中的明治維新》記載，「跟當時的俄國以及西歐拉丁系諸國比較，日本人的識字率相當高，就連人力車夫和青樓女子也是一有閒暇便讀書」[9]。日本近代著名資產階級思想家福澤諭吉撰寫的《勸學篇》不僅成為當時紅極一時的暢銷書，更成為流傳至今的世界經典。福澤諭吉在《勸學篇》中勸誡日本人要讀書自強，指出：「環顧世界各國，有的因為文明開化，文事武備都很昌盛，成為富強的國家；有的因為矇昧還沒有開化，文事武備都落後，成為貧弱的國家。」「貧富強弱並非天定，而決定於人的努力與否。今天的愚人可以

[5] （日）齋藤孝《閱讀的力量》，序二，武繼平譯，第五五頁。

[6] （日）齋藤孝《閱讀的力量》，序二，武繼平譯，第五九頁。

[7] （日）齋藤孝《閱讀的力量》，序二，武繼平譯，第五五頁。

[8] 梅契尼科夫（一八四五—一九一六），俄羅斯著名生物學家，獲得一九〇八年諾貝爾生理學和醫學獎。

[9] （日）齋藤孝《閱讀的力量》，序二，武繼平譯，第五五頁。

在明天變成智者，從前富強之國可以在現在淪於貧弱，古今這樣的例子是不少的。如果我們日本人從此立志求學，充實力量，先謀個人的獨立，再求一國之富強，則西洋人的勢力又何足懼？」[1]他堅信，讀書是個人自立的基礎和保障，人人自立，國家才能自立，自立才能自強。

一直到二十世紀初，中國仍然處於半殖民地半封建社會的水深火熱之中，其根本原因就在於落後——知識落後、思想觀念落後和科學技術落後等，這些落後都應歸結為文化教育落後。把出版事業當作實現富國強民夢想的張元濟[2]，是二十世紀初中國智識之士的代表。他在一九〇一年寫給盛宣懷[3]的信中說：「中國號稱四萬萬人，其受教育者度不過四十萬人，是才得千分之一耳。且此四十萬人者，亦不過能背誦四書五經，能寫幾句八股八韻而已，於今世界所應知之事，茫然無所知也。」[4]在世界現代化的潮流下，當時的中國積貧積弱，有亡國之虞，為改變這種狀況，以張元濟為代表的中國出版人，以救亡圖存的精神，聚積為一股強大的文化力量，努力書林，為中國現代文化和教育事業，做出了突出貢獻。

當今中國所取得的巨大進步和發展，無一不與重視教育和文化發展，尤其是改革開放後的教育的疾速發展息息相關。新中國建立之初，文盲率高達百分之八十。經過政府組織推進的掃盲運動，在十餘年的時間裏，一億多人摘掉了文盲的帽子。改革開放之後，中國加速了教育的發展力度。一九八三年十月一日，鄧小平應北京景山學校請求，

[1] 〔日〕福澤諭吉《勸學篇》，群力譯，東爾校，第一四頁。

[2] 張元濟（一八六七—一九五九），字筱齋，號菊生，中國近現代出版家、教育家和愛國實業家。曾長期擔任商務印書館掌門人。

[3] 盛宣懷（一八四四—一九一六），字杏蓀，清末大臣。創辦南洋公學，任用張元濟為譯書院負責人。

[4] 張元濟《張元濟全集》（第三卷），商務印書館二〇〇七年版，第二〇四頁。

作了重要的題詞：「教育要面向現代化，面向世界，面向未來。」題詞對教育工作提出了新的更高的要求，給中國教育事業發展指明了新的方向。一九八六年中國頒佈了《中華人民共和國義務教育法》。這是中國首次把義務教育用法律的形式固定下來，也就是說適齡的「兒童和少年」必須依法接受九年的義務教育。通過十多年的不懈努力，在二〇〇〇年，中國總體上實現了「基本普及九年義務教育，基本掃除青壯年文盲」的奮鬥目標。實踐證明，改革開放的四十年來中國的市場經濟取得的巨大成功以及中國經濟發展的顯著成果，都有賴於整個教育制度的建設和發展。在全球化和知識經濟的今天，教育和科技更加至關重要，而發展科技的關鍵就是人才的培養。

雖然如此，我們仍然要清醒地認識到，我們在閱讀、學術和文化的諸多方面，在世界上仍然處於追趕的地位，國民的閱讀率仍然處於很低的水平，文化教育發展也還不夠均衡。在發達的城市地區，讀書也遠沒有形成風氣，甚至在最應該讀書的大學生群體中，閱讀率也並不樂觀。在欠發達的偏遠地區，圖書仍然是奢侈品，無書可讀的現象仍然存在。我們還需要樹立牢固的自覺意識，全民閱讀的推廣工作還需要落到實處，持久貫徹。這是每個人的責任，是時代賦予我們的神聖職責。

四……閱讀是人類的生存之道

閱讀不僅關乎個人命運，關乎社會存在，關乎民族國家的軟實力和競爭力，還關乎人類這個物種的生存與繁衍及種屬的活力和優越性。可以說，閱讀是人類亙古未變的生存之道。

1 閱讀為人類贏得生存的機會

生存壓力和競爭壓力是人類永恆不變的主題，因為上天雖然賦予人以「萬物之靈」的高貴，卻沒有賦予人得享高貴的自然本領，相反，與其他動物相比，人是最沒有自然本領的動物，人必須依靠後天的習得培養和練就本領，甚至必須依靠群居的生活方式，才能為自己贏得生存的機會，才能在與自然災害的鬥爭中，在與動物對生存空間等的爭奪中，佔據有利的位置。

單個的人是很弱小的，其面臨的生存和競爭壓力數不勝數，而來自所有方面的威脅，幾乎都要靠讀書獲取知識來破解，包括讀天地之書和讀文字之書。這就不難理解阿根廷裔加拿大作家阿爾維托·曼古埃爾在其代表作之一的《閱讀史》中，用一整頁的篇幅，以「最後一頁」的名義，只抄錄了福樓拜的一句話：閱讀是為了活著。[1] 而且，這

[1] 〔加〕阿爾維托·曼古埃爾《閱讀史》，吳昌傑譯，第一頁。

閱讀是人類的生存之道

「最後一頁」卻置於卷首的醒目位置，其警示意義不言自明。

十八世紀中至十九世紀初的德國著名語言學家和哲學家赫爾德在研究語言的起源時，揭示了這樣一個道理，他指出，宇宙中的萬物尤其是動物都至少有一種足以讓其生存下來的能力，他把它稱作本能，例如蜘蛛的織網能力、蜜蜂的築巢能力、鳥的飛翔能力、魚的潛水能力、各種野獸所獨有的兇猛、力量、速度以及牙齒、爪子、眼睛、耳朵甚至鼻子和舌頭等特殊能力等，唯獨人在各方面的能力都很平庸，「就本能的強大和可靠而言，人遠遠比不上動物」[1]，「人赤裸裸地來到世上，他是一種缺乏本能的動物。就此看來，人可以說是世界上最可憐的生物」[2]。

人無法依靠在各方面都顯平庸的本能，征服變化莫測的自然災害和對付豺狼猛獸的侵犯。赫爾德接著分析道：「這種缺陷決不可能是人的種屬特徵，除非大自然對他就像最殘酷無情的繼母一樣不公，要知道，自然對於每一種昆蟲都是一位最最慈愛的母親。她給予每一種昆蟲它正好需要的東西。」「那麼，根據自然的類推」，它就應該也賦予「人所獨有的東西」，這種「人所獨有的東西」「是人類種屬的特徵」，「它對於人就像本能對於動物那樣重要」。「人所獨有的東西」產生於大腦，就是思維和思想，作為哲學家的赫爾德稱之為「理性」。[3]「人的所謂理性，就是一切人類力量的總和形式，就是人的感性本質和認知本質、認知本質和意願本質的結合形式，或更確切地說，是與某種機體組織相聯繫的唯一積極作用的思維力量。」[4]人類就是憑藉著思維或思想的獨特力量，一方

❶〔德〕J. G. 赫爾德《論語言的起源》，姚小平譯，第二〇頁。

❷〔德〕J. G. 赫爾德《論語言的起源》，姚小平譯，第八三頁。

❸〔德〕J. G. 赫爾德《論語言的起源》，姚小平譯，第二五頁。

❹〔德〕J. G. 赫爾德《論語言的起源》，姚小平譯，第二七頁。

面利用記憶力，綜合、分析和判斷力熟悉動物的習性，了解植物的特徵，掌握自然的規律，以規避自身的風險，另一方面通過發明語言和生產工具提高自身的實踐能力，語言和工具又反過來促進思想或理性的不斷提高。以火的使用和冶煉技術的發明為起點，人類又開始了科學發現和技術發明的腳步，至今已發展到上天入地的科學技術能力和境界。

人類經驗和知識的獲得光靠一個人、一群人、一代人都還遠遠不夠，處處是兇險，認識無止境，人類必須把難得的經驗、知識和技術代代相傳，不斷積累得愈益豐富，人類的生存能力才愈益強大，這是人性的天職。對此，人類的先賢們早有領悟，例如赫爾德就曾指出：「如果每個人只為自己從事發明，無謂的重複勞動就會永無止境地延續下去，進行發明的知性便被剝奪了最寶貴的特質，即生長。」[5] 以語言記錄為核心的圖書和讀書就是人類最重要的傳播知識和傳承技能的手段，因為所有的知識和技能只有通過語言文字才能得到可靠、持久的傳播和傳承。

關於人類相互學習、相互交流以獲得更多生存技能和條件的狀況，英國當代著名歷史學家彼得·弗蘭科潘在其新著《絲綢之路——一部全新的世界史》中，僅從經濟貿易角度做出的描繪，就給我們提供了具體、真實的案例。他說：「早在二十多個世紀之前，我們的祖先就曾盡力搜集各國的信息，並派遣出各種特使和代表，探索哪裏是世界上最佳的市場，探索如何抵達沙漠、山脈另一端的國度和城鎮。無論探索後寫就的報告成書於哪個年代，它們都是試圖給羅馬和巴格達、洛陽和北京、吉特拉和高知、福斯塔特和

[5]〔德〕J. G. 赫爾德《論語言的起源》，姚小平譯，第一一八頁。

非斯、基輔和莫斯科、倫敦和塞維爾的統治者們提供信息和智慧，都帶回了其他民族生活和勞作的相關景象，彙報了貿易交流的情況，告知人們可能遇到的風險和可能收穫的利益。」❶

實際上，人類也正是由於知識積累的逐漸增多，生存的能力才變得越來越強。這表現在幾個方面：一是地球上的人口越來越多；二是人口的平均壽命越來越長；三是大體上越發達的國家和地區人口的平均壽命越長，甚至進入老齡化社會。這是一個逐漸演變的過程，也是一個長期演變的過程。舉例來說，在十八世紀末，歐洲仍然生活在不穩定的狀態中，「如果糧食等歉收，人們仍然會受到大規模饑荒的威脅（例如法國大革命前夕的饑荒），人均壽命僅約四十歲，嬰兒死亡率依舊高居不下」❷。這更加充分地證明，人類生存能力的強大與知識的傳播和閱讀的普及同步，且極大地依賴閱讀和知識。

中國現代著名學者胡適在談到為什麼要讀書時，也談到了讀書對於人類積累知識、傳遞知識和把知識發揚光大的重要性。他深有感觸地說：

> 我們不能夠再像古人那樣重新去經歷各種事情。如果我們還是要像古人那樣一事一事去經歷、試探，而後知道、明白，那我們的智識便不能進步，一切文物制度便要有退無進了。因為我們一生所能經歷而得到的智識，絕不能及到古人所集積的那麼多。因此，我們要在極短的時期中，把古人的遺產，全部接受過來，那末，非讀書不可。因

❶〔英〕彼得·弗蘭科潘《絲綢之路——一部全新的世界史》，邵旭東、孫芳譯，中文版序言，浙江大學出版社二〇一七年版，第XI頁。

❷〔英〕瑪麗·伊萬絲著，《現代社會的形成：一五〇〇年以來的社會變遷》，向俊譯，中信出版集團二〇一七年版，第七一頁。

為，古人經歷數千年來之學問、智識、經驗，完全刊載在書本中，我們要知道古人數千年來之這一部分學問，便去讀刊載著這一部分學問的書本；我們要知道古人數千年來之那一部分智識，便去讀刊載著那一部分智識的書本，我們要知道古人數千年來之另一部分經驗，便去讀刊載著另一部分經驗的書本。我們只要在很短的時期中，就能讀完這些書本；就能把古人經歷數千年來之一切學問、智識、經驗，人類的遺產，全部接收過來。既接收了人類的全部遺產後，再去發揮而光大之，則人類的學問愈能深造，人類的智識愈能充足，人類的經驗愈能豐富了！為保存古人所遺下的學問智識、經驗，果然要讀書；為要發揮而光大古人的學問、智識、經驗，更加要讀書。❸

一代偉人毛澤東關於「活到老，學到老」的思想，也蘊涵著這樣深刻的道理。一九三八年他在中央黨校的講話中說過：「你學到一百歲，人家替你做壽，你還是不可能說『我已經學完了』，因為你再活一天，就能再學一天。你死了，你還是沒有學完，而由你的兒子、孫子、孫子的兒子、孫子的孫子再學下去。照這樣說，人類已經學了多少年呢？據說五十萬年（當時科學界的說法，現在又有新說法了），……以後還要學多少年呢？那可長哉長哉，不知有多少兒孫，一代一代學下去。」❹

實際上，一直到科技和文明高度發達的今天，人類仍然沒有完全擺脫「靠天吃飯」的命運，面對重大自然災害和疾病災害，人類仍然缺乏有效的辦法，這些都是人類認識

❸ 胡適《為什麼讀書》，載胡適等《怎樣讀書》，生活．讀書．新知三聯書店二〇一六年版，第一四頁。

❹ 參見龔育之、逄先知、石仲泉《毛澤東的讀書生活》，生活．讀書．新知三聯書店二〇一〇年版，第二〇頁。

的盲區，人類認識的盲區和個人知識的不足或不客氣地說「無知」，每時每刻都在造成人口的意外或非正常死亡。往遠處說，稍有點兒歷史知識的人，都會記得，「一三四八年至一三四九年的黑死病，奪走了歐洲三分之一人口的性命」，那個時期「成千上萬人的命運取決於每年收成的好壞」，「他們仍然沒有擺脫自然界的威脅」。❶黑死病不僅奪走了眾多的生命，還對人類的精神造成了重大創傷。往近了說，就在十多年前，一場「非典」的重大災禍在中國肆虐，它不僅造成了嚴重的人口死亡，其來無影去無蹤的狀況至今仍令人膽寒。科學是與人的生存和生命密不可分的，「科學的態度就是研究人類和動物生存的自然條件，因此也要研究為了確保生存，我們對自然可以做什麼和必須不做什麼。從這個意義上講，科學就是探究與理性一致的生活的可能的邊界條件。超越這些邊界條件，就是未曾意識到的自我毀滅」❷。人類對知識的探究永無止境，對自然和世界的認識永無止境，閱讀永無止境。

閱讀對於人而言，就像吸氧一樣重要，吸氧維繫的是人作為生物體的存在，讀書或閱讀則既是維繫人作為生物體存在的需要，更是維繫人作為社會生命體存在的需要。阿爾維托．曼古埃爾在談到閱讀的體會時寫道：「我們每個人都閱讀自身及周遭的世界，俾以稍得了解自身和處所。我們閱讀以求了解或是開竅。我們不得不閱讀。閱讀，幾乎就如同呼吸一般，是我們的基本功能。」❸

❶ 〔英〕瑪麗．伊萬絲《現代社會的形成：一五〇〇年以來的社會變遷》，向俊譯，第七頁。

❷ 〔芬蘭〕馮．賴特《知識之樹》，陳波編選，陳波、胡澤洪、周禎祥譯，生活．讀書．新知三聯書店二〇〇三年版，第二四頁。

❸ 〔加〕阿爾維托．曼古埃爾《閱讀史》，吳昌傑譯，第七頁。

2 知識與文化是聯結人類的天然紐帶

從人類最根本的生存需求出發，知識是人類最重要的生存手段，是全人類共同創造、共同積累、共同傳承，因此也必然共同享用的生存手段。關於這一點，我們已經從根本上，從源頭上給予了論述。文化是人類相互滋養、相互學習和相互借鑒的最重要的民族特性，不僅如此，在人類各民族共同繁衍生息的過程中，文化既能起到相互滋養、相互借鑒的作用，還具有相互砥礪甚至是相互競爭的特性。換句話說，文化也是在各民族的交往和競爭中存在。文化在，民族就在；文化不在，民族便無跡可尋。因此，我們說，知識和文化是聯結人類的天然紐帶。

知識和文化把人類天然地聯結在了一起，人類也就天然地結成了一個命運共同體。認識到這一點和理解到這一點並不容易，能為這個命運共同體付諸努力就更不容易，更不是簡單的事。今天我們仍看到戰火硝煙遍佈世界各地，那是人類命運的哀鳴，更是中國倡導人類命運共同體的根本緣由和動力。關於人類共同創造、共同享受知識和文化，知識和文化把人類的命運聯結在一起，我們有清晰的軌跡可尋，這條清晰的軌跡從文明起源到現代社會的形成，一直貫穿到網絡互聯互通的今天。限於篇幅，我們僅以學術界公認的文明誕生的三大標誌為例，加以簡要闡釋。

文明誕生的第一個標誌是文字的出現。可以毫不誇張地說，我們今天所享受的所謂現代文明，其主要成果絕大多數都拜古人所賜，是古代眾多民族群體智慧的結晶，現代人主要是享受者，而不是創造者，最多是發揚光大者。最突出的，或者說，首當其衝的是語言文字，「文字是歷史遺贈最顯著的特徵之一」❶。語言的出現和文字的發明不僅是把人從動物群體中分離出來的最重要的事件，不同語言和文字又是把不同民族區分開來的標誌性符號，語言文字還是文明創造和發展的基礎，幾乎人類的一切文明成果，都是建立在語言文字基礎之上的，離開了語言文字，人類的文明幾乎接近歸零。

語言自遠古出現，文字為古人發明。歷史學家、考古學家和文明與文化學家都一致認為，文字的出現是文明誕生的最重要標誌，人類自有了文字，開始進入有據可查的歷史階段，或者說，才開始拉開歷史的帷幕。在文字之前，人類的過往，在學術上只能被稱為「史前」。文字的起源和演變首先大體上經歷了由圖畫文字到圖形文字，由圖形文字到象形文字，由象形文字到規形文字（規範字型）的過程。在由「象形」到「規形」的演變階段，出現了兩條道路的分叉。一條道路導致了字母文字的出現，另一條道路導致了象形或規形文字的標準化。

先說字母文字的發展之路。迄今所知人類最早的文字包括蘇美爾人發明的楔形文字和古埃及人發明的象形文字，還有克里特、邁錫尼文明的線形文字，以及中國的殷商甲骨文等。其中楔形文字體系在古代美索不達米亞傳播很廣，一度成為古代近東的國際性語言，這一地區的許多古代民族都採用了楔形文字體系，又都有自己的地區特點，形成了區域性的語言，在某種程度上也可以稱之為方言。比如，在蘇美爾人楔形文字之

❶〔德〕奧斯瓦爾德·斯賓格勒《西方的沒落》第二卷·世界歷史的透視，吳瓊譯，上海三聯書店二〇〇六年版，第一三三頁。

後，出現了阿卡德語，以及巴比倫方言和亞述方言，還有赫梯語、阿拉米語和烏加里特語等。象形文字都有表意符號和表音符號，其中的「形」是表意符號，表音符號則為字母符號，沒有音只有形的文字便說不出口，便無法傳播、流行。蘇美爾文字最早的表音符號出現在公元前第三千紀初的捷姆迭特·那色文化時期，到公元前第三千紀前半期，音節符號已廣泛使用。古埃及象形文字的表音符號，出現的時間還要更早一些。[2]蘇美爾語由於自身的原因，沒有充分發揮起表音符號的作用，阿卡德人在阿卡德語中充分發揮了表音符號的作用，使阿卡德語具有了更多的音節價值。後來有的民族率先把這種音節價值符號發展成了字母文字，即把表音符號變成了正式文字，而放棄了表意符號即字形，這可能就是字母文字的起源。

至於是哪個民族最早發明或使用了字母文字，學術界至今存在很大的爭論，未有定論。傳統的或最常見的觀點把這一功勞歸給了腓尼基人，這源於古希臘和古羅馬作家的記載，典型代表是歷史之父希羅多德（Herotodus）[3]。希羅多德在其名著《歷史》中說到，腓尼基人把字母文字帶給了希臘人。據他記載：「蓋披拉人所屬的、這些和卡得莫司一道來的腓尼基人定居在這個地方，他們把許多知識帶給了希臘人，特別是我認為希臘人一直不知道的一套字母。但是久而久之，字母的聲音和形狀就都改變了。」[4]古羅馬著名歷史學家塔西佗（Tacitus）[5]的記載又增加了新內容，他說埃及人「自稱是字母的發明者」，「他們認為，曾稱雄海上的腓尼基人把這種知識從埃及輸入希臘，結果

❷ 參見于殿利《巴比倫與亞述文明》，第六四頁。

❸ 希羅多德（約前四八〇—前四二五年），古希臘最偉大的歷史學家，被譽為「西方歷史之父」。著有《歷史》或《希臘波斯戰爭史》。

❹ 〔古希臘〕希羅多德《歷史》（下冊），王以鑄譯，商務印書館二〇一七年版，第四三四頁。

❺ 普布里烏斯·科爾涅利烏斯·塔西佗（五五—一二〇），古羅馬最偉大的歷史學家之一，著有《歷史》、《編年史》、《阿古利可拉傳》和《日耳曼尼亞志》等。

楔形文字符號的起源與演變

約公元前 3500 年	旋轉 90°	約公元前 2500 年	約公元前 1800 年	約公元前 1000 年	表達意義
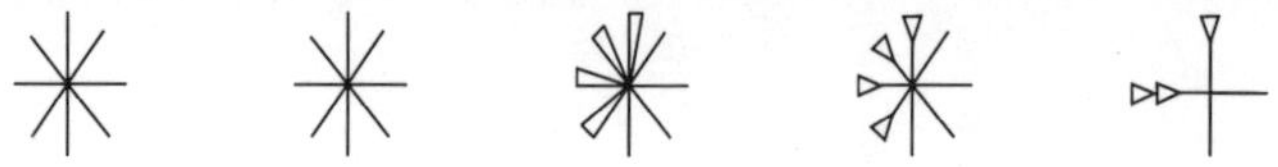					天，神
					地
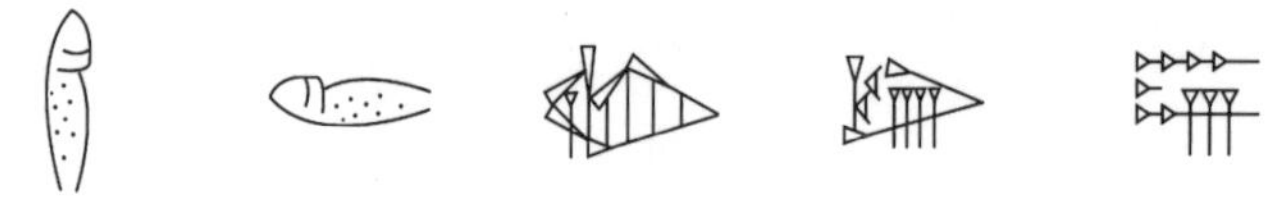					男人
					女人
					山
					女奴
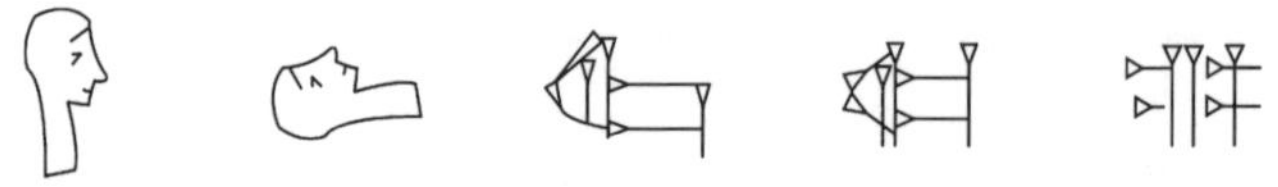					頭
					說
					食物

（續）

約公元前3500年	旋轉90°	約公元前2500年	約公元前1800年	約公元前1000年	表達意義
					吃
					水
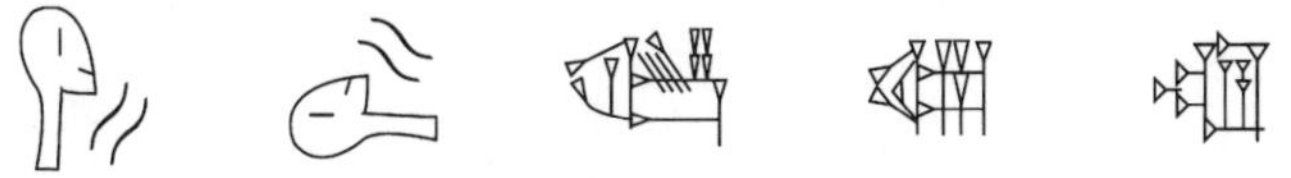					喝
					足，站立，行走
					鳥
					魚
					牛
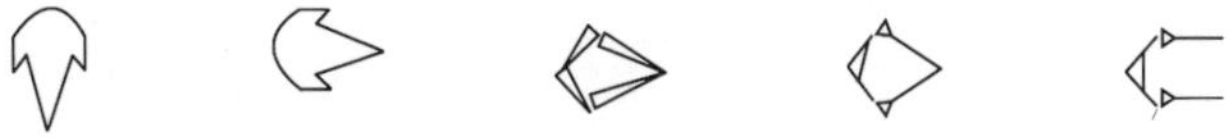					母牛
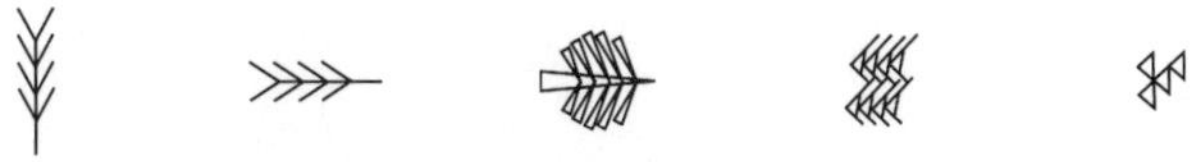					大麥

借用字母的腓尼基人卻取得了發明字母的聲譽」。[1]希羅多德和塔西佗關於腓尼基人把字母文字傳給希臘人的說法應該可信，但希羅多德並沒有說腓尼基人發明了字母文字。另一位古羅馬著名歷史學家狄奧多魯斯·希庫魯斯（Siculus）[2]明確指出，「敘利亞人是字母文字的發明者，腓尼基人從敘利亞人那裏學到了字母文字，他們對一些字母在形式上做了修改，然後又傳給了希臘人」[3]。狄奧多魯斯所說的敘利亞人指的是阿拉米人（Aramaeans），阿拉米人是生活在敘利亞的古代民族。在靠近今阿勒頗的泰爾·哈拉夫（Tell Halaf）和阿爾斯蘭·塔什（Arslan Tash）等地發現了一些阿拉米語文獻，它們屬於公元前九世紀（約公元前八五〇年）。[4]這一時期的阿拉米人在亞述帝國的影響和控制之下，亞述帝國的宮廷中有很多阿拉米人從事書記官和翻譯工作。阿拉米語和阿卡德語（亞述語）成為亞述帝國的兩大官方語言，國之重大事項，尤其是國王征戰的事跡和戰利品清點，都是同時用阿卡德語和阿拉米語記載。我們在戰爭浮雕等文物中看到，兩名書記官同時並立而書，一名書記官用阿卡德語在泥板上用楔形文字刻寫，另一名書記官在紙草卷上用阿拉米語字母書寫。發明字母文字的功勞歸於誰不是那麼重要，重要和可以肯定的是，它是古代東方諸多民族集體智慧的結晶，東方民族把字母文字傳到希臘，希臘人在此基礎上創造了希臘語，希臘語不僅成為西方字母文字的源頭之一，還成為形成西方文化傳統的最重要基石。

至於由象形文字發展到字形日趨規範化和標準化的文字，其脈絡比字母文字的發

[1] 〔古羅馬〕塔西佗《編年史》（下冊），王以鑄、崔妙因譯，商務印書館二〇一三年版，第三六五頁。

[2] 狄奧多魯斯·希庫魯斯（前一世紀晚期），古希臘著名歷史學家，著有《歷史集成》等。

[3] Diodorus Siculus, *Bibl. Hist.* I, *lxix 5 (Egyptians), see* Godfrey Rolles Driver, *Semitic Writing: From Pictograph to Alphabet*, London: Oxford University Press, 1976, p.128.

[4] Godfrey Rolles Driver, *Semitic Writing: From Pictograph to Alphabet*, p.119.

展更清晰，也不存在「爭功」之事，漢字便是典型代表，漢字及其文化的源遠流長，提供了清晰、鮮活的案例。漢字由圖形到象形，再由象形到繁體字和簡化漢字的規範化過程，是有充分的文獻基礎的。漢字的傳播和對外影響，尤其是對日本語和朝鮮語乃至對日本和朝鮮文化的影響，也是有充分的文獻依據的。對此進行論述和闡釋，不是本文的目的，我們只想說，以漢字為典型代表的「規形」文字不僅形成了另一種與字母文字並列的文字系統，同時也形成了一種獨特的漢字文化圈。無論是字母文字及其文化圈，還是規形文字及其文化圈，都體現了人類共創、共享的歷史實踐。

文明誕生的第二個標誌是城市的出現。城市出現後，人類文明的軌跡就沿著這條軌道堅定不移地前行，雖然人類各民族的城市在不同的歷史時期可能呈現出不同的特點，但其主旨和本質卻從未發生過根本變化。至今，城市仍然是文明發展的最主要方式，也是發展人性和彰顯人性最主要的方式。城市在各不同地區誕生之後，便呈現出內在的向心力，即相互之間的吸引力，因為它們有相同的基因和相同的特質。當然過分吸引也會產生相反的結果，即相互競爭甚至戰爭，這也是人性的顯著特點之一。正是具有相同的基因和特質，當今的世界城市，比以往具有更多的親和力，每個城市又都以各自獨特的魅力，吸引著世界的目光，吸引著世界的腳步。而距離我們越是久遠，我們越是了解甚少的城市，越具有神祕的色彩，因此也越具有吸引力，越能激發人們躬身探幽的衝動。這時的城市便成為人類共同的家園，共同的命運家園。

西方學術界都熟知一個短語，即「城市的空氣使人自由」，或「城市中彌漫自由的空氣」。「自由」就是城市基因和特質的由來，自由交換、自由交通和自由交流堪稱城市的「三大自由」，它們在某種程度上決定了城市的屬性和使命。自由交換主要體現在城市的商品經濟特徵之上，很多西方學者認為，最早的城市便具有資本主義的特徵，他們「把資本主義的經濟實踐即使不是追溯到公元前第三千紀，也要追溯到公元前兩千紀早期的美索不達米亞」[1]。商品經濟不僅是城市的主要特徵，還是人類文明發展的根本方式。生存是人的第一需要，而產品和以企業組織的方式生產產品，是滿足這一需求的唯一長期有效的方式，因此也是維持社會存在和運轉的唯一長期有效的方式。可以說，需求是推動經濟和社會發展的根本動力。迄今，人類文明所走過的現代化之路，就是城市化和工業化或產業化之路。

自由交換必然要求自由交通，我們所說的自由交通是指城市擁有便利的交通條件，尤其是城市外部的或對外交通條件。交通運輸條件是影響商品經濟的重要因素，因此人類最早的城市都誕生在江河湖海便利的水路航線上，因為在人類文明的早期，水路是自然的交通運輸條件，而建設陸路交通相對要困難得多。根據目前的史料來看，人類最早的城市出現在美索不達米亞和埃及，也就是在底格里斯河和幼發拉底河兩河流域，以及尼羅河流域，時間在公元前第四千紀。後來希臘和羅馬的城市，情況也大致類似，羅馬帝國時期，「羅馬國家的邊界沿著萊茵河和多瑙河一線，高度發達的羅馬城市從來沒有在

[1] Marc Van de Mieroop, *The Ancient Mesopotamian City*, Oxford University Press, 2004, p. 13.

這條線之外出現過」[2]。

自由交流主要體現在知識傳授、文化傳播和學術研究等方面。城市化的核心是農民市民化、市民知識化，因此文化是城市的精神和靈魂。在城市生產和生活環境下，社會分工越來越細，出現了專門的教育機構即學校和專門從事教育事業的教師；出現了專門的知識生產機構、信息搜集機構和專門的知識創作者和文化工作者；出現了專門傳授知識和傳播文化的載體——圖書和專門收藏圖書的圖書館和專門銷售圖書的書店。因此，書店在城市中顯得有點特立獨行，讀者也不同於一般商品的消費者。知識和文化成為了民族的標誌性符號，掌握先進知識與文化的公民便成為了民族和國家向上的力量。促進學術、科技與文化繁榮，自然成為民族國家的使命。

「三大自由」鑄就了城市的三大中心地位，即商業中心或經濟中心、交通中心或交通中樞和文化中心。這「三大中心」有一個共同點，即都指向了對內和對外的聯繫、聯絡和聯合。商業貿易本身是「外聯」性質；交通本身更是連接內外，使之互聯互通；知識傳授和文化傳播也具有跨地域、跨民族和跨文化的需求，因此知識傳播與商業模式和城市化道路緊密地聯繫在一起。「隨著城市變得凌駕於鄉村之上，隨著市民也開始具有了渴望至高權力的貴族精神、僧侶精神和都市精神，書寫就從作為貴族聲譽和永恆真理的使者，變成了商業和科學的交際手段。」[3]因此，城市作為人類文明演進的最重要方式，天然就具有相互聯合、命運共同的特徵。自古至今，世界許多著名城市要麼以商貿之都，要

[2]〔英〕諾爾曼·龐茲《中世紀城市》，劉景華、孫繼靜譯，商務印書館二〇一五年版，第二頁。

[3]〔德〕奧斯瓦爾德·斯賓格勒《西方的沒落》第二卷·世界歷史的透視，吳瓊譯，第一三五頁。

麼以文化之都，要麼以中轉要道之名，連接著世界各民族，也因此享受著更多的榮耀。人類最早的城市之一、蘇美爾名城烏爾很早的時候就開展對外貿易，到公元前第二千紀初期的古巴比倫時期，烏爾城成為巴比倫對外貿易之都；更為著名的巴比倫城，在公元前七世紀的新巴比倫時期不僅以空中花園著稱於世，同時巴比倫城還是各國「商賈雲集」的國際大都會；在古典時期的希臘，雅典城更是其最亮麗的名片；當地中海成為羅馬帝國內湖之時，羅馬城已經是不折不扣的世界的中心；希臘化時代的埃及名城亞歷山大里亞，成為當時名副其實的世界學術研究中心和文化傳播中心，它不僅擁有古代世界最大的圖書館，還吸引了來自世界各地的學者，他們雲集於此研習學問，然後再由此傳向世界。據記載，公元前一世紀時亞歷山大里亞的人口就多達三十萬，成為當時世界上最大的城市[1]；被稱為「沙漠威尼斯」的佩特拉城，坐落在阿拉伯半島和地中海商道的絕佳位置，曾經連接世界的商貿中心，這些因素「使它成為古代城市發展史上的奇跡」[2]；拜佔庭帝國的首都君士坦丁堡，不僅見證了眾多的刀光劍影，更以連接歐亞的獨特地理位置，以及激蕩、兼容和溝通東西方文化的氣度為世人稱羨；中國漢唐盛世的都城長安，可以算是一個例外，它以內陸城市而發展成為當時的國際化大都會。文藝復興及其以後的城市發展更加突出了其文化性和商業性，巴黎、佛羅倫薩和威尼斯等成為傑出的代表，它們早已成為人類共同的文化記憶。開創大航海時代，改變世界格局，並發現了新大陸，從而奠定了現代世界新格局的一個個劃時代事件，讓人們認識了巴塞羅那、馬

[1] 〔英〕彼得．弗蘭科潘《絲綢之路——一部全新世界史》，邵旭東、孫芳譯，第一二二頁。

[2] 〔英〕彼得．弗蘭科潘《絲綢之路——一部全新世界史》，邵旭東、孫芳譯，第一一七頁。

德里、里斯本和波爾圖，由國王簽署的文件和派出的船隊從這些城市發出，拉開了把全世界都納入其中的資本主義殖民的序幕。倫敦、樸茨茅斯、阿姆斯特丹和鹿特丹，以及波士頓、紐約、東京、哈瓦那、墨西哥城、新德里、孟買、廣州、上海等，在世界舞台上吸引了眾多的目光。一座座城市猶如一顆顆珍珠，五彩斑斕的知識和文化把它們串聯在一起。每一座城市，既是民族的，又是世界的，是全人類的。城市作為文明演進的方式，已成為人類共同的記憶和財富。

文明誕生的第三個標誌是冶煉技術的發明。冶煉技術對人類社會發展尤其是對生產力發展的推動作用，是無需證明的，而且影響至今。但我們無意在此單論這項傲人的技術，而是更願意把它看成是科學技術的象徵，從冶煉技術開始簡要回看一下人類是如何共創、共享早已融入人類生活的科學技術的。認識這一點，承認這一點，揭示和傳播這一點，並不是一件簡單的事。長期以來，在學術界，歐洲中心論和種族優越論都佔統治地位，雖遭受批判，至今仍大有市場。正如英國著名科學史家李約瑟所說：「當學術研究正在逐步揭示亞洲文明的貢獻時，也有一種對立的傾向試圖通過不恰當地提高希臘人的角色以維持歐洲的獨特性。他們宣稱，自始以來，不僅現代科學，甚至科學本身也是歐洲的特色，而且僅僅是歐洲的特色。」[3] 甚至像愛因斯坦這樣猶太裔的大科學家，也具有同樣忽視中國和其他亞洲民族對科學技術貢獻的傾向。

先從一切自然科學的基礎數學說起，首先，數字是數學的基礎。而人類至今共同享

[3] 〔英〕李約瑟《文明的滴定》，張卜天譯，第二九頁。

用的所謂的阿拉伯數字，最早是由印度人發明的，然後傳遍全世界，成為人類共同的財富。之所以被誤稱為「阿拉伯數字」，是因為它是由阿拉伯人傳入歐洲的，歐洲人誤以為是阿拉伯人發明的。同樣構成數學基礎的十進制、六十進制、圓及圓周率等代數和幾何學，都起源於古代美索不達米亞和古埃及，就連所謂的「畢達哥拉斯定理」即勾股定理，也是巴比倫人首先發現的，最直接的證據就是巴比倫數學泥板中最著名的普林頓第三二二號泥板[1]，科學史家認為「它是世界上最著名的數學發明之一」，「它也確實作為數學史上的里程碑而名垂史冊」[2]；最早的天文學觀測和至今人們仍然一刻也離不開的星期、日曆（太陰曆和太陽曆）等，也同樣起源於美索不達米亞和埃及；美索不達米亞人和埃及人擁有最早的醫學處方和衛生預防學知識，他們是最早的外科手術專家；早在公元前三五〇〇年，美索不達米亞的化學家就發明了蒸餾和萃取技術，他們還是最早的玻璃製造者；蘇美爾人還最早發明了輪子，從此輪子便推動人類文明永無休止地運轉至今。這樣的例子舉不勝舉。

現代科學起源於西方，這是不爭的事實。但也必須看到和承認還有另外的事實，我們至少可以舉出另外三個同樣重要的事實，它們同樣昭示著人類現代科學技術的共創與共享。其一，現代科學不是歐洲人的專利。現代的科學與技術不是憑空出現的，它是人類長期發現和發明積累的結果，東方社會為此做出了突出貢獻。其中中國的四大發明等對現代科學與技術的影響與貢獻，要麼被無視，要麼被低估。權威科學史家李約瑟的研

❶ 詳細內容參見〔美〕霍華德·伊夫斯《數學史概論》（第六版），歐陽絳譯，哈爾濱工業大學出版社二〇一七年版，第四四—四七頁。

❷ Clifford A. Pickover, *The Math Book*, New York: Sterling Publishing Co.Inc., 2009, p.34.

究表明，「在文藝復興之前和期間，中國人在技術方面佔據著非常支配性的地位」；「在公元後最初的十四個世紀裏，中國傳給了歐洲極為豐富的發現和發明，而西方在接受這些發現和發明時往往並不清楚它們源於何地」；「這些發明對文藝復興時期新生的現代科學產生了重大影響，這些影響在整個十八世紀一直持續著。正是在那個時候，我們進入了現代的開端，那時科學已經成為中國和所有其他文化共同參與的一種全球性事業」。[3] 關於印刷術、火藥和磁石的重要意義，現代科學和哲學的奠基人之一弗朗西斯·培根，在不知道它們是中國人發明的情況下，曾經給出了這樣的評價：「這三大發明已經改變了整個世界的面貌和事態，第一種在文獻方面，第二種在戰爭方面，第三種在航海方面。由此又引出了無數變化，以致任何帝國、任何教派、任何星辰對人類事務的力量和影響似乎都不及這些機械性的發現。」[4]

其二，就算是歐洲或西方，也是由很多民族構成的，各個不同民族都為現代科學技術的發展做出了自己的貢獻。例如波蘭人哥白尼、意大利人伽利略和達芬奇、德國人開普勒、英國人弗朗西斯·培根和法國人笛卡爾等，都是現代科學技術的重要開拓者和奠基者，他們彰顯了不同民族共同參與現代科學與技術推動現代社會形成的過程。這些現代科學技術成果，一直到當下，都被全人類所共享。其三，現代許多著名科學家，其成就雖然歸於西方的名下，但其民族屬性卻是非西方的，包括二十世紀最著名的物理學家愛因斯坦和楊振寧等。

[3] 〔英〕李約瑟《文明的滴定》，張卜天譯，第四六—四七頁。

[4] 〔英〕李約瑟《文明的滴定》，張卜天譯，第五一頁。

關於人類各民族共創、共享現代科學與技術的歷史實踐，還是用李約瑟先生的話來概括比較好。李約瑟說：「雖然現代科學起源於歐洲並且只起源於歐洲，但它建立在中世紀科學技術的基礎之上，而後者在很大程度上並不是歐洲的。」他還說：「每一個民族都帶著自己貢獻的思想、發現和發明融入現代世界，某些民族的貢獻也許比另一些民族更多一些，但每一個民族都有能力並且願意參與應用數學的普遍對話，同時大部分民族仍然忠於自己的語言和哲學遺產，所有其他民族都可以從這些遺產中學到很多東西。」❶作為一名歐洲人，李約瑟以科學、公正和誠懇的態度對自己的歐洲同胞說：「讓我們以現代科學誕生於歐洲而且只誕生於歐洲這個無可否認的歷史事實為榮，但不要藉此而要求一種永久的專利。」❷

3 ─ 中國文化與世界貢獻

中國是世界上的第一人口大國，其人口數量曾經佔世界總人口的四分之一，因此，在中國發生的事情都會對世界產生影響，中國的人口尤其是勞動力人口的數量和質量都會對世界產生影響，都會對人類的未來產生影響。

中國曾經為人類文明發展做出過重要貢獻，中華文明的高光時刻幾乎都在經濟和文化發展的繁盛時期，例如漢唐宋等，唐代的長安城更是當時國際化的大都會。上文我們說到，英國著名學者李約瑟認為，中國古代的四大發明即火藥、造紙和印刷術、指南針

❶〔英〕李約瑟《文明的滴定》，張卜天譯，第四五頁。

❷〔英〕李約瑟《文明的滴定》，張卜天譯，第四三頁。

等對於西方資產階級的崛起、西方文藝復興和啟蒙運動的發展以及十五世紀的地理大發現都有著關鍵性作用，中國古代科技對世界早期科技發展具有決定作用。在《文明的滴定》中，李約瑟客觀評述了古代中國在數學、天文學等領域的卓越成就，他說「中國鋼鐵技術的發展堪稱真正的史詩，它對鑄鐵技術的掌握比歐洲早了大約一千五百年。與通常的觀念相反，機械鐘並非發明於文藝復興早期的歐洲，而是產生於中國唐代……」❸李約瑟堅持認為西方世界一直低估了中國對於世界科技發展的貢獻，一直到公元十四世紀前，中國的科技一直領先於世界。

實際上，古代中國對於世界的貢獻並不僅僅在於科技應用，中國的哲學思想以及深蘊其中的宇宙觀、認識論和思想方法，更是中華民族貢獻於這個世界的寶貴財富。尤其是當這些思想一直有著不間斷的呈現，並以一種數千年從未間斷的文字表述出來，以數萬種獨具特色的書籍形式積累和保存下來之後，對於這些思想的認識，對於這個寶藏的發掘，對於這些思想智慧的開發運用和傳播，甚至算不上已經開始。

在近代，隨著西方資本主義的興起和殖民侵略與擴張，中國落在了後面，主要是文化和科技落在了後面，直到二十世紀初，中國才廢除古代的科舉制，現代知識、現代科技和現代文化還都剛剛起步，對比現代社會的要求和西方現代國家的發展狀況，當時的中國基本上是文盲的國家。經過百餘年來的艱苦奮鬥，中國不僅擺脫了經濟落後的境地，更令人欣慰的是，摘掉了「東亞病夫」的恥辱帽，教育制度和教育體系逐漸完備，

❸〔英〕李約瑟《文明的滴定》張卜天譯，第八頁。

尤其是一九四九年中華人民共和國成立後，從掃盲運動開始，到一九七七年恢復高考制度，國民的文化素質得到了全面的提升，自然科學和人文社會科學的科研水平得到了極大的提高，中國為人類文化的發展正在做出更大的貢獻。但我們也應該清醒地認識到，與發達國家相比，與世界頂尖的水平相比，我們在很多方面還存在著很大的差距，例如在大學畢業生佔國民總人口比例、勞動力的平均受教育時間、圖書館和博物館的平均人擁有量和國民年人均閱讀率等方面，我們需要加快追趕的腳步。這些都關乎中國的整體國民素質，關乎整體勞動力素質，關乎整體生產力水平。中國人口佔世界總人口的高比例狀況，使得中國整體人口素質的提高，也關乎人類總體素質的提高。因此，努力進一步提高全民閱讀率和閱讀水平，中國就可以為人類文明和文化做出更進一步的貢獻。

在新的歷史時期，中國理應為人類社會發展和文明進程做出更大貢獻，還因為中國百餘年來和現在正在進行的具有中國特色的偉大的社會主義實踐。百餘年來，中國人民一直在探尋適合於自身的社會發展之路，這既是為自身發展尋求出路，它的成功也為人類社會探出了新路，樹立了新的樣板。它的成功也進一步表明，人類社會的發展可以有多種道路和多種模式，體現了文明發展的多樣性。中華民族偉大復興的獨特實踐，就是中國智慧對世界和人類的貢獻。一九四九年以來，尤其是改革開放四十餘年來，中國人民在中國共產黨領導下，立足基本國情，以經濟建設為中心，堅持改革開放，解放和發展社會生產力，煥發出極大的改革和發展動力，探索出一條適合中國國情的改革發展之路，取得了經濟崛起，文化發展，社會進步等一系列舉世矚目的偉大成就，為世界提供了一種新的國家治理模式和經濟發展路徑。偉大實踐必將帶動偉大理論和文化的發展，中國也必將在理論建設和文化建設方面，為人類做出新的更大的貢獻。我們要有這樣的自覺意識和責任意識，其中學術研究、全民閱讀和書香社會建設更是至關重要的幾個方面。

中國崛起與以往人類社會發展道路相比，一個突出的特點是和平發展，即中國的崛起不但不會對其他國家和地區造成威脅，而且還會帶動和促進其他國家和地區的發展。其一，在中國的文化傳統中，「和」文化可謂根深蒂固，家和、國和以及社會和諧成為一種美德和追求。在新時代，中國願意把這種價值理念延伸至國際大家庭的交往中；其二，在新時代，中國抱持並倡導「人類命運共同體」的新理念，它體現出了新的包容與共生的世界觀和發展觀。在人類命運共同體下，和平與合作不僅成為大家共同關注的主題，更成為共同尊奉的信念；其三，在新時代，中國抱定共同發展的新理念，反對一切形式的霸權與依附，希望各國在共同發展的道路上，享有獨立、自主的權利與尊嚴。

新理念構築新秩序，新理念需要學理性闡述和傳播，新理念需要在實踐和傳播中不斷豐富與完善。世界是一個整體，人類是一個整體，人類文明的成果也是一個整體。這種理念在李約瑟的科學史觀中即有所表述，他說「要求每一種科學或技術活動都要對歐洲文化區的進步有所貢獻，這是不合理的。發生在其他文明中的事情本來就值得研究。

難道一定要用一條連續的線把各種影響都貫穿起來，才能寫科學史嗎？難道沒有一種理想的人類思想史與自然認識歷史，使人類的每一項努力都各居其位，而不管其淵源和影響嗎？現代的普遍科學及其歷史和哲學終將包含一切」。他還說「我們寧願設想以往的科學技術之河匯入了現代自然知識的海洋，這樣各個民族都以不同的方式曾經是立遺囑者，現在又是遺產繼承者」[1]。人類命運共同體思想是對中國優秀傳統文化的創造性轉化和創新性發展，是對馬克思列寧主義的繼承、創新和發展，是對新中國成立以來中國外交經驗的科學總結和理論提升，蘊含著深厚的中國智慧。人類命運共同體思想為全球生態和諧、國際和平事業、變革全球治理體系、構建全球公平正義的新秩序貢獻了中國智慧和中國方案。隨著這種理念與理想的深入傳播和實踐的深入發展，這一中國智慧將為人類文明的發展做出更大的貢獻。

結語

關於讀書和為學，孔子給出了四種境界：「生而知之者，上也；學而知之者，次也；困而學之，又其次也；困而不學，民斯為下矣。」生而知之者，雖為上，但無人可以生而知之，人就必須學習，必須具有主動學習的自覺意識。沒有主動學習的意識，沒有平

[1]〔英〕李約瑟《文明的滴定》，張卜天譯，第四一—四六頁。

時的積累，遇到困難「臨時抱佛腳」，是不行的。遇到困難和問題，尚不知求諸於書本，那就更不可救藥了。

閱讀是一種責任，是公民對自己的責任，更是對整個公民共同體的責任。責任是嚴肅的、莊重的，有時甚至是沉重的，但同時它也是輕鬆的、愉快的。閱讀這種責任也同樣具有兩面性。美國作家約瑟夫·布羅茨基（Brodsky）[2]在一九八七年獲得諾貝爾文學獎時的演說中講到：「鄙視書，不讀書」，「是更為深重的罪過」，「由於這一罪過，一個人將終生受到懲罰；如果這一罪過是由整個民族犯下，這一民族就要因此受到自己歷史的懲罰」。[3]梁啟超先生曾講：人生須知負責任的苦處，才能知道盡責任的樂趣。讀書之苦，讀書之樂，因此盡在不言中。著名學者、出版家，商務印書館的創始人之一張元濟先生的名言「數百年舊家無非積德，第一件好事還是讀書」，把讀書和積德相提並論。一個人讀書對整個社會來說，就是某種意義上的積德，積德不僅是一件愉快的事，更是一件可以帶來榮耀的事，因此給人帶來無可比擬的滿足和成就感。美國哈佛大學教授巴達拉科在《領導者性格》一書中指出：「承擔責任是一種積極進取、堅定有力和充滿感情的行動。」[4]

讓我們愉快地捧起書來，閱讀吧。

[2] 約瑟夫·布羅茨基（一九四〇—一九九六），俄裔美國詩人、作家，諾貝爾文學獎獲得者。代表作有《言論之一部分》、《二十世紀史》和散文集《小於一》等。

[3] 〔美〕約瑟夫·布羅茨基《悲傷與理智》，劉文飛譯，上海譯文出版社二〇一五年版，第五三頁。

[4] 〔美〕巴達拉科《領導者性格》，江之永譯，商務印書館二〇〇七年版，第一一六頁。

第三章 閱讀的心法與方法

書多得讀不過來，是全天下讀書人幸福的小煩惱。當這種煩惱集聚轉化為群體性焦慮時，就成了文化生活的痛點。二〇一七年十二月在中國中央電視台錄製《開講啦》節目，在現場提問環節，一位青年讀者問道：「我們現在有一種知識恐懼症，怎麼辦？」這是一個非常好的問題，因為這個問題具有某種程度的普遍性。由於節目的時間有限，這段問答最終並未播出。

人的恐懼主要來自於對自己所要或將要面對事物的未明和未知，人對於不清楚和不知道的世界，心裏沒底兒，都具有天生的恐懼感。比如，對黑夜的恐懼，兒童比成人尤甚；對無光亮的地方的恐懼，比有光亮的地方尤甚。讀書就是用知識之光，照亮一個個未明的黑暗區域，讓人們心中有數兒，心裏有底兒，有數兒有底兒則做事就多了幾分把握，也就少了幾分恐懼。在現代社會，對知識的恐懼還來自於另一種因素，即讀的書越多，感覺自己知道的越少，需要讀的書更多，尤其是在信息社會的知識爆炸時代，每天新知識新信息讓人應接不暇，壓得人喘不過氣來。我們說，越是在經濟高速增長的時代，越需要沉下心來積累知識和文化；越是在快節奏的生活中，越需要靜下心來好好讀書。能夠靜下心來讀書，日積月累就會把點點滴滴的知識和智慧火花，彙聚成一個個可以投射到黑暗中的光束，照亮世界的同時，更重要的是照亮了自己的心靈，使心靈不再孤獨和恐懼。

面對無所適從的海量信息和各種所謂的「必讀」之書，先要明志，即明確樹立自己的讀書興趣和目的，然後學會選擇有益於自己的圖書和採用合適於自己的讀書方法，則是另一種破解知識恐懼症的良藥。這使得如何選對自己要讀的書，成為一門藝術。德國著名哲學家叔本華（Schopenhauer）[1]說：「在挑選閱讀物的時候，掌握識別什麼不應該讀的藝術就成了至為重要的事情。」[2]

作為讀者，倘若沒有一套「為什麼讀」、「讀什麼」和「怎麼讀」的心法與方法，怕只會越來越應接不暇，越來越困惑和茫然。

❶ 亞瑟．叔本華（一七八八—一八六〇），德國著名哲學家，開創非理性主義哲學的先河，唯意志論的創始人和主要代表人物之一。代表作有《作為意志和表象的世界》和《叔本華論說文集》等。

❷〔德〕叔本華《意志決定命運》，韋啟昌編譯，長江文藝出版社二〇一四年版，第五六頁。

一……腹有詩書氣自華

向知識和道德進化是人類永恆的方向，閱讀是朝著這個方向邁進的最重要路徑。閱讀每前進一步，人的進化就更深一步，這種進化會影響到由內而外的人類個體，也即是說人的內心和外表都會隨著進化而改變。

1 居敬而持志

凡事依理而行，理通則事順，則果成。理者何謂？理即緣由、動因和方法。理從何來？理從學中來，自古不學則不明理。閱讀也不例外，明理即知道緣何讀並掌握適當方法而後讀，方可達成結果。因此，讀書須先立志，首先樹立遠大的理想，並認定這個理想的實現必定以讀書為基礎，從而以虔敬之心投入到學習和讀書之中。正如一代偉人周恩來在年少時即立志「為中華之崛起而讀書」，其後才成就了一段光輝偉大的人生。宋代理學家朱熹[1]對此有精闢論述：「為學之道，莫先於窮理；窮理之要，在於讀書；讀書之法，莫貴於循序而致精；而致精之本，則又在於居敬而持志；此不易之理也。」[2]另一位宋代大學問家張載[3]則為讀書和做學問的緣由和動因樹立了這樣的榜樣：為天地立心，為生民立命，為往聖繼絕學，為萬世開太平。千古名句，擲地有聲，人生追求，激

[1] 朱熹（一一三〇—一二〇〇），字元晦，宋代理學家，儒學集大成者，著有《朱子全書》。

[2] 朱熹《上皇帝疏》，參見張明仁編著《古今名人讀書法》，商務印書館二〇一七年版，第六一頁。

[3] 張載（一〇二〇—一〇七七），字子厚，北宋著名理學家。一〇五七年赴汴京（開封）應考，時值歐陽修主考，張載與蘇軾、蘇轍兄弟同登進士。祖籍大梁（今開封），僑居郿縣（今陝西眉縣）橫渠鎮，著書講學，傳道授業，「為關中士人宗師」，世稱「橫渠先生」。這四句名言被稱為「橫渠四句」，影響至今。

勵後學。

人是有理想的動物，是有追求的動物，人的理想和追求是與對知識的渴望和獲得密切相關的，因此是與閱讀密切相關的。人的理想和追求，也可以凝聚成某種志向。有志向與無志向，對於一個人來說是不一樣的。有志向，人就有精氣神；相反，無志向，人就可能很萎靡。孟子說：「夫志，氣之帥也；氣，體之充也。夫志至焉，氣次焉，故曰：『持其志，無暴其氣。』」[4]孟子告誡人們，思想意志統領感情意氣，感情意氣是身體的力量，因此要堅定思想意志，不要濫用感情意氣。

樹立和培養讀書之志很重要，有志者事竟成，志向有多遠，決定成就有多大。讀書也要有志向，否則也難有所成。古人有云：「學者不患才不及，而患志不立」，「積一勺以成江河，累微塵以崇峻極。匪志匪勤，無由濟也。」[5]有志與勤奮，是學有所成之關鍵。

朱熹所云「居敬持志」，「持志」才能持之以恆，恆則常，常則久，久則成。曾國藩[6]在其《家書》中也說：「蓋士人讀書，第一要有志，第二要有識，第三要有恆。有志則斷不肯為下流，有識則知學問無盡，不敢以一得自足，如河伯之觀海，如井蛙之窺天，皆無識也，有恆則斷無不成之事。此三者缺一不可。」相反，「喪志」則必然失恆，難以保持「不間斷」地讀書，落入古往今來仁人志士所痛惜的境地：「間斷之害，甚於不學，一曝十寒，人生幾何！」[7]更有甚者，如果沒有高遠的志向相激勵，有時還會在讀書之時「跑偏」，用曾國藩的話來說，就是淪為「下流」。比曾國藩較早的明末清初思想

[4] 楊伯峻《孟子譯注》，中華書局二〇一八年版，第五六頁。

[5] 參見張明仁編著《古今名人讀書法》，第二六頁。

[6] 曾國藩（一八一一——一八七二），字伯涵，中國近代政治家、文學家。代表作有《治學論道之經》和《曾國藩家書》等。

[7] 清人汪惟憲語，參見張明仁編著《古今名人讀書法》，第一六一頁。

家王夫之❶對歪讀經書《詩經》的「喪志」行為給予過指責：「玩《七月》之詩，則且沉溺於婦子生計鹽米布帛之中；玩《東山》之詩，則且淫泆於室家嚅唲寒溫附摩之內。」❷王夫之這裏所謂的「玩」，即「喜而弄之之謂」，指的是不認真讀書，不仔細領會書中真意，而恣意玩味，肆意追逐、縱情發揮書中的細枝末節，從而偏離「正軌」，即遠離了書的主旨和總體思想。

讀書是為了行事，就是把志向落到實處，就是儒家傳統文化中所說的「知行合一」。漢代學者劉向❸說：「君子博學，患其不習；既習之，患其不能行之；既能行之，患其不能以讓也。」❹君子敏於學，而篤於行。且行且思，述而能作，方可成為真君子。中國古語有「玉不琢，不成器」之句子，可謂家喻戶曉，常用來形容人必須讀書接受教育，才能長成人才。宋代大文學家歐陽修❺對此的解讀更讓人深思，他說玉不琢雖不能成器，但它終歸還是玉，人若是不學習，非但不能成為君子，反而會成為小人。君子與小人之別，固在於思，更在於行。唯讀書能夠涵養善心，引導善行。明代理學家王陽明更是指出，知就是行，行就是知，兩者是一體兩面，是一回事兒，知行為一。他說：「知之真切篤實處即是行，行之明覺精察處即是知，知行工夫本不可離；只為後世學者分作兩截用功，失卻知行本體，故有合一並進之說。真知即所以為行，不行不足謂之知。」❻

❶ 王夫之（一六一九—一六九二），字而農，明末清初思想家。與顧炎武、黃宗羲並稱明清之際三大思想家。著有《周易外傳》、《黃書》、《尚書引義》、《永曆實錄》、《春秋世論》、《噩夢》、《讀通鑒論》和《宋論》等書。

❷ 參見張明仁編著《古今名人讀書法》，第一三八頁。

❸ 劉向（前七七—前六），字子政，漢代儒士，著名經學家、目錄學家和文學家。編著有《別錄》、《新序》、《說苑》、《列女傳》和《戰國策》等。

❹ （漢）劉向《說苑．叢談》，程翔評注，商務印書館二〇一八年版，第七五八頁。

❺ 歐陽修（一〇〇七—一〇七二），字永叔，北宋政治家、文學家。唐宋八大家之一，並與韓愈、柳宗元、蘇軾被後人合稱「千古文章四大家」。

2 一 志趣與篤志

有人說，閱讀主要靠興趣，沒有興趣便什麼也讀不下去；沒有興趣也不能強迫人家讀。這話固然不錯，古人便有言：「學不至於樂，不可謂之學。」[7] 孔子說：「學問，知之者，不如好之者篤；好之者，不如樂之者深。」[8] 這些說的都是興趣的重要。既然興趣是如此重要，我們便要對興趣格外重視，提高對興趣的理解，以便正確地引導和利用興趣。

首先，我們知道興趣就是做事的理由或動因，那麼培養做有意義和有價值的事之興趣便顯得尤為重要，不能讓興趣僅僅停留在娛樂層面。如果興趣不止於娛樂層面，而是與個人成長和國家民族命運聯繫在一起，興趣便昇華為志趣了，就是把興趣與志向和理想結合在一起了。

其次，興趣也不是天生就有的，而是後天培養出來的。十九至二十世紀美國著名哲學家、文學家喬治·桑塔亞那（Santayana）[9] 在討論人的精神主體時說：「某些東西之所以有趣，那是因為我們關心它們；之所以重要，是因為我們需要它們。如果我們對所感覺的那個世界毫無興趣，我們就會對它閉上眼睛；如果我們的理智並不幫助我們的情感，而是偷懶地讓幻想自由奔馳，那麼，我們甚至會懷疑二加二是否還會等於四。」[10] 桑塔亞那告訴我們兩個道理：其一，興趣是一種情感，而人恰恰是感情的動物；其二，興趣需要理智來幫助培養，如果失去理智，興趣就會信馬由韁，會讓我們毀掉本來可以

6 〔明〕王陽明撰，鄧艾民注《傳習錄注疏》，上海古籍出版社二〇一七年版，第九五頁。

7 參見張明仁編著《古今名人讀書法》，第四三頁。

8 〔宋〕朱熹《論語集注》，商務印書館二〇一七年版，第一三九頁。

9 喬治·桑塔亞那（一八六三—一九五二），西班牙裔美國著名哲學家和文學家。其作品充滿自然主義思想，《美感》、《理性生活》（五卷本）、《存在領域》（四卷本）和小說《最後的清教徒》等曾對美國思想界和社會產生重要影響。

10 〔美〕喬治·桑塔亞那《人性與價值》，陳海明、仲霞、樂愛國譯，商務印書館二〇一六年版，第三頁。

很美好的東西，甚至毀掉原本已建立的認知和秩序。桑塔亞那接著說：「當理智是活生生的和強有力的時候，它會給那些有可能成功的興趣愛好以勇氣和特權，而削弱或泯滅其他那些看起來注定要失敗的興趣愛好。」[1]

第三，真正的興趣意味著行動和實踐。所謂的興趣不能停留在表面上，不能停留在口頭上，不能走馬觀花，必須落實到實際行動上。具體到閱讀，就是必須拿起書本來認真讀，必須鑽到書本裏去，去體察、感受和理解書中的文字，要以咬文嚼字的態度和精神理解書中的每一個字及其傳遞的思想。不能葉公好龍，不能成為讀書時的葉公，看到書本都很喜歡，面對難啃的文字卻止步不前。把喜好落實到行動和實踐中，這才是真有興趣。海德格爾對興趣一詞所做的詞語學闡釋，可謂切中要害。他說：「興—趣的意思是：處於事物當中，在事物之間，置身於某個事物的中心並且高於這個事物。」[2]在海德格爾看來，興趣就是行動，深入事物中去，在此，他把「興趣」（Interesse）一詞寫作 Inter-esse，其中前綴 inter 有「進入」、「在……之中」等義，esse 則可解為拉丁文的「存在」。[3]海德格爾特意強調「興趣」及這一含義，針對的是當時對哲學感興趣的人很多，但真正思想的人很少這種狀況，以及人們對任何事物感興趣都只是浮光掠影、蜻蜓點水而已。他說：「對當今的興趣來說重要的只是有趣的東西（das Interessante）。這個有趣的東西讓人見異思遷，過一會兒就對它滿不在乎，並用另一個有趣的東西來取而代之，而後者與它所取代的前一個有趣的東西一樣也很少與人相干。」[4]海德格爾關於興趣的

[1] 〔美〕喬治．桑塔亞那《人性與價值》，陳海明、仲霞、樂愛國譯，第五頁。

[2] 〔德〕海德格爾《什麼叫思想》，孫周興譯，商務印書館二〇一七年版，第七頁。

[3] 〔德〕海德格爾《什麼叫思想》，孫周興譯，第七頁譯注二。

[4] 〔德〕海德格爾《什麼叫思想》，孫周興譯，第七—八頁。

解釋，對於我們理解和培育閱讀興趣非常具有警示性和啟發性，他告誡我們在教育孩子讀書時，要培養孩子真正的閱讀興趣，就得引導他們走進書本裏，走進字裏行間，而不能浮皮潦草。

可見，讀書的興趣是可以和需要培養的，對哪類書感興趣也是可以培養的。培養閱讀興趣的關鍵是理智，首先是懂得人為什麼要讀書，也就是說，要樹立讀書的志向。我理解，任何興趣的培養都受內與外、主觀與客觀兩方面因素的影響，兩者缺一不可。閱讀或讀書興趣的培養，也同樣會受到這兩方面因素的影響。外因或客觀因素是指閱讀的對象或客體本身，即圖書，圖書主要是圖書的內容能否激起閱讀的興趣；內因或主觀因素是指閱讀的主體，即讀者本身，讀者對閱讀或讀書的意義，以及圖書的內容價值是否認同，是能否激起閱讀興趣的另一重要決定性因素。有興趣、有志向，才能有毅力、有恆心，才能堅持不懈地閱讀，也因此才能讀有所成。

讀書興趣的培養和閱讀習慣的養成，應該從小開始，這是由人的成長階段和認知特徵決定的。北齊著名文學家顏之推[5]說：「夫學者猶種樹也，春玩其華，秋登其實；講論文章，春華也，修身利行，秋實也。人生小幼，精神專利，長成以後，思慮散逸，固須早教，勿失機也。」[6]《顏氏家訓》影響深遠，其《勉學篇》對指導今人讀書，仍有教益。古代很多文人墨客都曾慨歎甚至悔恨自己年少貪玩而荒廢讀書，知恥而後勇，終有所成。例如，宋代詩人秦觀[7]就有如下文字留世：

[5] 顏之推（五二九—五九五），字介，北齊文學家。著有《顏氏家訓》。

[6] 〔北齊〕顏之推《顏氏家訓》，檀作文譯注，中華書局二〇一七年版，第一一〇—一一一頁。

[7] 秦觀（一〇四九—一一〇〇），字少游，一字太虛。宋代詩詞名家，被尊為婉約派一代詞宗，別號邗溝居士，學者稱其淮海居士。

> 予少時讀書，一見輒能誦，暗疏之亦不甚失。然負此自放，喜從滑稽飲酒者遊，旬朔之間，把卷無幾日。故雖有強記之力，而常廢於不勤。比數年來頗發奮，自懲艾，悔前所為，而聰明衰耗，殆不如曩時之十一二。每閱一事，必尋繹數終，掩卷茫然，輒不復省。雖有勤苦之勞，而常廢於善忘。……噫！少而不勤，則無如之何矣！長而善忘，庶幾以此補之！[1]

秦觀小的時候聰穎過人，所讀之書，過目成誦，這本是好事，是他讀書的優勢，然而他卻以此為傲，飲酒玩耍，反而荒廢了讀書。等到年長之時，雖幡然悔悟，奮起直追，無奈精力和記憶力衰退，十分努力而所得不如從前之一二。

讀書還是終身之事。正所謂，活到老，學到老。古人云：「寒可無衣，饑可無食，至於書不可一日失！」[2] 顏之推在《顏氏家訓》中苦口婆心，在勸誡讀書要趁早的同時，還不忘叮囑一句：「失於盛年，猶當晚學，不可自棄。」[3] 讀書從什麼時候開始，都不晚。曾子七十乃學，名聞天下。說到終生讀書的典範，宋代大詩人陸游無疑名列其中。他晚年疾病纏身，用讀書來抵抗病魔的侵襲，並寫下了很多「讀書詩」。下面是他年近八十的時候，寫下的一首：

> 門前客三千，帳下兵十萬，

1 〔宋〕秦觀《精騎集序》，參見張明仁編著《古今名人讀書法》，第五四頁。

2 參見張明仁編著《古今名人讀書法》，第五〇頁。

3 〔北齊〕顏之推《顏氏家訓》，檀作文譯注，第一一一頁。

人生可意事，隨手風雨散。
不如一編書，相伴過昏旦，
豈惟洗貧病，亦足捍患難。
老夫垂八十，巖電尚爛爛，
孤燈對細字，堅坐常夜半。
吾兒幸能繼，書亦未殘斷，
安知不遭時，清廟薦玉瓚。
不然老空山，亦足化里閈。
我死斯言存，觀者有追歎。[4]

從詩中我們看到，在詩人陸游看來，人生一切的得意都會離人而去，只有書可以終身相伴。他不顧年老多病，仍然堅持讀書，一個重要原因，是希望給子孫後代樹立榜樣，希望他們能夠繼承愛讀書的家庭傳統，並且寄望自己死後，還能夠激勵後人。

3 ─ 修內而形外

讀書必須走心，走心而後養心，養心而後養顏，心體通一。當人的性情、修養和境界提升之後，必定由內而外顯現出美好的氣質和韻味，所謂的「書卷氣」即由此而來。

[4] 參見楊達明輯注《陸游讀書詩》，商務印書館二〇一三年版，第五三頁。

讀書必須用心，用眼觀，用心去「切記體察」，方能有所得。朱熹說：「學者讀書，多緣心不在，固不見道理」，「讀書須將心貼在書冊上，逐句逐字，各有著落，方始好商量」。他還引用孟子的話說，「學問之道無他，求其放心而已矣」。如果不能把心放下，心無旁騖地讀書，便不會取得閱讀的效果。他進一步解釋說：「心不定，故見理不得。今且要讀書，須先定其心，使之如止水，如明鏡。」❶

真正的用心讀書，其結果是養心，即心靈得到有益的涵養和滋養。朱熹說：「人之為學固是欲得之於心，體之於身。但不讀書，則不知心之所得者何事。」❷ 讀書養心的方法，在於專一，即專心致志。反過來說，就是不能心念太雜。對此，王陽明說：「種樹者必培其根，種德者必養其心。欲樹之長，必於始生時刪其繁枝；欲德之盛，必於始學時去夫外好。如外好詩文，則精神日漸漏泄在詩文上去；凡百外好皆然……樹初生時，便抽繁枝，亦須刊落，然後根幹能大；初學時亦然，故立志貴專一。」❸

養心然後養顏。說讀書是最「體面」的事，因為它關乎顏容。讀書可以美容，這並非玩笑。中國有句盡人皆知的諺語，叫作「相由心生」，讀書可以養心，這是我們堅信的道理，心得滋養而顯於顏，可見說讀書可以美容，此話當不虛。

空說無憑。宋人黃庭堅就曾說過：

人不讀書，一日則塵俗其間，二日則照鏡面目可憎，三日則對人言語無味。

❶ 〔宋〕黎清德編《朱子語類》（一），中華書局二〇一七年版，第一七七頁。

❷ 〔宋〕黎清德編《朱子語類》（一），第一七六頁。

❸ 〔明〕王陽明撰，鄧艾民注《傳習錄注疏》，第七四—七五頁。

黃庭堅告訴我們，人如果一天不讀書，就會落入塵俗。落入塵俗有什麼可怕嗎？中國有句話叫「俗不可耐」，人一旦落俗，或與「俗」字沾上了邊兒，別說別人無法忍耐，恐怕自己也受不了自己。俗是一種氣質性感覺，氣質體現甚至決定著美感。人如果二日不讀書，便會呈現可憎之面目。面目何以可憎？不讀書，缺乏知識的滋養，涵養就會下降，涵養下降就會失去平常心，失去正常的價值判斷，就無法正確對待日常事物，尤其是當涉及自身利益等事項或面臨諸種不如意時，一切必然都會寫在臉上，面目自然可憎，因為已懷憎惡之心。反之，人的心境就大不相同，甚至有機會臻於中國傳統道家思想所推崇的境界：寵辱不驚，看庭前花開花落；去留無意，望天上雲捲雲舒。人如果三天不讀書，就不只是面目可憎了，還會出言不遜甚至惡語傷人，不僅喪失了斯文與涵養，甚至敗壞了道德。無養無德之人，自然談不上美了。

另一位宋代大文豪蘇軾不僅有詩篇表明讀書可以涵養氣質，而且自己為了追求內在的豐華之氣，甘願選擇苦讀書之路，體現了詩人「知行合一」的品格。這首詩是這樣寫的：

粗繒大布裹生涯，腹有詩書氣自華。
厭伴老儒烹瓠葉，強隨舉子踏槐花。
囊空不辦尋春馬，眼亂行看擇婿車。
得意猶堪誇世俗，詔黃新濕字如鴉。

腹有詩書氣自華

一句「腹有詩書氣自華」即已道出了知識與文化對人的精神氣質的影響，自然成為人人喜愛的千古名句！透過詩句又讓我們感受到詩人對自己身上的自華之氣，是多麼的驕傲和自豪。這兩層含義大大增加了整首詩的感染力，讓人深深地感受到知識和文化的力量。

近代名人曾國藩也以愛讀書善讀書聞名，在《曾國藩家書》中便有關於讀書的高論：

吾輩讀書，只有兩件事，一者進德之事，二者修業之事。

人之氣質，由於天生，本難改變，惟讀書則可變化氣質，欲求變之之法，總須先立堅卓之志。

曾國藩相信，只有讀書可以改變人的氣質，一個人若真想讓自己的氣質得到改變或者提升，必須首先樹立讀書之恆心。讀書非一日之功，必須日復一日、年復一年地持之以恆，平心靜氣地品味，方能有所收穫，方能取得滋潤心靈的效果，在這方面是沒有捷徑可走的。讀書可以培養人的氣質，主要培養的是知書而後達禮的文氣。有文氣或文化的人要更耐看一些，而且可能越看越有味道，交往起來讓人感到舒服。這就是特有的美，這種美之持續和恆久就可以稱之為美德。

關於讀書可以改變一個人的氣質，近代科學哲學的開創者、英國著名思想家、科學家培根（Bacon）[1]有具體的闡釋：「史鑒使人明智；詩歌使人巧慧；數學使人精細；博物使人深沉；倫理之學使人莊重；邏輯和修辭之學使人善辯。『學問變化氣質。』不特如此，精神上的缺陷沒有一種是不能由相當的學問來補救的：就如同肉體上各種的病患都有適當的運動來治療似的。」[2]「學問變化氣質」這句話，根據原文可以直譯為「學問入於性格」[3]，如此，就可以說，凡有所學，皆成性格。

其實，不僅是人，世間之物，有文化的或者說文化內涵豐富者，較之一般僅作工具之物，都要更耐久一些，更具有傳之久遠的可能。讓物品傳之久遠，甚至最終進入文物之列的，是其所含有的文化，而不是一般的功能性使用價值。因為依造物的一般性規律，後來者總比先前的物品在功能性使用價值方面更先進些，這是後發性優勢和人類改良的天性使然。只有文化能讓人在物品功能性使用價值減退或落後的情形下，仍然不捨得丟棄，而當作寶貝一樣留存起來，甚至成為傳家寶。

二……讀什麼書造就什麼樣的人

古人常苦於書少甚至無書可讀，現在人們則常苦於書多，不知從何讀起。人的生命和專門用於讀書的時間是有限的，「書到用時方恨少」，在工作和生活中遇到問題需要破

[1] 弗朗西斯・培根（一五六一—一六二六），英國文藝復興時期哲學家、思想家、散文家，實驗科學的創始人。著有《新工具》、《論科學的增進》、《學術的偉大復興》、《培根論說文集》和《培根隨筆集》等。

[2] 〔英〕培根《培根論說文集》，水天同譯，商務印書館二〇一一年版，第一八四—一八五頁。

[3] 參見《培根論說文集》，水天同譯，第一八五頁注釋一。

解之時，常感到積累的知識和方法之不足。如何在有限的時間裏積累「最有用」的知識、方法和技能，即如何提高閱讀效率，是擺在人們面前的一道難題。能否認真思考和破解這道難題，是一個人把自己與其他人區別開來的關鍵。

在知識的海洋中航行，就像在歲月的迷宮裏闖蕩，面對眼花繚亂、應接不暇的各類圖書，應該如何做出自己的選擇？古人說：「書山有路勤為徑，學海無涯苦作舟。」現如今，印刷技術日新月異，圖書品種浩如煙海；互聯網深度改寫生活，信息數據狂湧而來。今天的我們，如果只擁有「勤」與「苦」這兩種最樸素的方法——雖然它們至今仍是最值得稱道的美德，而不加選擇，縱使我們殫精竭慮也未必能達到如願效果之十分之一，甚至有被「書的海洋」和「信息漩渦」搞得暈頭轉向，最終喪失閱讀樂趣和動力的風險。果真如此，那便是人生最糟糕的事。所以，每一個對自己有要求的知識人和閱讀者，必須有一套自己的選書價值觀和讀書方法論，才能在書海縱橫馳騁，乘風破浪，尋賾探幽到歷史的深處和未來的遠處。

雖然讀書和讀什麼書是很見仁見智的事，難有統一的「規定」或定論，但古往今來的文人雅士和學界精英多有自己的心得體會，這些心得體會雖然不一定都是「金科玉律」，但都是他們讀書智慧的結晶；雖不一定都能照搬照抄，也未必適合照搬照抄，但每一個後來的知識渴求者從中獲得些許啟迪和教益，確是可以肯定的。有鑒於此，我願意將自己學到的先賢們的讀書智慧，結合自己積累的點滴體會與讀者分享。

讀什麼書造就什麼人

我最願意與大家分享的，是應該優先選擇什麼樣的書來讀。選擇圖書，在某種意義上就是選擇朋友。選擇朋友講究志同道合，選擇圖書也一樣。朋友之間的志與道是可以相互影響的，以至於經常會有人後悔「交友不慎」；一個人選擇什麼樣的書，也同樣是需要頗費思量的。一個人的書緣，在一定程度上有可能影響到其在世界上的其他「緣分」。讀進去的書就像吃進去的食物一樣，物化的圖書雖然最終會離你而去，但是通過閱讀、領會和消化，它們無疑會成為你的一部分，對你的身體、思想和精神形成不可逆轉的影響。

1 — 讀原典探尋知識和思想之源

雖然很多人不把原典和經典加以區分，可能有的讀者還會把兩者混為一談，但我還是願意把兩者區分開來。這樣做一方面有利於我們理解作品的不同，進而理解知識的不同；另一方面有利於我們理解閱讀，進而理解閱讀方法的不同和掌握不同閱讀方法的重要。不願意把原典和經典做出區分，是因為它們有的時候是一回事；對它們做出區分，則是因為它們有的時候並不等同。原典一定是經典，是經典中的經典，因為它們世世代代流傳下來，而沒有被淹沒或遺忘；而經典未必都是原典，例如根據原典、闡釋原典或受原典啟發創作的學術著作，以及純虛構的文藝作品，影響深遠的可以進入經典的行列，都不屬於原典的範疇。關於原典和經典，可能不同的人從不同的角度，會有不同的理解，我以為可以把原典理解成古代和古典時期的原始創作，它們構成材料之源、知識之源、思想之源和文化之源。它們多出自「聖人」之手或之口，有的甚至無法考證作者是誰。而一切傳之後世、影響深遠的作品，都可以稱之為經典。知道了什麼是原典，對為什麼要首先選擇讀原典便很好理解了。

其一，原典是後世學問和知識的重要來源，沒有原典，後世的書就沒有材料和根據，就無法創作出來，這些原典是學問和知識的基礎，不打好這個基礎，不僅自己的知識和學問成為無源之水，容易成為空中樓閣，就連後世的書也無法讀懂、難以理解。南北朝時期的梁元帝[1]曾說：「凡讀書必以五經為本，所謂非聖人之書勿讀。讀之百遍，其義自見。此外眾書，自可泛觀耳。正史既見成敗得失，此經國之所急，五經之外，宜以正史為先。」[2]宋代大文豪蘇洵[3]自稱「少年不學，生二十五歲，始知讀書」，「盡燒其曩時所為文數百篇，取《論語》、《孟子》、《韓子》，及其他聖人賢人之文，而兀然端坐，終日以讀之者，七八年矣。方其始也，入其中而惶然，博觀於其外而駭然以驚；及其久也，讀之益精，而其胸中豁然以明。若人之言固當然者，然猶未敢自出其言也。時既久，胸中之言日益多，不能自制，試出而書之，已而再三讀之，渾渾乎覺其來之易矣」。[4]蘇洵少年時自恃天資聰穎，認為同齡人都不如己，甚是滿足，甚至也沒把古人放在眼裏，遂不讀古人的聖賢書。隨著年齡增大，遇到的問題和困惑越來越多，於是二十餘歲時開始讀古書，始覺自己之不足。於是燒掉了當時自己創作的幾百篇文章，而專門攻讀孔子、孟子和韓非子等聖賢之書，一讀就是七八年。剛開始讀時，產生惶然、駭然

[1] 梁元帝（五〇八—五五五），蕭繹，字世誠，南北朝時期梁國皇帝，公元五五二—五五五年在位。文章、書法、繪畫三絕，其繪畫對隋唐時期產生很大影響。

[2] 〔南梁〕梁元帝《金樓子》，參見張明仁編著《古今名人讀書法》，第三〇頁。

[3] 蘇洵（一〇〇九—一〇六六），字明允，北宋著名文學家，與其子蘇軾、蘇轍並稱「三蘇」，唐宋八大家之一。

[4] 〔宋〕蘇洵《上歐陽內翰書》，參見張明仁編著《古今名人讀書法》，第四二頁。

之感，後來越讀越精，讀得越精就理解越透，理解越透感觸就越多、越深，心中積攢的話也就越來越呈噴薄之勢，這時感覺把它們用文字抒發出來便是很容易的事。

當代著名學者、哲學家金克木[5]先生就把書籍分為兩類，一類是被依附性圖書，一類是依附性圖書。他說：「只就書籍而言，總有些書是絕大部分的書的基礎，離了這些書，其他書就無所依附，因為書籍和文化一樣總是積累起來的。因此，我想，有些不依附其他而為其他所依附的書應當是少不了的必讀書或則說必備的知識基礎。」[6]金克木先生所說的「不依附其他而為其他所依附的書」，主要是指原典和一些文學經典如《紅樓夢》等。關於原典或古時候的聖賢之書，金克木先生與古代的大文學家和大學者們有著相似的見解，這些都是首先必讀之書。他說：「首先是所有寫古書的人，或說古代讀書人，幾乎無人不讀的書必須讀，不然就不能讀懂堆在那上面的無數古書，包括小說、戲曲。那些必讀書的作者都是沒有前人書可讀的，準確些說是他們讀的書我們無法知道。這樣的書就是：《易》、《詩》、《書》、《春秋左傳》、《禮記》、《論語》、《孟子》、《荀子》、《老子》、《莊子》。這是從漢代以來的小孩子上學就背誦一大半的，一直背誦到上一世紀末[7]。這十部書若不知道，唐朝的韓愈、宋朝的朱熹、明朝的王守仁（陽明）的書都無法讀，連《鏡花緣》、《紅樓夢》、《西廂記》、《牡丹亭》裏許多地方的詞句和用意也難於體會。」[8]對於一切人類優秀的文化遺產，在書籍和閱讀方面，道理是一樣的。原典都是首先要閱讀的，例如若要了解西方的史學傳統，就要先讀西方歷史之父、古希臘歷史

[5] 金克木（一九一二—二〇〇〇），中國著名哲學家、翻譯家、梵學和印度文化研究大家，「未名四老」（另外三位為季羨林、張中行、鄧廣銘）之一。

[6] 金克木《書讀完了》（增訂版），上海文藝出版社二〇一七年版，第一六頁。

[7] 指二十世紀末。

[8] 金克木《書讀完了》（增訂版），第一七頁。

學家希羅多德的《歷史》、修昔底德的《伯羅奔尼撒戰爭史》、色諾芬的《希臘史》和阿庇安的《羅馬史》等。

其二，原典或聖賢之書所蘊含的思想，是後世思想的源泉。後人無論是繼承還是批判式的創新，都是以此為基點和出發點的。人類思想的傳承與創新，就是沿著這樣的軌跡，順著這樣的邏輯進行的。

例如若要理解中國的歷史，就要首先了解《尚書》、《春秋左傳》、《史記》、《漢書》等一直到《資治通鑒》的中國史學傳統。對於一般的非歷史專業的讀者而言，不一定能把這些書讀完，但《史記》和《資治通鑒》是必讀之書。讀了《史記》和《資治通鑒》，一方面再讀其他後世人所寫之史書便容易理解，另一方面還會大大有助於對事物的分析和理解，有助於自己獨立見解的形成。這就是最大的獲益，無論學什麼，無論從事什麼職業都將由此受益終生。又如，若要理解當代社會和當代文化，就要了解當代西方思想，了解當代西方思想就必須了解它們是如何發生和演變的，這就必須了解古典哲學家的作品和思想，若要了解古典哲學家，就必須首先了解古代哲學家的作品和思想。一句話，若要理解現在，必須從源頭尋起，必須從閱讀古代和古典哲學的原典開始，因為人類的文化與思想就是從古至今，在繼承與創新中流傳下來的。具體而言，不讀蘇格拉底、柏拉圖和亞里士多德等古代聖賢之書，就無法理解近代哲學的開創者笛卡爾和培根，無法理解古典哲學的集大成者康德和黑格爾，無法讀懂二十世紀三大哲學家海德格爾、維特根斯坦和約翰·杜威等。對此，金克木先生的建議是「不是要讀全集，但必須讀一點」，「有這些知識而不知其他，還可以說是知道一點西方哲學；若看了一大堆有關的書而沒有讀過這些人的任何一部著作，那不能算是學了西方哲學，事實上也讀不明白別人的哲學書，無非是道聽途說，隔靴搔癢」。[1]

其三，原典對於一個民族和國家而言，具有奠定文化根基的作用。原典中所包含的世界觀、價值觀和人生觀等思想觀念構成社會的文化基礎，後世的學術研究、文學藝術創作乃至物質生產和生活的方方面面無不受此影響。所以，讀懂一些基礎性、哪怕僅僅是框架性的原典，對了解和理解一個社會的文化是大有裨益和具有決定性意義的。比如我們的「四書」、「五經」加上諸子百家其他代表性的著作，就構成了中國傳統文化的根基，後世其他的名家及其思想和文學藝術創作等都是在此基礎上發展起來的。不僅如此，中國的傳統文化對中國的物質文明和科技發明、創造，諸如生產工具、建築和中醫等，都產生了深刻的影響。

每個專業都有各自領域的原典，選擇閱讀原典對打牢專業基礎具有非常重要的意義。例如鑽研馬克思主義理論，就必須閱讀馬克思和恩格斯的原著，透過原著領悟革命導師的思想。在專業領域之外，或者尚未有專業傾向的學生，多讀一些歷史、哲學和思想性的公共文化原著，可以打下很好的素養和學養基礎。若要做到這一點，也不是太容易的事，因為人們往往更願意「走捷徑」，用閱讀看起來更容易理解的解讀和評論，來

[1] 金克木《書讀完了》（增訂版），第一七頁。

代替原典的閱讀。中外很多大師級的人物，對此有著深刻的見解。

德國偉大的哲學家叔本華指出：「那些寫給傻瓜看的東西總能找到大群的讀者。」「我們則應該把始終是相當有限的閱讀時間專門用於閱讀歷史上各個國家和民族所曾有過的偉大著作——寫出這些著作的可是出類拔萃的人，他們所享有的後世名聲就已表明了這一點。」「讀者大眾喜好追讀那些不時冒出的、今人關於古代某某作者或者某某偉大思想家的評論文章或書籍，而不是去閱讀古代作者或思想家的原著。原因就在於大眾只願意閱讀最新才印刷出來的東西，並且『相同羽毛的鳥聚在一起。』更加親切，也更有吸引力。」[1]叔本華進一步闡釋說：「沒有什麼比閱讀古老的經典作品更能使我們神清氣爽的了。」「所有真正的、優秀的作品無論在哪個時候、哪個地方，都要與總是佔據上風的荒唐、拙劣的東西進行沒完沒了的惡鬥。幾乎所有真正的人類啟蒙者，幾乎所有在各個學問和藝術上的大師都是殉道者。」「（不要）滿以為科學總在進步，而新書的作者肯定是利用了之前的舊著。」「如果可能的話，我們就要閱讀那些對所討論的事情有著根本性的發現和認識、真正有獨創性的人所寫出的著作，或者至少是在某一學問領域裏被公認的大師的作品。」「寧可讀二手書，也不要讀內容方面的二手書。」[2]

閱讀原典之於版本選擇很重要，重要到對於只讀原文還是選擇注釋本，中外學界一直有著不同看法。宋代就有學者主張「讀書不要看別人解。看聖人之言易曉，看別人解則易惑」[3]。同時也有人說：「不然，須是先看古人解，但不當有所執，擇其善而從之。

[1] 〔德〕叔本華《意志決定命運》，韋啟昌編譯，第五六頁。

[2] 〔德〕叔本華《意志決定命運》，韋啟昌編譯，第五七頁。

[3] 參見張明仁編著《古今名人讀書法》，第四七、五八頁。

若都不看，不知用多少工夫，方可到先儒見處也。」[4] 十五世紀時，歐洲學者在教授學生閱讀宗教原典時，有人主動「揚棄傳統的評注和注釋」，認為那些東西「無益於學生學會優雅的語言」。取而代之的是，在課堂上開放討論原文，使「學生獲得空前未有的閱讀自由」。[5] 在教授學生古希臘古羅馬著作時，也同樣捨棄「舊式的評注與注解」，不讓學生陷在那些文法規則的泥淖中，而是很迅速地就進行文本的閱讀。老師教導學生閱讀奧維德、西塞羅、蘇埃托尼烏斯、瓦勒里烏斯．馬克西姆斯、沙貝里可斯和其他人的作品，為的不僅是讓學生達到「拉丁文完美流暢，而且文法功力深厚」的水平，還要「從文本中擠壓出每一滴意義」來，甚至鼓勵學生「從這些年代悠久的古代巨靈的文字中，尋找某種——在他們所處的時空中——會對他們私語的東西」。[6] 中外古代的先賢都要求學生能夠脫離注釋和評注，而直接閱讀原文，在今天的情形下能做到這一點固然好，但對於一般人而言，閱讀注釋或評注本可能更現實一點兒。只是為保證閱讀質量，要選擇名家的權威注釋本。對於外國的原典，多數人很難直接閱讀原文，選擇翻譯本肯定是合乎常理的，只是翻譯版本也一定要選擇權威出版社的權威譯本，不能隨便買一本就讀。

關於閱讀原典，最後再說一句也許是多餘的話，就是人們經常感歎或不解，二十世紀早期中國不乏學術大師，而後來為什麼就難見大師了呢？現代學者的這一段話，或許能給我們某一方面的啟示：「二十世紀現代學人的國學根基，又是後生晚輩不能望其項背的。他們四五歲開始發蒙，到七八歲，十幾歲，不用說五經四書，十三經、諸子集

[4] 參見張明仁編著《古今名人讀書法》，第五八頁。

[5] 參見〔加〕阿爾維托．曼古埃爾《閱讀史》，吳昌傑譯，商務印書館二〇〇二年版，第九六頁。

[6] 參見〔加〕阿爾維托．曼古埃爾《閱讀史》，吳昌傑譯，第九七—九九頁。

成、前四史，差不多都讀過了。他們有這樣的學問積累的過程，所以在學術的知識結構方面，既是空前的，又是絕後的。『絕後』不是說後來者的聰明智慧一定少於他們，而是沒有當時那些個具體條件，包括對學人為學非常重要的家學和師承。國學需要童子功，年齡大了補課，實際上為時已晚。因此後來者要趕上他們，難之又難。就研究我國固有學術而言，二十世紀學者也開了先路，經由他們可以更自覺地進入原典。」[1] 此說雖為一家之言，但的確強調了讀原典，尤其是儘早地開啟閱讀原典途徑對於學人為學的重要性。因此，不讀原典或往聖之書，無法奠定牢固的治學根基，終究難成大師。

2 讀經典跟大師學如何思考

經典名著之所以成其為經典名著，是因為它們從問世一直流傳至今，仍受人們喜愛，仍然具有廣泛的影響。日本著名作家齋藤孝說：「每一本經典都是某一種思考的根源。」[2] 從這個意義上說，讀經典名著，重要的是跟大師學習如何思考。

經典名著至少具備三種特性，即世界性、共通性和歷時性。世界性是指它們是在世界各民族和國家產生的，每個民族和國家都可能用自己的語言創造在世界範圍產生影響的經典名著；共通性是指它們被全人類的讀者所認可、接受和喜歡，因而成為人類共享的精神財富；歷時性是指它們經受住了時間的考驗，世世代代流傳下來，一直到現在還都沒有被淘汰或淹沒。當代著名哲學家馮友蘭先生對經典名著有過這樣的描述：「自古以

[1] 劉夢溪《現代學人的信仰》，商務印書館二〇一五年版，第八二頁。

[2] 〔日〕齋藤孝《經典的魅力》，武繼平譯，鷺江出版社二〇一六年版，第七頁。

來，已經有一位最公正的評選家，有許多推薦者向它推薦好書。這個選家就是時間，這些推薦者就是群眾。歷來的群眾，把他們認為有價值的書，推薦給時間。時間照著他們的推薦，對於那些沒有永久價值的書都刷下去了，把那些有永久價值的書流傳下來。」[3]意大利當代最著名的作家之一伊塔洛·卡爾維諾對經典著作給出了十幾種界定，其中之一是「一部經典是一本永不會耗盡它要向讀者說的一切東西的書」[4]。經典永流傳，不因時間而停止。經典名著的這三種外在特性是由其三種內在價值決定的，這三種內在價值就是我們為什麼倡導閱讀經典名著的根本理由。

其一是思想價值。經典名著所包含的深刻思想，不僅能極大地啟發人的心智，還能引發社會變革，推動社會進步。經典名著的思想性往往來源於對古代聖賢之書或原典及其所反映社會的深刻理解，這些著作要麼是對原典的進一步闡發，要麼是受原典啟發而進行的全新創作，其內容可能更廣博，思想可能更豐富，且內涵或意義價值一定包含著新的時代精神。

叔本華是十九世紀上半葉歐洲最偉大的哲學家之一。三十歲時寫成《作為意志和表象的世界》，奠定了他的哲學思想基礎。他把伏爾泰、盧梭和康德看作是自己的精神導師，他在作品中經常引用他們的論述和觀點。叔本華的思想不僅極大影響到他的學生們，包括尼采，還影響到後世很多思想家、文學家和藝術家，叔本華被稱為「偉大的意志主義哲學大師」。他認為：「閱讀就是看別人如何思考。」「許多書本的唯一用處只在

[3] 馮友蘭《我的讀書經驗》，載中國圖書評論學會編《讀書的方法與藝術》，人民出版社二〇一七年版，第一一八頁。

[4] 〔意〕伊塔洛·卡爾維諾《為什麼讀經典》，黃燦然、李桂蜜譯，譯林出版社二〇一六年版，第四頁。

於向我們表明：錯誤的道路竟有如此之多，而我們一旦讓自己聽從其引導，就會拐入實在是不堪設想的迷途。趕走和消除自己的、具原始力度的思想，目的卻只是閱讀隨手拿起的一本書——這樣做就是對我們的聖靈犯罪。」[1]「作者能否給予讀者滿足，關鍵之處總在於這位作者和讀者之間在思維方式上能否形成共鳴。這種和諧共鳴越完美，那讀者感受到的滿足就越大。」「具有偉大思想的作者也就只能被擁有非凡頭腦思想的讀者所完全欣賞。」[2]

叔本華思想對尼采的影響，是有很多故事可講的。一八六五年，尼采敬愛的古典語言學老師李謝爾思（F. W. Ritschls）到萊比錫大學任教，尼采也隨之到了那裏。當時的尼采雖然年紀不大，但已經開始哲學沉思了。在萊比錫期間，他偶然地在一個舊書攤上購得了叔本華的《作為意志和表象的世界》一書，欣喜若狂，每日凌晨兩點上床，六時起床，沉浸在這本書中，心中充滿神經質的激動。後來他回憶說，當時他正孤立無助地經歷著某些痛苦的體驗，幾乎瀕於絕望，而叔本華的書就像一面巨大的鏡子，映現了世界、人生和他的心境。他覺得叔本華好像專門為他寫了這本書一樣。尼采後來寫出了《查拉圖斯特拉如是說》（亦譯為《蘇魯支語錄》）等影響後世的名著，他評價自己的著作時說：「在我的著作中，《查拉圖斯特拉如是說》佔有特殊的地位。它是我給予人類的前所未有的最偉大的饋贈。」就連中國的國學大師王國維，也受到叔本華的影響，王國維曾經評價《作為意志和表象的世界》一書「思精而筆銳」[3]，承認這本書深刻地啟發和

[1] 〔德〕叔本華《意志決定命運》，韋啟昌編譯，第五三頁。

[2] 〔德〕叔本華《意志決定命運》，韋啟昌編譯，第五八頁。

[3] 參見王大鵬編《百年國士》之一，《酒旗風暖少年狂》，商務印書館二〇一〇年版，第二六七頁。

影響了自己的創作。

近代學者張素民解釋自己為什麼喜歡閱讀經典名著時說：「我愛讀名著的重要原因，是在名著的『煙斯批里純』(inspiration)。名著是大思想家的傑作，最富於思想。用字造句，也非普通書可比。普通書只可增加 information 而不能啟發理智。外國的大教授與普通教授的分別，也就在此。大教授說話，是無精神，無條理的。但他雜亂無章的講，句句有意義，句句足令人深思。普通教授是有精神，有條理的，而他所能供給你的，只是 information 而已，但這也不過是我國人之所好。有些人歡喜 informative 一類書，我個人是就歡喜 inspiring 一類的書。」④

其二是精神價值。經典名著尤其是文學經典，往往具有催人奮進、激勵向上的價值和意義。懲惡揚善、樂觀豁達、愛國主義、集體主義、團隊精神、敬業精神、勤勞勇敢、不屈不撓、不懼挫折、戒驕戒躁……很多名人在閱讀成長過程中，都受益於經典名著良多，他們對此有切身的體會。日本著名作家齋藤孝認為，「閱讀經典的時候，最重要的是感受能量」，「所謂閱讀經典，其實就是這樣一個行為過程：一方面大致獲得與經典有關的知識並將它轉化為內在的修養，與此同時，身體力行地去體驗、感受偉人的熱情和能量，並積蓄起來化為己有」。⑤他還說：「在這樣一個時代裏，人們往往被色彩紛呈、變幻無常的表面景象搞得眼花繚亂。大家心裏變得不踏實，不知禍福何時降臨到自己身上，總是顯得焦慮、茫然而浮躁不安。在這種時候，一個人只要閱讀到超越千

④ 張素民《我的讀書經驗談》，載胡適等《怎樣讀書》，生活·讀書·新知三聯書店二〇一二年版，第一四五頁。

⑤ 〔日〕齋藤孝《經典的魅力》，武繼平譯，第一一頁。

年時空為人類所喜聞樂見的那些經典名著，就會找到屬於自己的位置，並獲得足夠的自信。」[1]中國當代著名作家畢淑敏說：「名著一般多是經過了許多年代的考驗，是被大師們的智慧之磨研磨了無數遭的精品。讀的時候，像烈火烹油的滿漢全席，為大享樂。」[2]「閱讀是一種精神按摩，在書頁中你嗅得見悲劇的淚痕，摸得著喜劇的笑靨，可以看清智者額頭的皺紋，不敢碰撞勇士鮮血淋淋的創口……當合上書的時候，你一下子蒼老又頓時年輕。菲薄的紙頁和人所共知的文字只是由於排列的不同，就使人的靈魂和它發生共振，為精神增添了新的鈣質。當我們讀完名著的最後一個字時，彷彿從酣然夢幻中醒來，重又生機盎然。」[3]再如當代著名作家張煒在感慨自己的閱讀經歷時說：「老書其實也是當家的書，比如中國古典和外國古典、一些名著。我們還記得以前讀它們時曾被怎樣打動。那時我們把大量的時間花在讀老書上。這些書，不誇張地說，是時間留下來的金塊。」[4]之所以是金塊，是因為它們有觸及靈魂的東西，其對人的精神價值像金子一樣珍貴。張煒接著說：「讀一些老書，我們常常會想：他們這些書中的人物，怎麼會為這麼小的事件、這一類問題去痛苦呢？這值得嗎？也恰恰在這聲聲疑問之間，靈魂的差距就出來了。我們今天已經沒有深刻懺悔的能力，精神的世界一天天墮落，越滑越遠。現在的書比起過去，一個普遍的情形是精神上沒有高度了，也沒有要求了。沒有要求的書，往往是不能傳之久遠的書，也成不了我們所說的『老書』。」[5]

其三是學術價值。每個學科的經典名著，包括文學名著，都是該學科的奠基之作。

[1] 〔日〕齋藤孝《經典的魅力》，武繼平譯，第五頁。

[2] 畢淑敏《閱讀是一種孤獨》，載中國圖書評論學會編《讀書的方法與藝術》，第五九頁。

[3] 畢淑敏《閱讀是一種孤獨》，載中國圖書評論學會編《讀書的方法與藝術》，第六〇頁。

[4] 張煒《看老書》，載中國圖書評論學會編《讀書的方法與藝術》，第八〇頁。

[5] 張煒《看老書》，載中國圖書評論學會編《讀書的方法與藝術》，第八四頁。

因此，它們是任何時代的學子們都繞不過去的書，是他們的必讀書。不讀這些書，專業基礎是萬萬打不牢的。這就像蓋樓房一樣，沒有堅實的基礎就無法建起高樓大廈。例如經濟學，無論它具有多麼強的現實性，多麼急需解決現實問題，但高明和智慧的經濟學家一定是從讀經濟史著作或經濟學經典名著走過來的，即便不讀古希臘古羅馬的經濟學原典，諸如色諾芬《雅典的收入》、瓦羅《論農業》和加圖《農業志》等，最差也要從奠基現代經濟學基礎的古典經濟學鼻祖威廉·配第（《賦稅論》等）、亞當·斯密（《國富論》等）和大衛·李嘉圖（《政治經濟學及賦稅原理》等）等人開始讀起。後來的約翰·M. 凱恩斯（《就業、利息和貨幣通論》等）和米爾頓·弗里德曼（《資本主義與自由》等）等人，都是必須要讀的。弄懂以往經濟和社會發展脈絡，才能參透現實問題，才能洞悉未來發展之路。

再如軍人和軍事愛好者必須讀的名著從中國古代的《孫子兵法》，古希臘著名歷史學家修昔底德的《伯羅奔尼撒戰爭史》，阿里安的《亞歷山大遠征記》和古羅馬將軍凱撒的《高盧戰記》，到拜占庭時期普洛科皮烏斯的《戰爭史》、尼科洛·馬基雅維利《兵法》和弗雷德里希·席勒的《三十年戰爭史》到克勞塞維茨《戰爭論》、馬漢的《海權論》（三部曲）和《海軍戰略》，再到邱吉爾的《第二次世界大戰回憶錄》等，以及凱撒、漢尼拔、拿破崙、華盛頓、戴高樂、隆美爾和巴頓等著名統帥和將領的傳記，都是軍事史和軍事理論方面的基礎必讀書。

市面上流通的所有東西都是良莠不齊，甚至還存在著劣幣驅逐良幣的現象，圖書市場也不例外。與其他商品相比，圖書產品還存在著一個更大的風險，即書只有讀完才知道好壞，而且「花花綠綠」的圖書往往更具有誘惑性。這樣的書有時可能會令讀者覺得很有趣，但實際上卻沒有什麼營養。古今中外的很多名人給我們留下了很中肯的警告，有的甚至不惜把自身的難堪經歷和盤托出。他們對暢銷書或時髦書表示了不屑和抵制，有的還以實例給出了具體而詳細的剖析。叔本華告誡讀者「別碰那些暢銷書」，他說：「劣書是損害我們精神思想的毒藥。閱讀好書的前提條件之一就是不要讀壞書，因為生命是短暫的，時間和精力都極其有限。因為人們總是閱讀最新的，而不是所有時代中最好的作品，所以作家們就局限於時髦和流行觀念的狹窄圈子裏，而這個時代也就越發陷入自己的泥潭之中。」[1] 叔本華對時髦的劣書給予了無情的抨擊：「正如衣冠不整暴露出了並不尊重自己周圍的人群，同樣，草率、馬虎、拙劣的文字，表明了作者並不尊重他的讀者。拒絕閱讀這樣的文章就是讀者對作者合情合理的懲罰。」[2]

中國當代著名美學家朱光潛先生曾告誡讀者，讀書不能趕時髦。他說：「我不能告訴你必讀的書，我能告訴你不必讀的書。許多人嘗抱定宗旨不讀現代出版的新書。因為許多流行的新書只是迎合一時的社會心理，實在毫無價值。經過時代淘汰而巍然獨存的書才有永久性，才值得讀一遍兩遍以至於無數遍。我不敢勸你完全不讀新書，我卻希望你特別注意這一點，因為現代青年頗有非新書不讀的風氣。別事都可以學時髦，唯有讀書

[1]（德）叔本華《意志決定命運》，韋啟昌編譯，第五五頁。

[2]（德）叔本華《意志決定命運》，韋啟昌編譯，第五八頁。

做學問不能學時髦。」他還說：「你與其讀千卷萬卷的詩集，不如讀一部《國風》或《古詩十九首》，你與其讀千卷萬卷談希臘哲學的書籍，不如讀一部柏拉圖的《理想國》。」[3]

當今的青年才俊，在閱讀暢銷書方面也頗有心得。例如，八〇後新銳作家採銅告誡讀者要警惕暢銷書：

> 閱讀的選擇很重要。對於深度閱讀者來說，暢銷書要警惕。當然不是說暢銷書都不好，暢銷書裏面當然有很好的書，但也有很水的。我把很水的暢銷書分為美式暢銷書、日式暢銷書和中式暢銷書。美式暢銷書以格拉德威爾的書為代表，就是本來一頁紙能說清楚的道理，填充了很多案例後，硬生生撐起一本書。日式暢銷書的特點，不是講道理，而是從一個點出發，快速繁殖似的，生造出很多奇奇怪怪的概念，比如做某某事的n種方法，但每一種講得都不透徹。還有一種中式暢銷書，不是講道理的，也不是講方法、講概念，而是講情懷，把你的心靈擾動起來，給了你一些慰藉，就成功了。
>
> 不是說這些書不好，它們裏面也都有營養的，也可以讀，只是從一個深度學習者的角度來說，這點低密度的營養還遠遠不夠，而且可能有些不是營養是反式脂肪酸。舉例來說，「一萬小時理論」經過暢銷書的渲染在國內變得盡人皆知，甚至被奉為金科玉律。可是暢銷書裏講這個理論，只是二手解讀，經過轉化加工包裝的，它是不是這麼可信呢？不一定。我曾經就專門查過相關的英文論文，發現這個理論在學術界爭議不少，有

[3] 朱光潛《談讀書》，載胡適等《怎樣讀書》，第八七—八八頁。

些論文裏就說，他們自己的研究發現，有些人只要三千個小時就能成音樂家或者棋手，所以一萬小時這個數字其實並沒有什麼意義。

這就是一個深度學習者的閱讀選擇。他要去讀那些思想源頭、知識源頭的東西，讀第一手材料，不要讀來讀去都讀那些二手販賣的東西。這種精神就是「採銅於山」，也就是我的網名的來源。所以，大家在讀書的時候，我有一個小建議給大家：想想你手頭的這本書是作者一手的東西，還是二手的東西，這對你們甄別好書很有幫助。[1]

張煒則對自己的閱讀做出了這樣的反思：「我們接觸到大量的人，也包括自己，某一個階段會發覺閱讀有問題，如讀時髦的書過多，讀流行讀物，甚至是看電視、雜誌、小報太多。我們因為這樣的閱讀而變得心裏沒底。還有，一種煩和膩，一種對自己的不信任感，都一塊兒出現了。總之對自己，對自己的閱讀，有點看不起。」「如果人到中年還不停地追逐時髦，大概也就沒什麼指望了。」[2]

在提醒讀者要警惕甚至遠離暢銷書或時髦書時，還有不在少數的人直接對虛構類的小說等，亮起了紅燈。他們認為虛構的東西往往很膚淺，對滋養思想無益；虛構的東西不似歷史或人物傳記那麼真實，那麼能夠給人啟迪和激勵；虛構的東西很玄幻，有時還會對人產生蠱惑的不良作用。宋代理學家、「二程」之一的程顥說：「世有以讀書為文為藝者，曰：為文謂之藝，猶可也；讀書謂之藝，則求諸書者淺矣。」[3]清人張履祥說：

[1] 採銅《碎片化時代如何做到深度閱讀》，載中國圖書評論學會編《讀書的方法與藝術》，第一八〇頁。

[2] 張煒《看老書》，載中國圖書評論學會編《讀書的方法與藝術》，第八〇—八一頁。

[3] 參見張明仁編著《古今名人讀書法》，第四八頁。

「書籍惟六經諸史先儒理學，以及歷代奏議，有關修己治人之書，不可不珍重護惜。下者則醫藥卜筮種植之書，皆為有用……至於異端邪說淫辭歌曲之類，害人心術，傷敗文俗，嚴拒痛絕猶恐不及，況可儲之門內乎？」[4] 清人朱用純闡明：「要知聖賢之書，不為後世中舉人、進士而設，是教千萬世做好人」，讀這些書必大有益處，「不在其身，必在其子孫」。而其他書未必有此效果，「嘗見人家几案間，擺列小說雜劇，此最自誤，並誤子弟，亟宜焚棄，人家有此等書，便為不祥；即詩詞歌賦，亦屬緩事」。[5]

古往今來的名人們對待文學書的態度，我們肯定不能全盤接受，但我們可以理解他們主張的精神。從今天的觀點來看，我認為有三點需要好好把握：其一，文學書不僅可以讀，而且必須讀；其二，要首先選擇中外經典文學名著，其他文學書謹慎選擇；其三，不要只讀文學書，甚至沉湎於小說中而不能自拔。也就是說，閱讀經典的小說、詩歌等文學作品不僅僅有助於提高我們的想像力，豐富我們的知識，同時，也是提升我們思考能力的有效途徑。要避免單純地追求故事情節，追求娛樂消遣的閱讀目的。唐代詩人皮日休就曾說：「文學之於人也，譬乎藥，善服有濟，不善服反為害。」[6]

3 讀「雜書」，形雜而神通

我們所謂的讀「雜書」，就是倡導博覽群書，博覽群書要講究方法，否則效果適得其反。

4 參見張明仁編著《古今名人讀書法》，第一二九頁。

5 參見張明仁編著《古今名人讀書法》，第一三三—一三四頁。

6 〔唐〕皮日休《鹿門隱書》，參見張明仁編著《古今名人讀書法》，第三九頁。

讀書的博與專問題，是古今中外名人們談論最多的話題，可見其多麼重要，對人一生的影響有多大。古人云：「讀書譬如食味，得其精華，而汰其滓穢，始能養生；若積而不化，謂之食痞。」[1]又云：「人之學者，猶渴而飲河海也；大飲則大盈，小飲則小盈。」[2]讀書如飲食，在滿足自己偏好的同時，一定注意營養均衡，讀不同之書，就是在吸收不同的營養。人之成長，一定離不開固定的飲食習慣，但兼顧營養平衡也是必須的。讀書之於人，情理相通。人靠讀書成長，讀書一定有自己的專業或興趣，但只埋頭於專業而置其他書於不顧，也會造成營養不良。我們倡導多讀課外或科外即本專業以外的書，遵循的就是這個基本的道理。為了加深理解，以便讀者選擇更合適於自己的讀書方法，我想有必要在這方面做進一步的闡釋。

其一，學科成於專，亦受制於專。

現代科學最重要的方法就是學科的劃分，最重要的支撐就是各不同學科所取得的成果。信息因為分類而產生了知識，不同類型的知識產生了學科，不同學科沿著自己的軌道前行，給人們提供了更深入、更透徹地認識世界、理解世界的機會和途徑。誠如德國哲學家叔本華所說：「科學把數不勝數的事物區別開來，分門別類，次第納入種、類的概念之下。這樣，科學就為我們打開了認識普遍事物和特殊事物之門。」[3]如果沒有現代科學和現代學科，人類的認識和理解能力仍會停留在很低的水平，現代科學和學科的發展史，就是人類認知能力飛速發展的歷史，這一點毋庸置疑。

[1] 參見張明仁編著《古今名人讀書法》，第一一四頁。

[2] 參見張明仁編著《古今名人讀書法》，第一一七頁。

[3] 〔德〕叔本華《意志決定命運》，韋啟昌編譯，第二三七頁。

然而，凡事都有度，失度便失衡和失真，便喪失其合理性和真理性，科學和學科也不例外。構成科學根基的學科越劃越細，相應地，隨學科而來的專業越分越窄，這本也未必是壞事，因為任何學問之研究就是要越來越深入才行，問題是在學科密集、專業雜亂的叢林中，雖行動便遇「羈絆」，卻又各自擁兵自立、互不往來，甚至有唯我獨尊的良好感覺。魯迅先生曾經很深刻地指出：「現在中國有一個大毛病，就是人們大概以為自己所學的一門是最好，最妙，最要緊的學問，而別的都無用，都不足道的，弄這些不足道的東西的人，將來該當餓死。其實是，世界還沒有如此簡單，學問都各有用處，要定什麼是頭等還很難。也幸而有各式各樣的人，假如世界上全是文學家，到處所講的不是『文學的分類』便是『詩之構造』，那倒反而無聊得很了。」[4] 學科和專業的發展越鑽越深，越鑽越窄，越鑽越不見天日。由此，科學便走向了極端，科學變得越來越不科學了。

任何一門學科都是用屬於自己的獨特的方法來看待和解剖世界，形成了自己獨特的世界觀和方法論。也即是說，用不同的方法和範式來認識和解剖世界，以達成不同的目標，便形成了不同的學科。所有學科是相通的，因為它們研究的是同一個客觀世界；所有學科是不同的，因為它們都有自己專屬的研究領域，還有自己研究的目的和目標，這是它們各自存在的價值所在。每個學科都因自己獨特的價值而受到重視、尊重和喜愛，但每個學科又都不可避免地擁有自身的局限性。打破其局限性最好的方法，就是了解其他相關學科，閱讀其他相關學科的書籍，甚至不只是通過閱讀一般讀物泛泛地了解，還

[4] 魯迅《讀書雜談》，參見中國圖書評論學會編《讀書的方法與藝術》，第九五—九六頁。

要有選擇地閱讀其原典和經典。戰國末期政治家、思想家呂不韋[1]所著《呂氏春秋》中說：「善學者，假人之長，以補其短。」某個專業的人對於其他專業的知識，都是有所短的，閱讀相關的圖書，就是彌補自己的短處。學科之間的互補，也是一個道理。

其二，知識互釋，方法相益。

每一門學科之所以成其為科學，是因為其有獨特的方法論，但也僅此而已。每一門學科利用自己獨特的方法論去探究世界，會發現屬於自己的「別有洞天」，然而在知識的叢林中，不同學科的知識經常是纏繞在一起的，不弄懂別的知識，也很難弄懂自己的專業知識。具體地說，在一部專業書裏，可能涉及很多學科和很多方面的知識，幾乎沒有一個專業是可以獨立存在的。在自然科學領域，差不多所有的學科，都依賴於數學，數學是所有自然科學的基礎；在人文社會科學領域，幾乎所有學科都離不開文史哲，而自古以來就有文史哲不分家的說法。其實包括自然科學在內，所有學科都離不開文史哲。道理很簡單，所有學科都依靠文字進行表達、闡釋和傳播；所有學科所研究的對象即客觀世界，其本身就是一部發展變化的歷史，每個學科又都有自己的發展史；所有學科都有自己的思維方式，都有自己的運行邏輯，它們都昭示著自身存在的價值。例如，二十世紀世界三大哲學家之一、奧地利哲學家維特根斯坦說，「數學是一種邏輯方法」，「力學是一種按照單一的計劃來構造我們描述世界所需的全部真題的嘗試」，「物理學定律藉助其全部的邏輯機制而間接地說及世界的對象」[2]。德國著名哲學家、現象學的奠基

❶ 呂不韋（前二九二—前二三五），戰國末期著名商人、政治家和思想家，官至秦國丞相。著有《呂氏春秋》。

❷ 參見〔奧〕維特根斯坦《邏輯哲學論》，賀紹甲譯，商務印書館二〇一五年版，第九六—九九頁。

人胡塞爾（Husserl）[3]坦言哲學是一切科學之本，他說：「當今人們還得把下列觀點看作是一種佔統治地位的觀點，即：哲學，確切地說，最高的存在學和科學學不僅與所有其他科學有關，而且也建立在它們的成果的基礎上，就像科學是互為基礎的一樣，一些科學的成果可能作為另一些科學的前提。」[4]胡塞爾這段話揭示了一條真理，即所有科學都是互為依存的，沒有一門學科可以脫離其他學科而獨立存在。叔本華則用很形象的比喻說：「翱翔在各門科學之上的卻是哲學，因為哲學作為一門關於最普遍並因此是最重要內容（事物最普遍的一面）的學問，有望給予我們對事物的說明和解釋，而其他學科知識則為走到這一步做準備功夫而已。」[5]按照叔本華的說法，其他學科只是為哲學在做準備，或者說，其他學科發展的最終目標就是把自己上升為哲學。所以，我們當前看到的各種學科的哲學研究成果，例如語言哲學、藝術哲學、數理哲學、歷史哲學和法哲學等等，都是各學科力圖將自己這一門類的學問不斷提升而努力呈現的成果。

各門知識都由概念和方法而得，可即使是再專門的一部書，也不可能只涉及自己領域的概念和知識，所以知識具有互釋的特性，掌握和了解的知識越多，就越有益於相互理解。北宋著名政治家、文學家和思想家王安石[6]在《答曾子固》中有句名言：「讀經而已，則不足以知經。」胡適先生對此頗有同感而發揮說：「讀一書而已，則不足以知一書」，「多讀書，然後可以專讀一書。譬如讀《詩經》，倘使先讀了古今中外的許多歌謠，便覺得《詩經》好懂得多了；倘使讀過社會學、人類學，那就懂得更多了；倘使先讀過

[3] 埃德蒙德．胡塞爾（一八五九——一九三八），德國著名哲學家，現象學的奠基者。著有《邏輯研究》、《純粹現象學和現象學哲學的觀念》和《歐洲科學的危機和超越論現象學》等。

[4] 〔德〕胡塞爾《現象學的觀念》，倪梁康譯，商務印書館二〇一七年版，第三四頁。

[5] 〔德〕叔本華《意志決定命運》，韋啟昌編譯，第二三八頁。

[6] 王安石（一〇二一——一〇八六），北宋著名政治家、文學家和思想家，官拜丞相，以主持變法聞名。文學成就亦高，名列唐宋八大家之一。有《王臨川集》和《臨川集拾遺》等存世。

文字學、古音韻學，也可懂得更多。總之，你讀過的書越多，你懂得《詩經》也更多。」他還以《墨子》閱讀史為例，進一步闡釋說：「譬如《墨子》一書，在一百年前，清朝的學者懂得此書還不多。大家都不知道此書中包含了光學、幾何學、力學、心理學、倫理學……等科學的；所以不懂得光學、幾何學、力學等知識的，便不能完全讀懂《墨子》。後來的人，知道力學的，讀起這本書來，便多懂一些，能知道光學的，更能多懂一些，如果各種新智識都懂得，便能完全了解墨子。所以讀書愈多，愈能懂得墨子；換句話說，為多懂得墨子，必要多讀別的書。」❶這可能就是董仲舒❷所說的，「聞見博而知益明」。❸

做學問如同探祕一樣，在知識和智慧的迷宮中，每一種學科的方法論就像是一把鑰匙，它只能打開一扇門，進入一個房間，其他房間的鑰匙掌握在其他學科的方法論手裏，只有依靠各種不同的鑰匙打開不同的房間，整個迷宮才能展示在我們面前。笛卡爾說，所有學科包括詩學、數學、哲學、神學、法學和醫學等，都只是一種有局限的方法，都不可全信。

學科之間的相互配合，可以稱之為「裏應外合」；學科之間相互啟迪，互為「他山之石」，可以用來攻克學科內以自己方法「久攻不下」的難題。比如，國內外亞述學者在研究巴比倫法的過程中，對待《漢謨拉比法典》中出現的「以眼還眼，以牙還牙」現象，總是用歷史學方法給予所謂的「原始的同態復仇殘餘」來解釋，這種解釋缺乏依據，且矛盾重重。我在認真研究這種刑罰的適用人群即只適用於全權公民——《法典》中所稱

❶ 參見胡適《為什麼讀書》，載胡適等《怎樣讀書》，生活．讀書．新知三聯書店二〇一二年版，第一五—一六頁。

❷ 董仲舒（前一七九—前一〇四），西漢思想家、政治家和教育家。倡導「罷黜百家，獨尊儒術」。著有《春秋繁露》等。

❸ 參見《漢書．董仲舒傳》，參見張明仁編著《古今名人讀書法》，第一六頁。

之的「人」後，受法學中的人格法或尊嚴法啟發，以法文化方法論，提出這種針對全權公民或「人」而不涉及「半自由民」和奴隸的刑罰，體現了維護「人」的尊嚴的人本觀念。[4] 從而打開了另一扇闡釋之窗。

在學科方法相互啟示方面，還是胡適先生給我們提供了精彩的案例，他舉的例子是達爾文發現生物進化論的祕密：「達爾文把生物變遷現象研究了幾十年，都想不出什麼原則去解決，後來無意中看到馬爾薩斯的《人口論》，說人口是按照幾何學級數一倍一倍地增加，糧食是按照數學級數增加，達爾文知道了這個道理，忽然觸機，就把原則應用到生物學上去，創了物競天擇的學說。譬如一條魚可以產生二百萬魚子，這樣太平洋應該佔滿了，然而大魚要吃小魚，更大的魚要吃大魚，所以生物要適應環境才能生存。」[5] 其實，類似的例子比比皆是，舉不勝舉。科學史家很輕易地就可以列出社會科學和自然科學相互影響的一連串例子。「在十七世紀，哈林頓以哈維（William Harvey）的新生理學為藍本提出了自己的社會理論。到了十九世紀末，經濟學家傑文斯在某種程度上以牛頓的理論力學模型為基礎創建了一種新經濟學。在過去一百年裏的以下三個例子中，是科學家本人指出他們的工作可能在哪個社會科學領域得到廣泛應用。德國物理化學家奧斯特瓦爾德（Wilhelm Ostwald）努力創建一種新的基於能量學的社會科學，他把這種科學稱為『文化科學』（Kultur-wissenschaft），而不是業已接受的『社會科學』（Sozialwissen-schaft）。類似地，美國生理學家坎農將他對人體自我調節過程的研究拓

[4] 參見于殷利《巴比倫法的人本觀——一個關於人本主義思想起源的研究》，生活·讀書·新知三聯書店二〇一一年版，第二八七—三二〇頁。

[5] 參見胡適《為什麼讀書》，載胡適等《怎樣讀書》，第一七—一八頁。

展到社會理論，試圖改造和復興傳統的政治［身］體（body politic）概念。在我們這個時代，威爾遜（E. O. Wilson）通過推廣他對進化生物學和螞蟻群體行為的研究而發展了社會生物學。」❶現在跨學科研究越來越多，似乎是發展的趨勢，而且有可能越來越常態化。

其三，無專不博，博必有精。

在閱讀過程中，是博覽群書好，還是專精一門好，古今中外的名人各有推崇，各有側重。《顏氏家訓》中說：「夫學者貴能博聞也。郡國山川，官位姓族，衣服飲食，器皿制度，皆欲根尋，得其原本。」❷同時代也有人說：「不廣求，故得；不雜學，故明。」❸德國著名哲學家尼采說：「通常我幾乎總是乞靈於同一些書，根本上量不在多，恰好對我來說是得到證明的書。」「閱讀繁多雜亂，這也許不是我的風格：（看完）一個閱覽室（的書）會使我生病的。愛好繁多而雜亂，也不是我的風格罷。我的本能中更多地包含著對新書的謹慎態度，甚至於敵視態度……」尼采認為看書不在多，而在於要看精華，就是要看有思想的書，能給人以思想啟迪的書，其他的書多看無益。這與他的老師叔本華的看法是一脈相承的。尼采說：「從根本上說，只有數量很少的古代書籍在我的生活中佔有一席之地。」❹

在讀書的專與博方面，除了閱讀專業書和博覽群書的討論之外，還有精讀與泛覽的討論。對此，我們願意援引英國著名思想家培根關於讀書的見解作為總的參照，他說：「有些書可供一嘗，有些書可以吞下，有不多的幾部書則應當咀嚼消化；這就是說，有些

❶〔美〕伯納德·科恩《自然科學與社會科學的互動》，張卜天譯，商務印書館二〇一八年版，第一六頁。

❷〔北齊〕顏之推《顏氏家訓》，檀作文譯注，第一三二頁。

❸參見張明仁編著《古今名人讀書法》，第三三頁。

❹〔德〕尼采《偶像的黃昏》，李超傑譯，商務印書館二〇一三年版，第九四頁。

書只要讀讀它們底一部分就夠了，有些書可以全讀，但不必過於細心地讀；還有不多的幾部書則應當全讀、勤讀，而且用心地讀。」[5] 培根作為一代新知識的開創者，在他所處的時代，可供閱讀的書籍肯定沒有我們的時代多，我們需要「全讀、勤讀，而且用心地讀」的書肯定不止於「不多的幾部書」，但培根所論及的讀書方法，無疑對我們具有有益的借鑒價值。每個人都可以根據自身的狀況，確定哪些書只需泛覽，哪些書需要自己反覆、用心地讀。沒有精讀，只有泛讀，不會有所收穫。清代學者馮班[6]說：「開卷疾讀，日得數十卷，至老死不懈，可曰勤矣，然而無益。此有說也：疾讀則思之不審，一讀而止，則不能識憶其文，雖勤讀書，如不讀也。讀書勿求多，歲月既積，卷帙自富。經史大書，只一遍讀亦不盡。」[7] 只有泛讀，缺乏精思，不如不讀；精讀慎思，日積月累，自不少讀。

我們說無專不博，包括兩層含義。

一是沒有一門專的方向，就先不要開始博，即熟讀或專精一門而後再談博。每個人都需要有安身立命之本，即都需要有專長，所謂的專長就是精通一門。如果門門都浮皮潦草，都泛泛而知，到頭來是做不成事情的。所以，學首先在於專與精。明代思想家王陽明[8]有論學之名言，學貴專，學貴精，學貴正，「非專則不能以精，非精則不能以明，非明則不能以誠，故曰：『惟精惟一。』」[9]。由此看來，讀書的專與精，不僅關乎學問和道理的知否與明了，還關乎做人的真誠。

[5]〔英〕培根《培根論說文集》，水天同譯，第一八四頁。

[6] 馮班（一六〇二—一六七一），字定遠。明末清初詩人。著有《鈍吟集》、《鈍吟詩文稿》和《鈍吟雜錄》等。

[7]〔清〕馮班《鈍吟雜錄》，何焯評、李鵬點校，中華書局二〇一三年版，第三二頁。

[8] 王陽明（一四七二—一五二九），名王守仁，陽明為其別號。明代思想家、軍事家，心學集大成者。有《王陽明全集》傳世。

[9] 張明仁編著《古今名人讀書法》，第一一一頁。

如果沒有一門專業的方向，沒有在專業方面下功夫讀書，沒有一專之長，是不能夠貿然去博覽群書的。讀書的精與專可以由一本書，而延及一個專業和學科。宋人黃庭堅說：「大率學者喜博而常病不精；汎濫百書，不若精於一也。有餘力然後及諸書，則涉獵諸篇亦得其精。蓋以我觀書，則處處得益；以書博我，則釋卷而茫然。」「讀書先務精而不務博；有餘力乃能縱橫。」[1] 弄懂一書或一門，然後再博覽他書，就可以處處受益；否則讀書只貪多，甚至只追求數量，就會合上書以後便茫然無知。

魯迅曾告誡青年學生，要多看課外書，但是以做好自己本門功課為前提，他說：「愛看書的青年，大可以看看本分以外的書，即課外的書，不要只將課內的書抱住。但請不要誤解，我並非說，譬如在國文講堂上，應該在抽屜裏暗看《紅樓夢》之類；乃是說，應做的功課已完而有餘暇，大可以看看各樣的書，即使和本業毫不相干的，也要泛覽。譬如學理科的，偏看看文學書，學文學的，偏看看科學書，看看別個在那裏研究的，究竟是怎麼一回事。這樣子，對於別人，別事，可以有更深的了解。」[2] 魯迅和黃庭堅兩人雖所處時代不同，都強調了一件事，即「有餘力」或「有餘暇」，意思就是強調先專而後博，先專一書或一門，而後及其他。胡適先生在多篇談論讀書方法的文章中，也反覆強調讀書第一要精，第二要博，並且給出了如何由精變博：「他用他的專門學問做中心，次及於直接相關的各種學問，次及於間接相關的各種學問，次及於不很相關的各種學問，以次於毫不相關的各種泛覽。」[3]

[1] 張明仁編著《古今名人讀書法》，第五三—五四頁。

[2] 魯迅《讀書雜談》，載中國圖書評論學會編《讀書的方法與藝術》，第九四頁。

[3] 胡適《讀書》，載范壽康編《我們怎樣讀書》，當代中國出版社二〇一三年版，第四八頁。

二是沒有哪個人的「專」，是不需要「博」來支撐的，有了博的專才是精深和有穿透力的，沒有博的專注定是纖細和脆弱的。馬克思主義辯證唯物主義的基本原理告訴我們，世界是普遍聯繫的，沒有任何事物可以孤立地存在。德國著名古典哲學家黑格爾也有一句名言：「任何東西沒有他方都不存在。」[4]事物是相互依存的，任何事物都存在於複雜的關係中，若要探明其本質和價值，必須在各種關係中去求解。所以，只有「專」是不夠的，越專就越窄，越窄就越偏離事物的本真，專後必博，博即通，專而通就會有更多的光亮投射到事物上，事物也就更能被看清。另一方面，有時越專就越容易把事物限定在越細小的局部上，而離開了整體的局部，有時就喪失了其存在的地位，或者說，離開了整體，局部便不在。就像黑格爾所說，離開了人體的手，就不能稱其為手了。維特根斯坦也有過這樣的話語：「微笑的嘴只有在人臉上才是微笑的。」[5]維特根斯坦強調的是，環境賦予了生存其中的事物以重要性。任何專門的學問都是科學的組成部分，任何專門的學問都生長在科學的總體生態中。所以說，專門的學問如果沒有更廣博學問的支撐，一方面會變得很脆弱，另一方面會變得很偏狹，甚至會失去其本真。漢代荀悅[6]在談到讀書和治學時說：「夫潛地窟者，而不睹天明；守冬株者，而不識夏榮。」[7]我覺得，這個比喻非常形象、恰當。所以，除了熟讀專業書外，還要讀專業以外的書，專業以外的書對於理解專業書，對於學科之間貫通是大有裨益的。清人李光地[8]有句話說得甚妙：「讀書不透，多亦無益。然亦未有不多而能透者。」[9]科外書不僅有助於理解，有

[4]〔德〕黑格爾《世界史哲學講演錄》，劉立群等譯，《黑格爾全集》第二七卷第Ⅰ分冊，商務印書館二〇一四年版，第三〇頁。

[5]〔奧〕維特根斯坦《邏輯研究》，李步樓譯，商務印書館二〇一〇年版，第二三三頁。

[6]荀悅（一四八—二〇九），字仲豫，東漢史學家、政論家和思想家。著有《漢紀》和《申鑒》等。

[7]參見張明仁編著《古今名人讀書法》，第二一頁。

[8]李光地（一六四二—一七一八），字晉卿，清朝理學名臣。著有《歷像要義》、《四書解》和《性理精義》等。

[9]〔清〕李光地《榕村語錄》，轉自桑兵、於梅舫、陳欣編《讀書法》，人民出版社二〇一四年版，第一三九頁。

時還給人以啟迪。

在這裏讓我們看看古代偉大的拉丁文學經典作品是如何啟迪十九至二十世紀偉大的思想家和哲學家尼采的。他這樣描述自己的讀書感受：「我對於風格、對於作為風格的警句的喜愛，幾乎是在接觸薩盧斯特（Gaius Sallustius Crispus）[1]的一瞬間突然產生的。我沒有忘記，當我尊敬的老師科爾森不得不把最好的成績給他這個最差的拉丁文學生時所表現出的驚訝，——我一下子成熟了。簡短，嚴格，言之有物，對『華麗的詞藻』和『華麗的感情』懷有一種冷酷的惡意——在此，我發現了我自己。直到我的《查拉圖斯特拉如是說》，人們將在我身上重新認出一種極為嚴肅的追求羅馬風格、追求永久風格的抱負。——在我第一次接觸到賀拉斯（Quintus Horatius Flaccu）[2]時，情形亦然。直到今天，我在任何其他詩人那裏都沒有獲得賀拉斯的一首抒情詩最初帶給我的那種藝術陶醉。在有些語言中，這裏所達到的效果甚至根本無法企及。」[3]

我們所說的博必有精，也包括兩層含義。

一是泛覽很必要，但精讀更重要。不能否認，有些書可以泛覽，且需要泛覽，但只有泛覽而沒有精讀，就失去了讀書的意義，讀書的意義就在於要得其意，窮其理。古人有云：「學不思其義，則茫然無所得。」[4]英國著名思想家培根也說：「不要為了辯駁而讀書，也不要為了信仰與盲從；也不要為了言談與議論；要以能權衡輕重、審察事理為目的。」[5]書不精讀甚至反覆讀，有時還要參照其他書來讀，是無法得其意、窮其理的。

❶ 薩盧斯特（前八六—前三四），古羅馬著名歷史學家。代表作有《喀提林陰謀》和《朱古達戰爭》。

❷ 賀拉斯（前六五—前八）古羅馬著名詩人。代表作有《詩藝》等。

❸ 〔德〕尼采《偶像的黃昏》，李超傑譯，商務印書館二〇一三年版，第九四頁。

❹ 參見張明仁編著《古今名人讀書法》，第一八頁。

❺ 〔英〕培根《培根論說文集》，水天同譯，第一八四頁。

❻ 何焯（一六六一—一七二二），字潤千，清代學者、書法家和收藏家。代表作《義門讀書記》。

❼ 張明仁編著《古今名人讀書法》，第一七頁。

❽ 參見張明仁編著《古今名人讀書法》，第六五頁。

❾ 〔宋〕黎靖德編《朱子語類》一，第一六三頁。

據《漢書》記載，漢代河間獻王劉德「修學好古，實事求是」。清人何焯[6]評論說：「實事求是四字，是讀書窮理之要。」[7]朱熹留下很多關於讀書的心得，有的被後世奉為楷模。例如，把讀書與治病聯繫在一起，把精讀和泛讀比喻成兩種醫法，很有啟發性。他說：「所讀書太多，如人大病在床，而眾醫雜進，百藥交下，決無見效之理。不若盡力一書，令其反覆通透而復易一書之為愈。蓋不惟專力易見功夫，且是心定不雜，於涵養之功，亦有助也。」[8]熟讀精讀可以培養專注之功，精進學力，因為「讀書，須是窮究道理徹底。如人之食，嚼得爛，方可咽下，然後有補」[9]，還有助於涵養身心，沒有雜念，心神安定，益於健康。清代大學者戴震[10]，「凡讀書，每一字必求其義」[11]。現代著名哲學家馮友蘭晚年總結讀書經驗時說，他的讀書經驗總結起來有四點，即精其選，解其言，知其意，明其理。[12]

晉陶淵明[13]有「好讀書，不求甚解」語，常被後世作為不認真讀書的藉口。其實這大大地誤解了陶潛，正如現代著名歷史學家鄧拓[14]先生所說：「不求甚解也並非真的不要求把書讀懂，而是主張對於難懂的地方先放它過去，不要死扣住不放。也許看完上下文之後，對於難懂的部分也就懂得了；如果仍然不懂，只好等日後再求解釋。」[15]鄧拓先生的解讀是有充分依據的，明代著名文學家楊慎[16]說：「《晉書》云：陶淵明讀書不求甚解，此語俗士之見，後世不曉也。余思其故，自兩漢來訓詁盛行，說五字之文，至於二三萬言如秦近君之訓《堯典》曰稽古者，比比皆是，後進彌以馳逐，漫羨而無所歸。

[10] 戴震（一七二四—一七七七），字東原，清代著名語言學家、哲學家和思想家。代表作《孟子字義疏證》和《戴氏遺書》。

[11] 參見張明仁編著《古今名人讀書法》，第一七〇頁。

[12] 參見馮友蘭《我的讀書經驗》，載中國圖書評論學會編《讀書的方法與藝術》，第一一六頁。

[13] 陶淵明（三五二或三六五—四二七），別稱陶潛。東晉末至南朝宋初期偉大的文學家、詩人和辭賦家。著有《陶淵明集》。

[14] 鄧拓（一九一二—一九六六），原名鄧子健，筆名馬南邨。歷史學家、政論家，當代傑出的新聞工作者。

[15] 鄧拓《讀書二法》，載中國圖書評論學會編《讀書的方法與藝術》，第一三二頁。

[16] 楊慎（一四八八—一五五九），字用修。明代著名文學家，明代三才子之首。著有《升庵集》和《丹鉛總錄》等。

陶心知厭之，故超然真見，獨契古初，而晚廢訓詁，俗士不達，便謂其不求甚解矣。」[1]陶淵明實是厭煩了繁瑣碎屑的訓詁考據之學，明明只有五個字，卻要用二三萬言來闡釋。對此，從北宋大學者張載關於讀書的一句話中即可窺見端倪，他說讀書「通貫得大原後，書亦易記」[2]。他還說，「心解則求義自明，不必字字相校」[3]。南宋思想家陸九淵[4]的語錄亦可輔證：「今之學者讀書，只是解字，更不求血脈。」[5]糾纏於字詞之間，而不顧文之血脈即大意或主旨、思想，乃讀書之大忌。清人馮班《鈍吟雜錄》亦云：「陶公讀書，止觀大意，不求甚解。所謂甚解者，如鄭康成之《禮》，毛公之《詩》也。世人讀書，正苦大意未通耳。今者朝讀一書，至暮便竟，問其指歸，尚不知所言何事。自云吾師淵明，不惟自誤，更以教人。」[6]可見，陶淵明的「不求甚解」，是有著具體學術背景和深刻的思想寓意的，不能膚淺解之。陸九淵的讀書經驗，也可以為此做出進一步的實踐佐證，他說：「如今讀書且平平讀，未曉處且放過，不必太滯。」陸九淵還列舉了一學者詩云：「讀書切戒在慌忙，涵泳工夫興味長，未曉不妨權放過，切身須要急思量。」[7]所以近代有識之士提醒，不要誤解陶淵明的話，也不要誤解諸葛孔明的讀書方法，更不能把它們當作不好好讀書的藉口：「淵明不求甚解，是涵養性情事。孔明讀書略觀大義，是講求經濟事。冥心躁氣者，不得藉口。」[8]

二是博覽群書必有定向，即要有自己偏愛的專業領域。

一個人無論多麼博學，終歸要有自己的專業領地，否則就容易淪落為泛而無思的流

❶ 張明仁編著《古今名人讀書法》，第一一五頁。

❷ 〔宋〕張載《張載集》，中華書局二〇一七年版，第二七五頁。

❸ 〔宋〕張載《張載集》，第二七六頁。

❹ 陸九淵（一一三九—一一九三），字子靜。南宋著名哲學家，宋明兩代心學的開山之祖，陸王心學的代表人物。因講學於象山書院，得名陸象山。有《象山集》存世。

❺ 《陸象山語錄》，參見張明仁編著《古今名人讀書法》，第八三頁。

❻ 〔清〕馮班《鈍吟雜錄》，何焯評、李鵬點校，第一一六頁。

❼ 《陸象山語錄》，參見張明仁編著《古今名人讀書法》，第八三頁。

浪兒。博覽群書是好事，但要做到博而不雜，博而有約，博中有專，這樣才能有大收穫和大成就。曾參《大戴禮記》中云：「多知而無親，博學而無方，好多而無定者，君子弗與也；君子多知而擇善，博學而算焉，多言而慎焉。」現代大學問家胡適先生也把讀書的博與專，與做人聯繫在一起，他很辯證地論道：「專工一技一藝的人，只知一樣。除此之外，一無所知。這一類的人，影響於社會很少。好有一比，比一根旗竿，只是一根孤拐，孤單可憐。又有些人廣泛博覽，而一無專長，雖可以到處受一班淺人歡迎，其實也是一種廢物。這一類人，也好有一比，比一張很大的薄紙，禁不起風吹雨打。」[9] 只專不博像旗竿，不行；只博不精像薄紙，也不行。

中國現代著名教育家和思想家蔡元培先生特別撰寫了自己讀書的經驗和「教訓」：

> 我自十餘歲起，就開始讀書，讀到現在，將滿六十年了；中間除大病或其他特別原因外，幾乎沒有一日不讀點書的。然而我沒有什麼成就，這是讀書不得法的緣故。我把不得法的概略寫出來，可以作前車之鑒。

蔡元培先生把自己的「教訓」歸結為讀書的兩個不得法，一是不能專心，二是不能勤筆。他這樣寫道：

[8] 張明仁編著《古今名人讀書法》，第一八七頁。

[9] 胡適《讀書》，載范壽康編《我們怎樣讀書》，第四七頁。

我的不得法第一是不能專心：我初讀書的時候，讀的都是舊書，不外乎考據、詞章兩類。我的嗜好，在考據方面，是偏於詁訓及哲理的，對於典章名物，是不大耐煩的；在詞章上，是偏於散文的，對於駢文及詩詞，是不大熱心的。然而以一物不知為恥，種種都讀；並且算學書也讀，醫學書也讀，都沒有讀通。所以我曾經想編一部說文聲系義證，又想編一本公羊春秋大義，都沒有成書，所為文辭，不但駢文詩詞，沒有一首可存的，就是散文也太平凡了。到了四十歲以後我始學德文，後來又學法文，我都沒有好好兒做那記生字、練文法的苦工，而就是生吞活剝地看書，所以至今不能寫一篇合格的文章，做一回短期的演說。在德國進大學聽講以後，哲學史、文學史、文明史、心理學、美學、美術史、民族學統統去聽，那時候這幾類的參考書，也就亂讀起來了。後來雖勉自收縮，以美學與美術史為主，輔以民族學；然而他類的書終不能割愛？所以想譯一本美學，想編一部比較的民族學，也都沒有成書。❶

蔡元培先生作為中國現代學者中的卓著者，以這樣對自己嚴格要求的謙遜態度，展現了其教育家的本色，他不惜自我「揭短」，以此教育和激勵後學：「我的讀書的短處，我已經經驗了許多的不方便，特地寫出來，望讀者鑒於我的短處，第一能專心，第二能動筆，這一定有許多成效。」❷ 蔡先生不僅學問偉大，做人亦偉大，讀書育人之心矢志不忘。

❶ 蔡元培《我的讀書經驗》，載胡適等《怎樣讀書》，第一〇—一一頁。

❷ 蔡元培《我的讀書經驗》，載胡適等《怎樣讀書》，第一二頁。

❸ 參見〔德〕J. G. 赫爾德《論語言的起源》，姚小平譯，商務印書館二〇一四年版。

❹ 參見〔英〕彼得·沃森著《德國天才》二，《受教育中間階層的崛起》，商務印書館二〇一六年版，第六一頁。

❺ 〔英〕伯特蘭·羅素《羅素自傳》第一卷一八七二—一九一四，胡作玄、趙慧琪譯，商務印書館二〇一六年版，第三四頁。

❻ 愛德華·吉本（一七三七—一七九四），近代英國傑出的歷史學家，十八世紀歐洲啟蒙時代史學的傑出代表。其代表作《羅馬帝國衰亡史》（六卷本）影響深遠。

❼ 約翰·彌爾頓（一六〇八—一六七四），英國詩人、政論

無專不博，博必有精，做到這八個字，才能達到為學之人至高的追求——博大精深。博大精深是古往今來的名家大師所追求並為之努力的境界，例如十八世紀德國著名哲學家J. G. 赫爾德，不僅是偉大的哲學家，還是偉大的語言學家、歷史學家和人類學家，他不僅打破了在他之前一直流行的上帝創造語言的「語言神授說」的神話[3]，而且「多虧了約翰·赫爾德，歷史才成為所有文化的基礎，發展和演變成為所有關注點的核心」[4]。每個人都可以向著這個境界努力，無論最終到達哪個層級，只要努力了，就都快樂而無憾。不妨讓我們以幾位偉人、大師為榜樣，追尋一下他們堪稱「博大精深」的讀書足跡。

十九至二十世紀英國著名哲學家羅素，從十一歲開始學習歐幾里德的幾何學，一直到他三十八歲之前，數學都是他的主要興趣所在。他自己描繪對數學的喜愛，「就像初戀一樣令人陶醉」，「我從來沒有想像到世界上還有如此美妙的東西」[5]。除了數學以外，他還喜歡歷史，閱讀著名歷史學家愛德華·吉本（Gibbon）[6]等人的書。步入青春期後，與多數青年一樣，他開始喜歡文學尤其詩歌，十六七歲時，他讀了彌爾頓（Milton）[7]的全部詩作，拜倫（Byron）[8]的大部分詩，以及雪萊（Shelley）[9]的詩，甚至把所有閒暇時間都用來閱讀和背誦雪萊的詩。伴隨著對詩的興趣而來的是他對宗教和哲學的強烈興趣，這時的羅素已經博覽群書，自修意大利文足以能閱讀但丁（Dante）[10]和馬基雅維里（Machiavelli）[11]。他還讀穆勒的《政治經濟學》和《邏輯學》，並做了詳盡的摘要。他

家和民主鬥士。英國文學史上最偉大的六位詩人之一。代表作有長詩《失樂園》、《復樂園等》和政論名著《論出版自由》等。

⑧ 喬治·戈登·拜倫（一七八八—一八二四），十九世紀初期英國偉大的浪漫主義詩人，代表作有《唐璜》等。

⑨ 珀西·比希·雪萊（一七九二—一八二二），英國著名作家，浪漫主義詩人，被認為是歷史上最出色的英語詩人之一。恩格斯稱其為「天才預言家」。代表作《解放了的普羅米修斯》、《西風頌》和《自由頌》等，有《雪萊全集》。

⑩ 但丁（一二六五—一三二一），意大利文藝復興時期的開拓者之一、著名詩人。代表作為《神曲》。

⑪ 尼可羅·馬基雅維里（一四六九—一五二七），意大利著名政治思想家、歷史學家。代表作有《君主論》等。

還以極大的興趣讀了孔德（Comte）❶和卡萊爾（Carlyle）❷等。

在博覽群書的同時，羅素始終堅持對數學以及哲學的興趣，正是由於對數學的興趣，羅素沒有像他哥哥那樣上牛津大學讀書，而是選擇了他父親曾經就讀的劍橋大學。對於羅素而言，數學和哲學是相輔相成的，他大學期間閱讀最多的書是數學、哲學、數理哲學還有邏輯學等。在學習邏輯學的過程中，羅素認識了當時正在劍橋教授形式邏輯的凱恩斯的父親，並通過其父親認識了比他小約十歲的凱恩斯。雖然羅素並不怎麼喜歡經濟學，但他對凱恩斯的聰明才智甚是佩服，對凱恩斯的研究也很關注，並對他撰寫的《概率理論》產生興趣，對書中的很多部分內容與凱恩斯進行過詳細的討論。正如羅素在其自傳中所說，劍橋對他的重要，在於他在那裏結識了許多給他以思想啟迪的朋友。另一位英國著名哲學家懷特海（Whitehead）❸，便是最親密的一位。他和懷特海合著的《數學原理》，對數學、邏輯學、語言學、分析哲學和集合論等產生了巨大的影響。羅素在哲學領域取得的巨大成就，一定與其數學和邏輯學基礎有著密不可分的關係。他學識的博大精深以及致力於和平的社會活動，使其成為二十世紀最具影響力的學者之一。

眾所周知的國學大師王國維，其大師的成就和地位來自於廣泛閱讀後的淵博學識，以及最終醉心於文學的專精。王國維年少之時，家中所藏書卷，「除《十三經注疏》為兒時所不喜外，其餘晚自塾歸，每泛覽焉」❹。二三十歲之時，一邊工作一邊讀書，學習數

❶ 奧古斯特．孔德（一七九八—一八五七），近代法國著名實證主義哲學家、社會學家，被譽為「社會學之父」。代表作有《論實證精神》和《實證哲學教程》等。

❷ 托馬斯．卡萊爾（一七九五—一八八一），蘇格蘭著名哲學家、歷史學家。代表作有《法國革命》、《論英雄和英雄崇拜》等。

❸ 懷特海（一八六一—一九四七），英國著名數學家、邏輯學家和過程哲學創始人。代表作有《過程與實在》、《思維方式》和《科學與近代世界》等。

❹ 參見王大鵬編《百年國士》之一，《酒旗風暖少年狂》，第二六六頁。

學、物理、化學和英文，還曾到日本，晝習英文，夜習物理和數學。隨後因為「體素羸弱，性復憂鬱，人生之問題，日往復於吾前。自是始決從事於哲學」[5]。從此開始攻讀康德、叔本華等西方哲學、心理學和社會學名著。無論做什麼學問，王國維的追求都是最高、最好，他對哲學的期待是「自立一新系統，自創一新哲學」，然而綜合審視他那個時代的世界哲學，認為全是二流之作，在這樣的學術環境下，要實現自己的目標，無疑是「非愚則狂也」。他對當時自己受困、受累於哲學的情形這樣描述：「余疲於哲學有日矣。哲學上之說，大都可愛者不可信，可信者不可愛。余知真理，而余又愛其謬誤。偉大之形而上學，高嚴之倫理學，與純粹之美學，此吾人所酷嗜也。然求其可信者，則寧在知識上之實證論，倫理學上之快樂論，與美學上之經驗論。知其可信而不能愛，覺其可愛而不能信，此近二三年中之最大之煩悶，而近日之嗜好所以由哲學而移於文學，而欲於其中求直接之慰藉者也。要之，余之性質，欲為哲學家則感情苦多，而知力苦寡；欲為詩人，則又苦感情寡而理性多。詩歌乎？哲學乎？他日以何者終吾身，所不敢知，抑在二者之間乎？」王國維最終落腳於文學，一來源自於「填詞之成功」，他自信「自南宋以後，除一二人外，尚未有能及余者」，而且「雖比之五代、北宋之大詞人，余愧有所不如，然此等詞人，亦未始無不及余之處」；二來源自於他欲在戲曲領域提振民族之氣的遠大志向。王國維自述：「余所以有志於戲曲者，又自有故。吾中國文學之最不振者，莫戲曲若。元之雜劇，明之傳奇，存於今日者，尚以百數。其中之文字，雖有佳者，然

[5] 參見王大鵬編《百年國士》之一，《酒旗風暖少年狂》，第二六七頁。

其理想及結構，雖欲不謂至幼稚，至拙劣，不可得也。國朝之作者，雖略有進步，然比諸西洋之名劇，相去尚不能以道里計。此余所以自忘其不敏，而獨有志乎是也。」[1]雖然王國維自謙「目與手不相謀，志與力不相副」，成功與否，所不敢知，但其志可嘉，其勇可讚！這種治學精神是非常令人尊敬的，也是非常值得後世學人學習的。王國維終成為一代宗師，其所學廣涉歷史、哲學和外文等，最終專於中國文學，堪稱博與專之典範。

無產階級革命領袖、一代偉人毛澤東從小就勤奮好學，酷愛讀書，「早年的毛澤東，承繼了中國知識分子讀書為了『修身齊家治國平天下』的傳統品德。當他真正走上了革命道路，便自然而然地將讀書運用到救國、治國，治理天下的革命實踐當中。讀書，可以說是毛澤東一生生活的重要組成部分。」[2]有人總結毛澤東的讀書特點，「其一是博覽群書，其二是有目的有針對性地讀書。但他並不唯書，他重視書本知識，也重視實際知識；既提倡讀有字之書，也提倡讀無字之書，歷來反對死讀書，讀死書。」[3]正是由於他博覽群書的淵博學識，有目的有針對性的鑽研，以及注重實踐即把書本知識與社會相結合的讀書特點，才成就了他歷史學家、哲學家、文學家和革命家的本色。他的史學見解、堪稱哲學經典的《矛盾論》和《實踐論》、充滿豪氣和才情的詩詞、對中國革命篇篇精到的論述，以及領導中國革命走向勝利的實踐，無不透著其讀書的智慧。他博覽群書的程度，逄先知有過這樣的記述：「毛澤東讀書的範圍十分廣泛，從社會科學到自然

[1] 參見王大鵬編《百年國士》之一，《酒旗風暖少年狂》，第二六八—二六九頁。

[2] 龔育之、逄先知、石仲泉《毛澤東的讀書生活》，生活·讀書·新知三聯書店二〇一〇年版，《寫在前面》，第一頁。

[3] 龔育之、逄先知、石仲泉《毛澤東的讀書生活》，《寫在前面》，第二頁。

科學，從馬列主義著作到西方資產階級著作，從古代的到近代的，從中國的到外國的，包括哲學、經濟學、政治、軍事、文學、歷史、地理、自然科學、技術科學等方面的書籍以及各種雜書。就哲學來說，不但讀基本原理，也讀中外哲學思想史，還讀邏輯學、美學、宗教哲學等等。」[4] 關於科學技術方面的書，「從各門自然科學、自然科學史，直到某些技術書籍，毛澤東也廣泛涉獵，而對生命科學、天文學、物理學、土壤學最有興趣」。一九五一年四月中旬的一天，毛澤東邀請周世釗和蔣竹如到中南海做客，曾對他們說：「我很想請兩三年假學習自然科學，可惜，可能不容許我有這樣長的假期。」[5]

毛澤東的博學多識和對文史哲的精通，以及作為一代偉人所展現出的智慧，就連與他有過接觸的外國學者、記者和政界人士，都是非常欽佩的。

4 多學一門語言等於多一種思維方式

多學一種語言等於多了一種思維方式，多一種思維方式，就多了一種認識世界和事物的方法，我們既有的思維和知識就得到了一種補充和完善，我們的思想就會變得越來越縝密。叔本華有這樣的論述：「學習了一門新的語言，我們的思維就得到了新的修正，著上了新的色彩。所以，通曉多種語言，除了帶給我們許多間接的實際用處以外，同時也是一種直接的培養思想智力的手段，因為隨著了解到概念的多個方面和細微的差別，我們對事物的觀點和看法也就得到了矯正和完善。掌握多種外語也使我們的思維更加靈

[4] 逄先知《博覽群書的革命家》，載龔育之、逄先知、石仲泉《毛澤東的讀書生活》，第三頁。

[5] 逄先知《博覽群書的革命家》，載龔育之、逄先知、石仲泉《毛澤東的讀書生活》，第五頁。

活，更加自如，因為隨著掌握了這些語言，概念就越發脫離了字詞。」[1]所以，在現代教育體系中，把學習外語作為課堂教育的一部分，甚至對於博士研究生，還要求學習第二外語，是有道理的。

要理解多學一種語言等於多一種思維方式，就要從語言本身認識其本質，認識其邏輯和哲學的抽象思維本質。

首先，任何語言文字都是一套完整的邏輯體系。任何語言都有其自身嚴密的邏輯性，其邏輯性通過詞法、句法和語法功能等得以體現。維特根斯坦曾說：「我的語言的界限意味著我的世界的界限。邏輯充滿世界：世界的界限也就是邏輯的界限。」[2]從這個意義上也可以說，掌握語言的能力，意味著理解和掌握世界的能力。赫爾德說，「語法即關於一種語言的哲學」，「它的每一步發展都顯示出人類理性的成長」。[3]每一種語言都有自己不同的語法特色，不同的語法特色代表著不同的思維方式和不同的價值取向。

毛澤東就十分重視學習英語，我們從毛澤東對學習英語的態度中，能夠感受到他對英語和語言本身的深刻理解。據他身邊的工作人員回憶，學英語是毛澤東讀書生活的一個部分，毛澤東歷來十分重視中國語言和外國語言的學習，並主張把學習本國語言和學習外國語言，學習現代漢語和學習古代漢語結合起來。新中國建立以後，毛澤東多次提倡幹部學習外語。毛澤東自己也利用業餘時間學英語，看英文書。他在接見巴西外賓時說：學外文好，當作一種消遣，換換腦筋。[4]毛澤東的一句「換換腦筋」，也許不無玩

❶〔德〕叔本華《意志決定命運》，韋啟昌編譯，第六〇頁。

❷〔奧〕維特根斯坦《邏輯哲學論》，賀紹甲譯，第八五頁。

❸參見〔德〕J. G. 赫爾德《論語言的起源》，姚小平譯，第七四—七五頁。

❹參見林克《憶毛澤東學英語》，載龔育之、逄先知、石仲泉《毛澤東的讀書生活》，第二九一—三〇六頁。

笑的意味，但卻道出了學習外語或用外語學習的本質和好處，換換腦筋就是換一種邏輯思維方法。而這種種不同的邏輯和思維方法，根植於不同的語言文化之中。我們常說的「死腦筋」，就是鑽進一種思維方式，雖行不通卻又不願意出來的意思。

其次，構成任何語言基礎的詞語都有其獨特性。我們已經熟悉了古羅馬著名思想家、演說家西塞羅的那句名言：詞語是事物的符號。每一種語言對宇宙萬物的命名，都體現出其獨特的世界觀和價值觀，在有的語言裏獨特的事物或詞語，甚至無法翻譯或轉釋成另一種語言，或者說在其他語言中無法找到其對應物或對應詞。在另一種情況下，隨著事物流通到說另外語言的人群中，在另外的語言系統中，對這一名稱的轉譯卻發生了變化，這種變化不在詞語本身，而在於其文化寓意發生了偏離，也就是說，另一種語言文化對它進行了「本土化」改造。比如說，英文 computer，直譯成中文就是「計算機」或「計算器」，而我們更通常使用的名稱卻是「電腦」，英文中這個詞沒有「腦」的含義，漢語對它進行了「文化轉碼」；再比如英文 mobile phone，直譯成中文為「可移動電話」，而我們給它的名稱是「手機」，英文這個詞沒有「手」的含義，同樣是漢語對它進行了「文化轉碼」。一位語言學者這樣寫道：「事實上，這個世界上存在著漢語世界，英語世界，阿拉伯語世界，法語世界，西班牙語世界，等等……以語言劃分世界之所以是可行的，是因為語言具有獨立的品格。」[5] 實際上，每一種語言世界就是一種獨特的文化圈，「我們常常發現在漢語世界中能做的事，在西語世界中行不通，反之亦然」；「語言

[5] 錢冠連《語言：人類最後的家園——人類基本生存狀態的哲學與語用學研究》，商務印書館二〇〇五年版，第一六八頁。

不可譯的部分剛好不是語言形式在作難，作難的是文化部分」；「翻譯中不可挽回的虧損就是文化虧損」。[1]從語言的文化屬性聯繫到具體的讀書，我們就不能不鼓勵多學外語，多看外文原版書了，雖然對於絕大多數人來說，閱讀翻譯版本是更現實的事情，但翻譯過程中遇到的理解障礙和信息損失，肯定只有通過閱讀原文才能尋找回來。若要真正理解一種語言本身的美，理解其「獨立的品格」，理解其獨特的文化韻味，只有通過閱讀原文才能達到。

第三，學會了一種新語言，我們就進入了一個新的世界。學會了一種新的語言以後，事物的微妙之處、事物之間相同或者相異的地方以及事物彼此之間的關聯，也就進入了我們的意識。這樣，對每一樣事物，我們都有了更加全面的看法。學會了一種新語言，我們就進入了另一個新的奇妙的世界；在運用不同語言的時候，我們也就開啟了另一種不同的思維方式；當掌握了一種新的語言的時候，就等於多掌握了一種新的方法，甚至手中多了一種新的武器。時下在不同場合都能聽到對學習外語不同程度的微詞，最有市場的就是，不是所有的學科、專業和領域都需要外語，有的就不需要。這是一種短視。學外語讀外文書，學的是一種思維方式和一種不同的文化，它對任何人都終身受用，這與其所學的專業是否用得著外語沒有必然的聯繫，此其一。另外，任何有追求的學者，無論其所學的專業有多麼的「中國」，把「中國」傳播到世界都是其義不容辭的責任，也是做學問應有的最高追求。不會使用外語的人，是無法履行這樣的責任，無法指

[1] 參見錢冠連《語言：人類最後的家園》，第一七〇頁。

望其能有這樣的學術追求的。不懂外文，就不了解世界，也無法了解世界的需求，如果所有的人都拒絕其他種族的語言，世界就無法實現溝通和交流，人類進步會大打折扣。所以我們說，多學一門外語才能多一個進入國際講壇的機會，才能有機會進入到國際交流的大舞台，才能更好地受到全人類智慧的滋養，才能更有機會成為影響全人類的人。學人當有此志。

實際上中國就不乏學貫中西的榜樣，錢鍾書先生就是其中傑出的代表。錢鍾書先生是中國享譽海內外的當代著名學者和作家，他一生酷愛讀書，在數十年的學術生涯中留下了數量驚人的讀書筆記。商務印書館受楊絳先生之託將錢鍾書先生的全部讀書筆記彙編為《錢鍾書手稿集》，分《容安館劄記》、《中文筆記》、《外文筆記》三個部分出版。其中《外文筆記》是錢先生循序攻讀英語、法語、德語、意大利語、西班牙語、拉丁語、希臘語等七種語言的歷代書籍所做的筆記，所涉題材包括哲學、語言學、文學、文學批評、文藝理論、心理學、人類學等各個領域，是錢先生現存的讀書筆記中數量最大、價值最為可觀的一部分。《錢鍾書手稿集．外文筆記》整理者、德國漢學家莫芝宜佳評價：「《外文筆記》也是一項前所未有的『世界奇跡』。它不是把中國和世界分隔開，而是像一座『萬里長橋』，把中國和世界聯繫在一起。」錢鍾書先生能夠成為中國現代學者中，學貫中西、具有世界影響的代表人物之一，學習和掌握多種外國語言對此發揮了關鍵性的作用。

比錢鍾書稍早的兩位學者陳寅恪❶和趙元任❷，在這方面也堪稱楷模。有研究者說：「過去研究者說陳寅恪懂二十幾種文字，後來汪榮祖先生分析，大概有十六七種。陳掌握外域文字的獨異處，是通曉一些稀有文字，如蒙古文、藏文、巴利文、西夏文、突厥文等。他研習蒙古文和藏文，是為了讀佛經。不了解蒙古文、藏文，對佛經的原典不能有真切的了解。後來他在清華任教的時候，仍然每禮拜進城向鋼和泰學習梵文。」❸趙元任通曉二十多種語言，不僅學識淵博，而且在音樂方面具有很深的造詣，有很多名曲傳世。長期在國外任教的經歷，使其成為弘揚和傳播中國文化的國際學者。陳寅恪、趙元任和錢鍾書治學的共同特點一是淵博，二是懂得多種外語，他們不僅是現代學人的榜樣，也是國家培養人才的方向。

另一位榜樣是非專業學者的毛澤東。毛澤東不止於一般的學英語，還讀過一些馬列主義經典著作的英譯本，如《共產黨宣言》、《哥達綱領批判》、《政治經濟學批判》以及一些討論形式邏輯文章的英譯本。在學習馬列主義經典著作英譯本時，毛澤東曾經遇到過不少困難。因為這些經典著作英譯本的文字比一般政論文章的英文要艱深些，生字也多些。但是，毛澤東不畏困難。一九五九年一月，一位外賓問他學習英文的情況時，他說：在一字一字地學。若問我問題，我勉強答得上幾個字。我要訂五年計劃，再學五年英文，那時可以看點政治、經濟、哲學方面的文章。現在學了一半，看書不容易，好像走路一樣，到處碰石頭，很麻煩。他還跟身邊人說過，他「決心學習，至死方休」，「我

❶ 陳寅恪（一八九〇—一九六九），現代著名歷史學家、古典文學研究家、語言學家和詩人，中國現代最負盛名的學者之一。代表作有《隋唐制度淵源略論稿》、《唐代政治史述論稿》和《元白詩箋證稿》等。

❷ 趙元任（一八九二—一九八二），現代著名學者、語言學家和音樂家。被譽為「中國現代語言學之父」、「中國現代音樂學先驅」。曾在多所美國著名大學和清華大學任教，具有很大的國際影響。代表作有《中國話的文法》、《教我如何不想她》和譯作《愛麗絲漫遊奇境記》等。

❸ 劉夢溪《現代學人的信仰》，第六八頁。

活一天就要學習一天，儘可能多學一點，不然，見馬克思的時候怎麼辦？」[4]毛澤東對待學外語的態度，閱讀英文版馬列著作的精神，以及舉重若輕的幽默感，肯定不是凡人俗視所能理解的，根本就與單純的「用得著」或「用不著」無關。

在人一生的成長中，閱讀扮演著十分重要的角色，而在閱讀過程中，選擇合適的書又是關鍵。我們在這裏借用法國思想家蒙田的一句話做一個總結。蒙田說：「初學者的無知在於未學，而學者的無知在於學後。」當代學者評論說，「第一種的無知是連字母都沒學過，當然無法閱讀。第二種的無知卻是讀錯了許多書」[5]。

三……如何開卷才有益

讀書就是交朋友，選對了朋友之後，就該學習如何與之相處，相處的方法得當，就會事半而功倍。讀書確實是有方法可循的，古今中外的名人，在這方面給我們留下了很多寶貴的經驗。無論這書是屬於什麼學科，關於什麼主題、屬於什麼文類、歸屬哪個流派，如何能夠知意明理，常讀常新，如何能夠循序漸進，形成體系，創造洞見，迭代思想，值得讀書人認真學習和掌握。只有那些可以駕馭圖書為己所用的讀者，才可以與知為友，以識傲世。

④ 參見林克《憶毛澤東學英語》，載龔育之、逄先知、石仲泉《毛澤東的讀書生活》，第二九三頁。

⑤ 〔美〕莫提默·J. 艾德勒、查爾斯·范多倫《如何閱讀一本書》，郝明義、朱衣譯，商務印書館二〇一四年版，第一八頁。

如何開卷有益？

1｜讀須有疑，有疑則有思

所有名家在談到這種讀書方法時，幾乎毫無例外地列舉孟子的名言。孟子曰：「盡信《書》，則不如無《書》；吾於《武成》，取二三策而已。」孟子所舉的例子是《尚書》中《武成》篇的內容，而我們知道，《尚書》作為儒家經典之一，在孔、孟的時代也是有著極其權威性地位的。因此，孟子這種對於權威著作，對經典保持獨立思考、勇於懷疑的精神，尤其難能可貴，體現出聖賢人物的治學風範。即便是對於兩千多年後的我們來說，也是值得學習的。

毛澤東就常引用孟子的這句話，要求人們不要迷信書本，讀書不要盲從，要獨立思考。他要求身邊同他一起讀書的同志，在看完一本書或者一篇文章之後，總要提出自己的看法和見解。毛澤東在他寫的大量讀書批語中，提出了很多新穎的見解，作出自己的評價，有些見解和評價是相當精闢的。毛澤東認為，讀書既要有大膽懷疑和尋根究底的勇氣和意志，又要保護一切正確的東西，同做其他的事情一樣，既要勇敢，也要謹慎。他不僅對待中國古書是這樣，對待馬克思主義的著作也是這樣。毛澤東對斯大林的《蘇聯社會主義經濟問題》一書評價是比較好的，但他在建議各級幹部學習這本書的時候，強調要加以分析：哪些是正確的，哪些說的不正確或者不大正確，哪些是作者自己也不甚清楚的。」[1]

關於讀書為什麼要始終抱有一顆懷疑心，古往今來的名家給出了許多中肯的分析，

[1] 龔育之、逄先知、石仲泉《毛澤東的讀書生活》，第一一八頁。

僅就歷史書而言，曾經主持大英百科全書編輯工作的出版傳奇人物艾德勒和學者范多倫給出了這樣的理由：「歷史的本質就是口述的故事，歷史是某個特殊事件的知識，不只存在於過去，而且還歷經時代的不同有一連串的演變。歷史家在描述歷史時，通常會帶有個人色彩——個人的評論、觀察或意見。」❶ 笛卡爾的懷疑精神最具代表性，他說：「關於哲學我只能說一句話：我看到它經過千百年來最傑出的能人鑽研，卻沒有一點不在爭論中，因而沒有一點不是可疑的」，「至於其他的學問，既然它們的本原是從哲學裏借來的，我可以肯定，在這樣不牢固的基礎上絕不可能建築起什麼結實的東西來」。❷ 笛卡爾的懷疑是有一定歷史背景的，他所處的時代是新知識、新思想和現代社會興起與形成時期，他作為新時代開啟式的代表性人物之一，對一切舊的知識、思想和學說，都提出了質疑甚至否定。其精神是值得肯定的，科學精神就包含著懷疑、批判和探索精神。無論如何，有一點是可以肯定的，即所有知識都不可避免地帶有主觀特點，因為所有知識都來自於人類的認識，認識就是客觀對象的主觀反映。所以笛卡爾認為，世界上根本沒有一種學說真正可靠。❸

在閱讀和獲取知識方面，光有懷疑精神是不夠的，懷疑也是要講究方法的。結合往聖和名家的經驗，我把懷疑歸納為「四要素」。

一要會疑。宋人張載說：「讀書先要會疑。」會疑的關鍵是不能走極端。

會疑就是不能懷疑一切，什麼都不信，那樣就沒有書可以讀了。在這方面的例子還

❶〔美〕莫提默·J. 艾德勒、查爾斯·范多倫《如何閱讀一本書》，郝明義、朱衣譯，第六四頁。

❷〔法〕笛卡爾《談談方法》，王太慶譯，第八頁。

❸參見〔法〕笛卡爾《談談方法》，王太慶譯，第六頁。

是笛卡爾。由於所處的時代，笛卡爾懷疑一切，懷疑一切舊的書本知識，於是拋開書本自己親自實踐，他只相信自己親眼看到和用理性感覺到的東西。他說：「一到年齡容許我離開師長的管教，我就完全拋開了書本的研究。我下定決心，除了那種可以在自己心裏或者在世界這本大書裏找到的學問以外，不再研究別的學問。」④笛卡爾的懷疑精神尤具歷史時代性，他認為舊的邏輯和法則已經不能產生新知識了，已經與時代的需求相背離了。今天我們坐擁現代科學知識高度積累和發展的成果，要樹立懷疑精神，但同時，又不能懷疑一切，否定一切。就像在前述中我們看到的，笛卡爾還是很崇尚讀書的，尤其是讀聖賢書。就像比爾·蓋茨沒讀完大學就開始創業，而且還成就了世界首富、科技領袖的偉業，但不能以此就鼓勵所有大學生都放棄學業，開始創業的夢想，然後寄希望於「萬一實現了呢」！

會疑還是不能囫圇吞棗，什麼都不懷疑，全都依樣吞下肚。張載說：「可疑而不疑者不曾學，學則須疑。」⑤至高境界是「於不疑處有疑，方是進矣」⑥。在這方面，我願意援引羅素作為例子。羅素出生在一個基督教世家，祖父是英國聖公會教徒，祖母是蘇格蘭長老會教友，後來又成為一位論教派的教徒。羅素從小就受家庭熏陶，接觸不同的教派、教義和信仰，開始產生研究的興趣，伴隨研究的深入他開始產生了懷疑。根據他的自傳：「一直到大約十五歲為止，我都相信一位論教義。在這個年紀，我開始對支持基本的基督教信仰的那些假設的合理論證做系統的研究。我花了無數的時間冥思苦想這個

④〔法〕笛卡爾《談談方法》，王太慶譯，第九頁。

⑤〔宋〕張載《張載集》，第二八六頁。

⑥參見〔宋〕張載《張載集》，第二七五頁。

問題。因為怕人感到痛苦，我不敢向任何人訴說我的沉思。我也因逐漸失卻信仰而且不得不保持緘默而感受到劇烈的痛苦。我想，如果不再信仰上帝、自由和永生，我會很不快樂，然後我發現支持這些教條的理由都極不可信。」❶ 羅素接下來對科學的研究讓他越來越遠離宗教信仰，促使他最終不再相信上帝是十八歲進入劍橋讀書以後。他在讀書時受到了啟發，即孩子們從小都被告知，上帝創造了人類和宇宙萬物，但沒有人能回答「誰創造了上帝」，自此他便不再相信上帝，便「拋棄掉『造物主』的論證而變成一個無神論者」❷。

二要善問。有疑必問，惟問方能得解。疑而不問終為疑，不能得事理。朱熹說：「讀書無疑者，須教有疑；有疑者，卻要無疑，到這裏方是長進。」❸ 從有疑到無疑的過程就是學，學是通過問而得來的，得來後才算有了「學問」。問學的路徑有二：一是向師長、同學同道或掌握專門知識的人請教，孔子說「三人行必有吾師」，討問和請教才叫有師，否則即無師。二是自己遍覽群書，在相關圖書中尋求印證，在書中可以求得多數人的見解，甚至求得已經不在世之人的見解，書本畢竟體現當前知識和智慧的積累。學貴乎問，乃聖賢之教，先儒為學，勤篤好問。古人說，學進必要疑，「小疑必小進，大疑必大進」。其中的道理就是，「小疑必小問，大疑必大問」，小問則所詢之人、所徵之書必少，大問則所詢之人、所徵之書必多。

在善問和遍尋答案方面一個極端的例子，是意大利文藝復興時期被元老院和羅馬人

❶〔英〕伯特蘭·羅素《羅素自傳》第一卷，胡作玄、趙慧琪譯，第四一頁。

❷〔英〕伯特蘭·羅素《羅素自傳》第一卷，胡作玄、趙慧琪譯，第四二頁。

❸〔宋〕黎靖德編《朱子語類》，第一八六頁。

民加冕為「桂冠詩人」的彼得拉克（Petrarca）[4]。彼得拉克深知，書本中的知識未必可信。他在一封信中這樣寫道：「閱讀鮮能避免危險，除非神性真理之光映照讀者，教導他何者該找、何者該避。」[5]他的這種懷疑精神，讓他發明了一種獨特的閱讀方法。彼得拉克非常崇尚聖奧古斯丁，他經常想像著與奧古斯丁對話，他們一起談論有關閱讀和增強記憶等問題。在彼得拉克的想像中，奧古斯丁提議了一種嶄新的閱讀方法：「既不利用書本當作思想的支柱，也不像相信賢人的權威般相信它，而是從它攫取一個觀念、一句警語、一個意象，將它與從保存於記憶中的遙遠文本擷採而來的觀念、警語、意象互相連結，再把這一切與自己的反思扣聯起來——如此便產生了一篇由讀者作出的新文本。」[6]彼得拉克幻想著，或者說借奧古斯丁之口，發明了一種新的閱讀方法，即不是像通常那樣相信和閱讀全書，而是選取書中有代表性的字句和段落，把它們與古老的圖書相對照，也就是說，用以前的圖書來進行徵詢與核對，然後再加進自己的理解和感悟，從而創造了一個新的文本。彼得拉克的做法，對於他這樣一位十四世紀的讀者來說，是不可思議的，因為當時的人們都相信書本的權威。兩個世紀之後，彼特拉克的個人式、有再創能力、詮釋性、核對式的閱讀方式變成整個歐洲學術界的普遍方法。

三要精思。宋人有云：「凡有疑，則精思之，思精而後講論，乃能有益。」[7]南宋理學家程頤[8]說：「不深思則不能造於道，不深思而得者，其得易失。」[9]古人說，讀書不深思，如迅風飛鳥之過前，響絕影滅。若想學有所得，必從讀書開始，讀書千熟萬熟

[4] 弗蘭西斯克·彼得拉克（一三〇四—一三七四），意大利學者、詩人，文藝復興第一位人文主義者，被譽為「文藝復興之父」。

[5] 〔加〕阿爾維托·曼古埃爾，《閱讀史》，吳昌傑譯，第八〇頁。

[6] 〔加〕阿爾維托·曼古埃爾，《閱讀史》，吳昌傑譯，第八〇頁。

[7] 張明仁編著《古今名人讀書法》，第五九頁。

[8] 程頤（一〇三三—一一〇七），字正叔。北宋理學家和教育家。與其兄程顥共創「洛學」，奠定理學基礎。世稱「二程」。著有《程頤文集》、《易傳》和《經說》等。

[9] 張明仁編著《古今名人讀書法》，第四九頁。

時，一言一句之理，自然與心融會為一，這才是學有所得。也就是終有所悟。明代思想家李贄[1]說：「學人不疑，是謂大病。唯其疑而屢破，故破疑即是悟。」悟源於思，思源於疑。另一位明代學者吳默[2]說：「凡理不疑，必不生悟，惟疑而後悟也。小疑則小悟，大疑則大悟。故學者非悟之難，而疑之難，其所疑與悟者何物也？是心竅中之生機也，夫心中原有機竅，但非疑而思索，則機不觸而理不開，焉能了悟？」[3]有疑才能思，由思才能悟，悟就是有所得。

無論是向他人求教還是自己查閱圖書所得到的答案，都不能代替自己的思考，這些都只能作為資料和參考，有助於自己思考，因為只有自己藉助於資料或素材進行思考所得，才能成為自己真正的智慧而積累下來。德國著名哲學家叔本華特別強調這一點，他說：「歸根到底，只有自己的根本思想才會有真理和生命力，因為只有自己的思想才是我們真正、完全了解的……儘管有時候我們可以在一本書裏輕而易舉地找到自己幾經艱辛、緩慢的思考和分析組合才得以發現的某一見解或某一真理，但是，經過自己的思維所獲得的見解或真理卻是價值百倍……別人傳授給我們的真理只是粘附在我們身上的假肢、假牙、蠟質鼻子，它頂多就是通過手術植皮安裝的假鼻。但經過自己思考而獲得的真理，卻像自己天生的四肢——也只有這些東西才是真正屬於我們。」[4]

有時，我們的疑問並不能在書本上找到直接明了的答案，我們必須通過相關的材料，自己進行分析和思考，然後才能產生見解。美國出版界和學界傳奇人物莫提默·

[1] 李贄（一五二七—一六〇二），字宏甫。明代著名思想家。著有《藏書》、《續藏書》、《焚書》和《續焚書》等。

[2] 吳默（一五五四—一六四〇），字因之。明代文學家。萬曆二十年（一五九二）會試第一名，官至太僕寺卿。生平見《太僕卿吳公傳》。

[3] 張明仁編著《古今名人讀書法》，第一一九—一二〇頁。

[4] 〔德〕叔本華《意志決定命運》，韋啟昌編譯，第六四—六五頁。

J.艾德勒和查爾斯‧范多倫在《如何閱讀一本書》中，就對此進行了準確的闡述：「如果你問一本書一個問題，你就必須自己回答這個問題。在這樣的情況下，這本書就跟自然或世界一樣。當你提出問題時，只有等你自己作了思考與分析之後，才會在書本上找到答案。當然，這並不是說，如果有一位活生生的老師能回答你的問題，你就用不著再多做功課。如果你問的只是一件簡單的事實的陳述，也許如此。但如果你追尋的是一種解釋，你就必須去理解它，否則沒有人能向你解釋清楚。更進一步來說，一位活生生的老師出現在你眼前時，你從了解他所說的話，來提升理解力。而如果一本書就是你的老師的話，你就得一切靠自己了。」⑤

四要明辨。疑必問，在求問的過程中，自然不會每每得到一致的答案，更通常的情況則是眾說紛紜，所以必然需要明辨。明人方孝孺⑥說：「不善學之人，不能有疑，謂古皆是，曲為之辭。過乎智者，疑端百出；詆訶前古，摭其遺失。學匪疑不明，而疑惡乎鑿；疑而能辨，斯為善學。」⑦清代學者李顒⑧對此闡釋得更為直白、有趣：「人苟真實刻苦進修，則問與辯又烏容已。譬如行路雖肯向前直走，若遇三岔歧路，安得不問路上曲折。又安得不一辨明，故遇歧便問，問明便行，方不託諸空言。若在家依然安坐，只管問路辨程，則亦道聽途說而已矣！夫道聽途說，為德之棄，吾人不可不戒！」⑨在思而明辨這方面，若要舉個典型事例權當湊趣，就取清聖祖愛新覺羅‧玄燁⑩吧。清聖祖即康熙皇帝，從小愛讀書，「間有一字未明，必加尋繹」，直到了然於心而已，他把讀書

⑤〔美〕莫提默‧J.艾德勒、查爾斯‧范多倫《如何閱讀一本書》，郝明義、朱衣譯，第二一頁。

⑥方孝孺（一三五七—一四〇二），字希直。明代學者、文學家和思想家。代表作有《遜志齋集》和《方正學先生集》等。

⑦張明仁編著《古今名人讀書法》，第一〇五頁。

⑧李顒（一六二七—一七〇五），字中孚。明清之際哲學家、理學家。被稱為「海內大儒」。著有《四書反身錄》和《二曲集》等。

⑨張明仁編著《古今名人讀書法》，第一四一頁。

⑩愛新覺羅‧玄燁（一六五四—一七二二），即康熙皇帝。清朝第四位皇帝，定都北京後第二位皇帝，在位六十一年，是中國當政最長的皇帝。

的道理也用於治理天下國家。他提倡不能迷信書，「凡看書不為書所愚始善」。他曾看到有書中這樣寫道：「風不鳴條，雨不破塊，謂之昇平世界。」他便認為這是粉飾太平之語，是非經不住明辨，他說：「果使風不鳴條，則萬物何以鼓動發生？雨不破塊，則田畝如何耕作佈種？以此觀之，俱係粉飾空文而已。似此者，皆不可信以為真也。」❶

關於帶著疑問閱讀，要會疑、善問、精思和明辨，王陽明的精闢論述可以作為總結語。王陽明說：「蓋學之不能以無疑，則有問，問即學也，即行也；又不能無疑，則有思，思即學也，即行也；又不能無疑，則有辨，辨即學也，即行也。」❷

2 心繫問題，讀必有得

理想主義者總愛說，讀書是一種休閒，喜歡什麼時候讀就什麼時候讀，喜歡讀什麼就讀什麼，不必那麼苦大仇深地糾纏於問題之間，那樣讀書便失去了樂趣。而現實情況下，或以我們的閱讀現狀，通常的情況卻是，我們有解不開的問題時才去翻閱書籍、查找答案。當代著名作家嚴文井先生在談到讀書時這樣說：「如果我在思考一個問題，長期得不到答案，我就去向古代的智者和當代的求索者求教，按照一個明顯的目的，我打開了一本本書。」❸帶著問題讀書，或者說有目的性地讀書，無疑會有更好的效率，因為它會把相關圖書的內容集聚在腦海裏，使人可以集中精力地思考。實際上，讀書還有一種更大的樂趣，即把一個個模糊的疑惑弄清楚後心裏的豁然開朗，把一個個問題攻克後

❶ 張明仁編著《古今名人讀書法》，第一六〇頁。

❷ 〔明〕王陽明撰，鄧艾民注《傳習錄注疏》，第一〇一—一〇二頁。

❸ 嚴文井《讀書，人才更加像人》，載中國圖書評論學會編《讀書的方法與藝術》，第二五頁。

的心裏的滿足感和成就感。

帶著問題閱讀，世界著名的出版家和閱讀專家也把它稱為「主題閱讀」，就是以一個問題或主題為核心去搜集書籍閱讀，它是最高層次的閱讀。「這是所有閱讀中最複雜也最系統化的閱讀。對閱讀者來說，要求也非常多，就算他所閱讀的是一本很簡單、很容易懂的書也一樣。也可以用另外的名稱來形容這樣的閱讀，如比較閱讀（comparative reading）。在做主題閱讀時，閱讀者會讀很多書，而不是一本書，並列舉出這些書之間相關之處，提出一個所有的書都談到的主題。但只是書本字裏行間的比較還不夠。主題閱讀涉及的遠不止此。藉助他所閱讀的書籍，主題閱讀者要能夠架構出一個可能在哪一本書裏都沒提過的主題分析。因此，很顯然的，主題閱讀是最主動、也最花力氣的一種閱讀……主題閱讀不是個輕鬆的閱讀藝術，規則也並不廣為人知。雖然如此，主題閱讀卻可能是所有閱讀活動中最有收穫的。就是因為你會獲益良多，所以絕對值得你努力學習如何做到這樣的閱讀。」[4] 帶著問題或主題閱讀，要求讀者有主動的意識，也就是說要有自我要求，「有自我要求的閱讀者，與沒有自我要求的閱讀者之間，有天壤之別」，「後者提不出問題——當然也得不到答案」。[5]

在這方面一個世界著名的例子，就是美國大發明家托馬斯・愛迪生。根據《愛迪生傳》，愛迪生從小就對兒童遊戲不感興趣，而對周圍生活和大自然充滿了好奇，因此他顯得很不合群，在學校的學習成績也不好。愛迪生後來回憶說：「我在學校裏從未很好

[4] 〔美〕莫提默・J. 艾德勒、查爾斯・范多倫《如何閱讀一本書》，郝明義、朱衣譯，第二七頁。

[5] 〔美〕莫提默・J. 艾德勒、查爾斯・范多倫《如何閱讀一本書》，郝明義、朱衣譯，第五四頁。

地學習，我總是班上的差等生。我覺得老師們都不喜歡我，我父親認為我傻，我也幾乎認為自己是個笨蛋。」[1] 幸運的是，愛迪生有一個很了不起的母親，她很熟悉現代教育理論，認為這不是孩子的問題，而是父母的問題。她知道愛迪生是愛學習的，是愛動腦思考的，他擁有很強的觀察力，他經常不停地對大人提出一連串為什麼的問題，這些問題被認為不是孩子應該想的事情，大人們對此感到厭煩。愛迪生的母親很有耐心，她循循善誘，不是把孩子留在學校繼續學習他不感興趣的課程，而是把他領回了家，讓他按照自己的興趣和意志去讀自己喜歡的書，做自己喜歡的事。愛迪生每天在固定時間去休倫港人民圖書館，他聚精會神地讀書，對周圍一切都視而不見，聽而不聞。母親指導他讀書和學習，他先是對歷史題材的書籍感興趣，他滿腦子都是歷史問題。十二歲以前他已經讀了下面一些名著，諸如十九世紀最受歡迎的英國歷史學家愛德華·吉本的多卷本《羅馬帝國衰亡史》、休謨的《大不列顛史》、希爾的《世界史》、彭尼的《通俗百科全書》和伯頓的《宗教改革史》等。這些書像一個個老師一樣，解答了愛迪生腦子裏想的許多問題。

除了社會歷史書以外，愛迪生還對自然和科學著迷，九歲的時候他讀了理查德·格林·帕克的《自然與實驗哲學》。這本書出版於一八五六年，它包括了那個時代幾乎所有科學技術資料。愛迪生幾乎做了書中指定的所有實驗，他們家的地下室變成了他的實驗室。他從小善於經商，把賣報紙和雜貨的錢都用來購買圖書和實驗用品，他甚至把實

[1]〔蘇聯〕拉皮羅夫－斯科勃洛《愛迪生傳》，南致善、張德浦譯，商務印書館二〇一七年版，第八頁。

驗室設在了他出售報紙和商品的行李車內，他利用一切閒暇時間讀書和做實驗。愛迪生的偉大成就與他從小就有目的、有目標地讀書和實驗有著直接的關係，這就是帶著問題或主題閱讀的結果。

在帶著問題或主題閱讀方面，毛澤東也是一位很好的榜樣。「毛澤東在閱讀蘇聯《政治經濟學教科書》時，發表了大量評論性意見，提出自己的許多觀點，但他認為，這還只是跟著書走，了解他們的寫法和觀點。他認為，應當以問題和論點為中心，收集一些材料，看看他們的論文，知道爭論雙方的意見或者更多方面的意見，作進一步的研究。他說，問題要弄清楚，至少要了解兩方面的意見。毛澤東的早年同學周世釗，在談到毛澤東青年時代讀書情況時，說毛澤東有『四多』的習慣，就是讀得多，想得多，寫得多，問得多。這個『四多』正是反映了毛澤東酷愛讀書而又不迷信書本，具有獨立思考和追根究底的精神。」[2] 這段記載表明，發現書中的問題，然後以問題為線索再去查閱其他圖書，最後分析、甄別，已經成為毛澤東讀書的習慣。也正是這樣的讀書習慣，鍾煉了毛澤東的思想力。正如有學者指出的：「帶著問題去閱讀，去尋找答案，就像進入到一個陌生的房間，特別熟悉的環境，不用費勁，進入一個陌生的環境，每個細節都要力圖掌握，自然獲得的東西就多。」[3]

[2] 龔育之、逄先知、石仲泉《毛澤東的讀書生活》，第一八頁。

[3] 中國圖書評論學會編《讀書的方法與藝術》，人民出版社二〇一七年版，第一六四頁

3 標標點點，要義自現

閱讀時對書中的重點字句、自己有所感悟的話語，以及不懂、有疑和不贊成等之處做必要的標記和標注，有時在相關語句和段落的邊白處做些簡短的主題詞提示，是非常有用和有效的讀書方法。幾乎所有名家都說，好書或值得讀的書都要反覆閱讀，至少也要讀兩遍。以我的經驗，當開始讀第二遍的時候，第一遍所做的標記、標注和主題詞等便起到了提示和回憶作用，它一方面可以加深印象和理解，另一方面還可以勾起對未加標記和標注部分的再次探究的興趣，有時還會有新的發現和感悟。在這方面，我獲益最大之處在於，當要寫某方面的文章時，我會把讀過的涉及此話題的相關圖書找來，然後根據當初做的主題詞標注，很快就把它們「搜索」出來，這樣，動筆和成文的效率就非常高。否則，每次動筆之前都要重新開始搜集資料，根據自己模糊的記憶，在所讀過的書中去尋找，既浪費時間，亦不利於思維和思路的連貫。

在這方面毛澤東給我們樹立了榜樣。根據人們的回憶[1]，「延安時期，是毛澤東在哲學領域裏勞作最勤、收穫最豐的時期。在寫作《實踐論》、《矛盾論》和整個《辯證法唯物論（講授提綱）》的前後，他在讀過的許多哲學書上留下了大量的批注」。「毛澤東的批注，可分為文字批語和讀書符號兩大類。在五本書篇頁的天頭地腳、邊白中縫和段末行間，他總共寫下約兩萬字的批語。其中尤以《辯證法唯物論教程》（第三版）為最多，在一萬二千字左右。這本書中最長的一條批語，有一千二百字左右。這些批語，有對原

[1] 田松年《對幾本哲學書籍的批注》，載龔育之、逄先知、石仲泉《毛澤東的讀書生活》，第七五—七八頁。

文內容的複述、提要、歸納、概括及發揮，有對原文觀點的減否和疑問，也有自己提出的獨立見解。例如，毛澤東從《辯證唯物論與歷史唯物論》（上冊）的原文提取和複述了這一句話：『認識物質，就是認識物質的運動形式。』這表示他注意到這個觀點，這句話後來也寫進《矛盾論》裏了」。

國外學者和專門研究閱讀的專家，也非常看重閱讀時在書上做標記和標注的方法，例如《如何閱讀一本書》中，就介紹了七種標記和標注方法。[2] 實際上，讀書做標記和標注的方法可以多種多樣，因人的喜好和習慣而異。毛澤東的標記和標注就很獨特，自己看得懂就好。「毛澤東在所讀的書上還留下了許多符號，它們有：△、〇、—、╳、√、斜線、方框、豎的波浪線、單杠線、雙杠線甚至三杠線，還有頓點和問號。這些符號往往也反映出他在讀書當中的某種意圖和傾向，對於理解他的思想是有幫助的。特別是問號，直接顯示了他對某個觀點的懷疑或反對，深思與不解。」[3]

值得一提的是，毛澤東讀書的標記和批注法，不僅成為後人讀書的榜樣，他讀過和批注過的圖書還成為了珍貴的史料，這份史料不僅記載了毛澤東的讀書史，還記載了他的思想發展史。有人這樣評論：「五本書上的批語向我們顯示出的情況完全符合一般學習的規律：較早讀的書上批語多且具體，往後讀的書上批語較少且較原則；較早批語中的轉述、摘要和說明的東西佔較大的比例，後來的批語則研究性、獨創性的見解逐漸加多，結論、命題式的東西時有所見；前面的批語對某些問題和觀點的看法還顯得不那麼

[2]〔美〕莫提默．J．艾德勒、查爾斯．范多倫《如何閱讀一本書》，郝明義、朱衣譯，第五七頁。

[3] 田松年《對幾本哲學書籍的批注》，載龔育之、逄先知、石仲泉《毛澤東的讀書生活》，第八〇頁。

清楚和有把握，後面批語的思想則比較明晰、成熟些。」❶

4 無筆記，不思考

做筆記是與讀書相伴隨的行為，讀書不做筆記，讀過的書很容易忘記；讀書不做筆記，不能引發深層次的思考，讀過也就讀過了而已。真正的閱讀是能夠引發思考的閱讀，思考來自於發現問題和回答問題的過程中，「理論上來說，這樣的過程可以在你腦海中完成，但如果你手中有一枝筆會更容易做到。在你閱讀時，這枝筆會變成提醒你的一個訊號」❷。俗話說：「你必須讀出言外之意，才會有更大的收穫。」實際上，光讀出來還不夠，還必須「寫出言外之意」，不這麼做，就難以達到最有效的閱讀的境界。「就一本書來說，付錢購買的動作卻不過是真正擁有這本書的前奏而已，要真正完全擁有一本書，必須把這本書變成你自己的一部分才行，而要讓你成為書的一部分最好的方法——書成為你的一部分和你成為書的一部分是同一件事——就是要去寫下來」。為什麼做筆記是不可或缺的事？「第一，那會讓你保持清醒——不只是不昏睡，還是非常清醒。其次，閱讀，如果是主動的，就是一種思考，而思考傾向於用語言表達出來——不管是用講的還是寫的。一個人如果說他知道他在想些什麼，卻說不出來，通常是他其實並不知道自己在想些什麼。第三，將你的感想寫下來，能幫助你記住作者的思想。」❸

中國自古以來就有倡導讀書做筆記的傳統，做筆記的目的是為了促進思考。例如，

❶ 田松年《對幾本哲學書籍的批注》，載龔育之、逄先知、石仲泉《毛澤東的讀書生活》，第八一頁。

❷ 〔美〕莫提默·J. 艾德勒、查爾斯·范多倫《如何閱讀一本書》，郝明義、朱衣譯，第五六頁。

❸ 〔美〕莫提默·J. 艾德勒、查爾斯·范多倫《如何閱讀一本書》，郝明義、朱衣譯，第五六頁。

❹ 張明仁編著《古今名人讀書法》，第四五頁。

❺ 薛瑄（一三八九—一四六四），字德溫。明代著名思想家、理學家和文學家，河東學派創始人，世稱「薛河東」。著有《讀書錄》和《薛文清公全集》等。

宋代大儒張載曾說：「不記則思不起。」[4] 明代思想家薛瑄[5]說：「橫渠張子[6]云：『心中有所開，即便劄記，不思則還塞之矣。』余讀書至心有所開處，隨即錄之，蓋以備不思而還塞也。」[7] 他們都強調，記筆記是為了深思，是為了思而後能通。明末清初傑出思想家顧炎武[8]，在談到自己讀書、做筆記時，有這樣的話語：「愚自少讀書，有所得輒記之。其有不合，時復改定；或古人先我而有者，則遂削之。」[9] 顧炎武不止於讀書做筆記，還與其他圖書相核閱，直到真正弄懂弄通，並且對自己有更高的要求，即不說古人已經說過的話。顧炎武的筆記不只來自於讀書，還來自於實踐，來自於他向實踐求教，來自於把書本與實踐相核驗。如他自己所說：「自少至老，手不捨書。出門，則以一騾兩馬，捆書自隨，過邊塞亭障，呼老兵詣道邊酒壚，對坐痛飲，諮其風土，考其區域。若與平生所聞不合，發書詳正，必無所疑而後已。」[10] 顧炎武的這種學風，這種治學態度和精神，對於今天的學者來說是一筆寶貴的財富，值得我們認真學習、傚仿。民國大思想家梁啟超在談論讀書方法時說：「若問讀書方法，我想向諸君上一條陳。這方法是極陳舊的，極笨極麻煩的，然而實在是極必要的。什麼方法呢？是鈔錄或筆記。」他還說：「大抵凡一個大學者平日用功，總是有無數小冊子或單紙片；讀書看見一段資料，覺其有用者，即刻鈔下。」[11] 胡適就是梁啟超所說的這類大學者，他說讀書要「眼到、口到、心到、手到」，其中「手到」的最重要一點就是「做讀書劄記」[12]。胡適不僅是這樣說的，也是這樣做的，有蔡元培的記述為證。

[6] 即張載。

[7] 張明仁編著《古今名人讀書法》，第一〇六頁。

[8] 顧炎武（一六一三——一六八二），明末清初傑出思想家、經學家、史地學家和音韻學家，與黃宗羲、王夫之並稱明末清初「三大儒」。代表作有《日知錄》和《天下郡國利病書》等。

[9] 張明仁編著《古今名人讀書法》，第一三三頁。

[10] 張明仁編著《古今名人讀書法》，第一三二頁。

[11] 張明仁編著《古今名人讀書法》，第二一七頁。

[12] 胡適《讀書》，載范壽康《我們怎樣讀書》，第三九——四三頁。

一代大學問家蔡元培先生很謙虛地「反思」自己讀書的不得法，一是不能專心，上面我們已經說過，二是不勤於記筆記。他說：「我的不得法，第二是不能勤筆：我的讀書，本來抱一種利己主義，就是書裏面的短處，我不大去搜尋它，我正注意於我所認為有用的或可愛的材料。這本來不算壞，但是我的壞處，就是我雖讀的時候注意於這幾點，但往往為速讀起見，無暇把這幾點摘抄出來，或在書上做一點特別的記號，若是有時候想起來，除了德文書檢目特詳，尚易檢尋外，其他的書，幾乎不容易尋到了。我國現雖有人編『索引』、『引得』等等，又專門的辭典，也逐漸增加，尋檢自然較易，但各人有各自的注意點，普通的檢目，斷不能如自己記別的方便。我嘗見胡適之先生有一個時期，出門時常常攜一兩本線裝書，在舟車上或其他忙裏偷閒時翻閱，見到有用的材料，就折角或以鉛筆作記號。我想他回家後或者尚有摘抄的手續。我記得有一部筆記，說王漁洋讀書時，遇有新雋的典故或詞句，就用紙條抄出，貼在書齋壁上，時時覽讀，熟了就揭去，換上新得的。所以他記得很多。這雖是文學上的把戲，但科學上何嘗不可以仿作呢？我因從來懶得動筆，所以沒有成就。」[1] 著名美學家朱光潛在談到讀書方法時，只強調了兩條：第一，凡值得讀的書至少須讀兩遍；第二，讀過一本書，須筆記綱要精彩和你自己的意見。記筆記不特可以幫助你記憶，而且可以逼得你仔細，刺激你思考。記著這兩點，其他瑣細方法便用不著說。[2]

做筆記如此重要，以致中國古代文人居然發明了一種文體叫「筆記」體。現代學者

[1] 蔡元培《我的讀書經驗》，載胡適等《怎樣讀書》，第一一一—一一二頁。

[2] 朱光潛《談讀書》，載胡適等《怎樣讀書》，第九一頁。

也自然不能落後，精通中外的大學者錢鍾書就是傑出的代表。由楊絳先生整理、商務印書館出版的《錢鍾書手稿集》七十二卷，收錄了《容安館箚記》、《中文筆記》和《外文筆記》，全是錢先生所做的讀書筆記和讀書心得，總計在七萬頁，四百個筆記本左右。楊絳先生在《百歲訪談》中談到：「鍾書從小立志貢獻一生做學問，生平最大的樂趣是讀書，可謂『嗜書如命』。不論處何等境遇，無時無刻不抓緊時間讀書，樂在其中。無書可讀時，字典也啃。」[3] 對於錢先生的讀書筆記，楊絳先生在談到《中文筆記》時是這樣說的：「《錢鍾書手稿集．中文筆記》二十冊即將出版的消息使我興奮不已。我要向北京商務印書館內外所有參加這項工程的同志表示感謝。《錢鍾書手稿集．中文筆記》依據錢鍾書手稿影印而成，所收中文筆記手稿八十三本，形制各一，規格大小不一，因為年代久遠，紙張磨損，有殘缺頁；鍾書在筆記本四周和字裏行間，密密麻麻寫滿小注，勾勾畫畫，不易辨認。」[4]

中國現代著名畫家、散文家和翻譯家豐子愷[5] 在《我的苦讀經驗》中，對讀書做筆記給出了自己具體的方法。他說：「頭腦清楚而記憶力強大的人，凡讀一書，能處處注意其系統，而在自己的頭腦中分門別類，作成井然的條理，雖未到書中詳敘細事的地方，亦能知道這樣詳敘位在全系統中哪一門類哪一條目之下，及其在全部中重要程度如何。這彷彿在讀者的頭腦中畫出全書的一覽表。我認為這是知識書籍的最良的讀法。但我的頭腦沒有這樣清楚，我的記憶力沒有這樣強大。我的頭腦中地位狹窄，畫不起一覽

[3] 楊絳《走到人生邊上》（增訂本），商務印書館二〇一六年版，第二二九頁。

[4] 楊絳《走到人生邊上》（增訂本），第二三三—二三四頁。

[5] 豐子愷（一八九八—一九七五），中國現代著名畫家、散文家和翻譯家，以漫畫最為聞名。

表來。倘教我閒坐在草上花下或奄臥在眠床中而讀知識學科的書，我讀到後面便忘記前面，終於弄得條理不分，心煩意亂，而讀書的趣味完全滅殺了。所以我又不得不用笨法子。我可用一本 Note book 來代替我的頭腦，Note book 中畫出全書的一覽表。所以我的讀書非常吃苦。我必須準備了 Note book 和筆，埋頭在案上閱讀。讀到綱領的地方，就在 Note book 上列表，讀到重要的地方，就在 Note book 上摘要。讀到後面，又須時時翻閱前面的摘記。以明此章此節在全書中的位置。讀完之後，我便拋開書籍，把 Note book 上的一覽表溫習數次。再從這一覽表中摘要，而在自己的頭腦中畫出一個極簡單的一覽表。於是這部書總算讀過了。我凡讀知識學科的書，必須用 Note book 摘錄其內容的一覽表。所以十年以來，積了許多的 Note book。經過了幾次遷居損失之後，現在我的廢書架上還留剩著半尺多高的一堆 Note book 呢。」[1] 豐子愷先生讀書筆記的特點，在於牢記全書的脈絡，以及各章節不同的重要性，而且反覆地溫習，做到了然於胸，不易忘記。

5 — 邊讀邊寫，功夫臻成

無論是做學問還是不做學問，寫作能力或文字功夫都是現代社會對人的普遍要求，人們在工作崗位中都或多或少地與文字和寫作打交道。對於選擇學問人生的教學和研究人員，對其駕馭文字的能力則有更高的要求。正如一位日本學者所說：「我們的人類社

[1] 豐子愷《我的苦讀經驗》，載胡適等《怎樣讀書》，第一〇七—一〇八頁。

會正在轉變為這樣的社會。查找資料、閱讀書籍、整理資料、歸檔文件、釐清思路、確定構思、形成大綱、作出記錄、寫出報告等。這一系列智識作業，在從前只是極少數文人、學者們的專屬工作。而在當今時代，全社會每一個人都有不計其數的機會要做這些事情。他們已經成為每一個社會人的一門生活技術，我們必須考慮知識生產技術的理由就在於此。」❷

閱讀與寫作都不是人天生就會的，都須後天習得，而且是從小就開始，反覆不停地讀與寫，直至終生。從小不讀不寫，也不能指望長大後自然就會。法國作家丹齊格（Dantzig）❸說：「我相信我們通過閱讀來學習閱讀的技巧與通過寫作來學習寫作的技能一樣。如果說寫作不會隨著我們的年紀而變得更容易，那麼閱讀也不會。」❹實際上，一邊讀一邊寫是最值得推崇的方法，讓讀和寫同時成長，既必要又科學。讀與寫都是伴隨一生的事業，它既不是天生的，也不是在人生的某一階段就突然之間會讀會寫了。邊讀邊寫一方面是為更好地理解所讀、鞏固所讀、延伸所讀和思考所讀，另一方面也是為從練習到熟練寫作。寫作的過程中，不僅需要重新梳理所讀的內容，讓所知所讀更加清晰，還能激起思想的漣漪，讓思想自由地奔跑起來，並可以撞上或調動起以往所讀之書和所獲之感，每一次新的閱讀所激起的新的寫作，都是自身所積累的內容和感悟的再一次融合，都會產生新的思想火花，有時是自己事先無法預料，甚至是難以置信的。沒有寫作就沒有所積累內容和感悟的交響，很多閃光的東西也許就永無機會被牽引出來，而

❷〔日〕梅棹忠夫《智識的生產技術》，樊秀麗譯，商務印書館二〇一六年版，第一一頁。

❸ 夏爾．丹齊格（一九六一—），法國作家、編輯。榮獲法蘭西學院散文獎等多個法國文學大獎。

❹〔法〕夏爾．丹齊格《為什麼讀書：毫無用處的文學萬能手冊》，閻雪梅譯，廣西師範大學出版社二〇一六年版，第一五二頁。

被深深地淹沒。即便是在初寫的時候，沒有產生深邃的思想，能夠脫離書本，把所讀內容、所明之理用自己的話敘述出來，也算是不小的收穫了。而且，那才是真正地理解了，有所悟了。朱熹說：「大抵觀書先須熟讀，使其言皆若出於吾之口；繼以精思，使其意皆若出於吾之心，然後可以有得爾。」[1] 對於讀書的這種境界，元代思想家程端禮[2]給出了這樣的描繪：「去了本子，信口分說得出，合說得出，於身心上體認得出，方為爛熟。」[3] 熟讀和精思之後，最需要及時地動筆寫出來。越讀越想讀，越寫越有得寫，因此越想寫。

中國人天生有一種珍貴的品質，那就是謙遜。具體到讀書與寫作，總認為不成熟的文字無法公諸於眾，嚴謹的老師和家長也是這樣要求學生和孩子的。古往今來的賢明之士，既教導人們注重嚴謹的治學與文章之風，又不忘鼓勵後學勤勉習作。《顏氏家訓》中就有這樣的教導：「學為文章，先謀親友，得其評裁，知可施行，然後出手；慎勿師心自任，取笑旁人也。自古執筆為文者，何可勝言。然至於宏麗精華，不過數十篇耳。但使不失體裁，辭意可觀，便稱才士；要須動俗蓋世，亦俟河之清乎！」[4] 顏之推告誡，學習寫作文章時，一定先要與親友商量，得到他們的點評後，知道怎樣寫了，然後方能動筆，千萬不能自我感覺良好，以至於落到被外人取笑的境地。實際上，不寫永遠都不能達到所謂的成熟，更何況世界上沒有絕對的成熟，所有的成熟都是相對的。近代大學問家梁啟超對此有著切身和精闢的論述：「先輩每教人不可輕言著述，因為未成熟的見解公

[1] 張明仁編著《古今名人讀書法》，第六四頁。

[2] 程端禮（一二七一—一三四五），字敬叔、敬禮。元代思想家。著有《讀書日程》等。

[3] 張明仁編著《古今名人讀書法》，第一〇一頁。

[4] （北齊）顏之推《顏氏家訓》，檀作文譯注，第一四六頁。

佈出來，會自誤誤人，這原是不錯的。但青年學生『斐然有述作之志』，也是實際上鞭策學問的一種妙用。譬如同是讀《文獻通考》的《錢幣考》，各史《食貨志》中錢幣項下各文，泛泛讀去，沒有什麼所得；倘若你一面讀一面便打主意做一篇《中國貨幣沿革考》，這篇考做的好不好（是）另一問題，你所讀的自然加幾倍受用。譬如同讀一部《荀子》，某甲泛泛讀法，某乙一面讀，一面打主意做部《荀子學案》，讀過之後，兩個人的印象深淺，自然不同。所以我很獎勸青年好著書的習慣。至於所著的書，拿不拿給人看，什麼時候才認成功，這還不是你的自由嗎？」[5]

到了互聯網時代，我們的文明似乎又走到了另一個極端，在寫作方面似乎人人都是作家，人人都可以任意發表「高論」，而且無論什麼樣的「高論」總會或多或少贏得迎合者，人們把這種現象歸因於所謂的「價值多元」。然而所謂的「價值多元」，與「混淆是非」有時還真難分得清。古往今來的名家都一致主張，只有好的、有益於身心的文字，才能流傳於世，才有資格流傳於世。氾濫於網上的大量文字，距離這樣的要求還相差很遠。

清代學者馮班指出：「大凡學文，初要小心，後來學問博，識見高，筆端老，則可放膽。能細而後能粗，能簡而後能繁，能純粹而後能豪放。」[6] 他揭示了寫作也要循序漸進的道理，讀寫並進，讀無止境，筆耕不輟。初不逾矩，漸臻純熟，粗細簡繁，高論自現。如是，則讀寫人生，思想紛呈，更重要的是，必樂在其中。

[5] 張明仁編著《古今名人讀書法》，第二一八頁。

[6] 〔清〕馮班《鈍吟雜錄》，何焯評、李鵬點校，第一二六—一二七頁。

結語

凡事皆有道，方法即道；萬物皆有則，方法即則。知識因概念而生，概念因分類和方法而存。新知識來自新概念和新方法，方法異而萬物新。以獲取知識為初始目的的閱讀，自然依賴方法。對於讀者而言，可以說好方法成就好人生。閱讀的方法固然有因人而異的特點，但也絕不是毫無規律可循，別人的讀書經驗也絕不是毫無借鑒之處。對於任何事物而言，前人的經驗都是寶貴的財富，古今名人讀書的經驗自然也是人類的寶貴財富。培養興趣和樹立志向，是這種經驗最看重的，我們稱之為心法。有了這樣的心法，再輔以具體閱讀的得當方法，便斷無不成之事。

閱讀是一種責任，閱讀亦是一種信仰，人生因為閱讀方能獲得源源不斷的滋養，生命因為閱讀才會變得豐盈並充滿力量。

中文徵引書目

- 艾德勒，莫提默和范多倫，查爾斯《如何閱讀一本書》，郝明義、朱衣譯，商務印書館二〇一四年版。
- 伊麗莎白·愛森斯坦《作為變革動因的印刷機》，何道寬譯，北京大學出版社二〇一〇年版。
- 奧斯特勒，尼古拉斯《語言帝國：世界語言史》，章璐、梵非、蔣哲傑、王草倩譯，上海人民出版社二〇一六年版。
- 巴達拉科《領導者性格》，江之永譯，商務印書館二〇〇七年版。
- 巴倫，內奧米·S.《讀屏時代：數字世界裏我們閱讀的意義》，龐洋、周凱譯，電子工業出版社二〇一六年版。
- 鮑曼，齊格蒙特《流動的現代性》，歐陽景根譯，中國人民大學出版社二〇一八年版。
- 巴爾特，羅蘭《寫作的零度》，李幼蒸譯，載王潮選編《後現代主義的突破——外國後現代主義理論》，敦煌文藝出版社一九九六年版。
- 伯克，彼得《知識社會史》(下卷)，汪一帆、趙博囡譯，浙江大學出版社二〇一七年版。
- 布羅茨基，約瑟夫《悲傷與理智》，劉文飛譯，上海譯文出版社二〇一五年版。
- 達恩頓，羅伯特《啟蒙運動的生意——〈百科全書〉出版史（一七七五—一八〇〇）》，葉桐、顧杭譯，生活·讀書·新知三聯書店二〇〇五年版。
- 丹齊格，夏爾《為什麼讀書：毫無用處的萬能文學手冊》，閻雪梅譯，廣西師範大學出版社二〇一六年版。
- 笛卡爾，勒內《談談方法》，王太慶譯，商務印書館二〇一三年版。
- 杜威，約翰《自由與文化》，傅統先譯，商務印書館二〇一四年版。
- 杜君立《現代的歷程——一部關於機器與人的進化史筆記》，上海三聯書店二〇一六年版。

◉ 范壽康編《我們怎樣讀書》，當代中國出版社二〇一三年版。

◉ 費希特《論學者的使命　人的使命》，梁志學、沈真譯，商務印書館二〇一一年版。

◉ 芬克爾斯坦，戴維和麥克利里，阿利斯泰爾《書史導論》，何朝暉譯，商務印書館二〇一二年版。

◉ 馮班《鈍吟雜錄》，何焯評、李鵬點校，中華書局二〇一三年版。

◉ 福澤諭吉《勸學篇》，群力譯，東爾校，商務印書館二〇一六年版。

◉ 弗蘭科潘，彼得《絲綢之路——一部全新的世界史》，邵旭東、孫芳譯，浙江大學出版社二〇一七年版。

◉ 龔育之、逄先知、石仲泉《毛澤東的讀書生活》，生活·讀書·新知三聯書店二〇一四年版。

◉ 龔自珍《龔自珍全集》（第一輯），上海人民出版社一九七五年版。

◉ 哈特利，約翰和波茨，賈森《文化科學：故事、亞部落、知識與革新的自然歷史》，何道寬譯，商務印書館二〇一七年版。

◉ 海德格爾《荷爾德林詩的闡釋》，孫周興譯，商務印書館二〇一四年版。

◉ 海德格爾《在通向語言的途中》，孫周興譯，商務印書館二〇一〇年版。

◉ 海德格爾《什麼叫思想》，孫周興譯，商務印書館二〇一〇年版。

◉ 赫拉利，尤瓦爾《人類簡史：從動物到上帝》，林俊宏譯，中信出版社二〇一二年版。

◉ 赫爾德，J. G.《論語言的起源》，姚小平譯，商務印書館二〇一四年版。

◉ 赫爾曼，阿瑟《蘇格蘭——現代世界文明的起點》，啟蒙編譯所譯，上海社會科學院出版社二〇一六年版。

◉ 黑格爾《世界史哲學講演錄》，劉立群等譯，《黑格爾全集》第二七卷第 I 分冊，商務印書館二〇一四年版。

◉ 胡塞爾《現象學的觀念》，倪梁康譯，商務印書館二〇一七年版。

◉ 胡適《胡適文集》（一），歐陽哲生編，北京大學出版社二〇一六年版。

- 胡適等《怎樣讀書》，生活 · 讀書 · 新知三聯書店二〇一二年版。
- 金克木《書讀完了》（增訂版），上海文藝出版社二〇一七年版。
- 卡斯蒂格略尼《世界醫學史》（第一卷），北京醫科大學醫史教研室主譯，商務印書館一九八六年版。
- 卡爾維諾，伊塔洛《為什麼讀經典》，黃燦然、李桂蜜譯，譯林出版社二〇一七年版。
- 凱尼恩，弗雷德里克 · G.《古希臘羅馬的圖書與讀者》，蘇傑譯，浙江大學出版社二〇一二年版。
- 康德《歷史理性批判文集》，何兆武譯，商務印書館二〇一〇年版。
- 科恩，伯納德《自然科學與社會科學的互動》，張卜天譯，商務印書館二〇一八年版。
- 孔狄亞克《人類知識起源論》，洪潔求、洪丕柱譯，商務印書館二〇一〇年版。
- 拉皮羅夫－斯科勃洛《愛迪生傳》，南致善、張德浦譯，商務印書館二〇一七年版。
- 賴特，馮《知識之樹》，陳波編選，陳波、胡澤洪、周禎祥譯，生活 · 讀書 · 新知三聯書店二〇〇三年版。
- 李約瑟《文明的滴定》，張卜天譯，商務印書館二〇一六年版。
- 黎清德編《朱子語類》（一），中華書局二〇一七年版。
- 劉向《說苑》，程翔評注，商務印書館二〇一八年版。
- 梁啟超《中國歷史研究法》，上海古籍出版社一九九八年版。
- 劉夢溪《現代學人的信仰》，商務印書館二〇一五年版。
- 陸游《陸游讀書詩》，楊達明輯注，商務印書館二〇一三年版。
- 羅素，伯特蘭《權威與個人》，儲智勇譯，商務印書館二〇一四年版。
- 羅素，伯特蘭《西方哲學史》，何兆武、李約瑟譯，商務印書館二〇一三年版。
- 羅素，伯特蘭《羅素自傳》第一卷一八七二——一九一四，胡作玄、趙慧琪譯，《世界名人傳記叢書》，商務印書館二〇一六年版。

- 羅傑斯，亨利《文字系統——語言學的方法》，孫亞楠譯，商務印書館二〇一六年版。
- 洛克《政府論》（上篇），瞿菊農、葉啟芳譯，商務印書館二〇一二年版。
- 洛克《政府論》（下篇），葉啟芳、瞿菊農譯，商務印書館二〇一二年版。
- 馬克思《資本論》（第一卷），中共中央馬克思恩格斯列寧斯大林著作編譯局譯，人民出版社二〇〇四年版。
- 馬克思和恩格斯《馬克思恩格斯選集》（第一卷）（第四卷），中共中央馬克思恩格斯列寧斯大林著作編譯局編譯，人民出版社一九九七年版。
- 馬立博《現代世界的起源：全球的、環境的述說，十五—二十一世紀》（第三版），夏繼果譯，商務印書館二〇一七年版。
- 馬爾庫塞，赫伯特《單向度的人——發達工業社會意識形態研究》，劉繼譯，上海譯文出版社二〇一七年版。
- 馬化騰《互聯網＋：國家戰略行動路線圖》，中信出版社二〇一五年版。
- 馬志尼《論人的責任》，呂志士譯，商務印書館一九九五年版。
- 馬茲利什，布魯斯《文明及其內涵》，汪輝譯，商務印書館二〇一七年版。
- 麥克盧漢，馬歇爾《谷登堡星漢璀璨——印刷文明的誕生》，楊晨光譯，北京理工大學出版社二〇一四年版。
- 曼古埃爾，阿爾維托《閱讀史》，吳昌傑譯，商務印書館二〇一四年版。
- 梅棹忠夫《智識的生產技術》，樊秀麗譯，商務印書館二〇一六年版。
- 尼采《偶像的黃昏》，李超傑譯，商務印書館二〇〇九年版。
- 帕克，羅伯特 · E. 等《城市——有關城市環境中人類行為研究的建議》，杭蘇紅譯，商務印書館二〇一六年版。
- 潘恩，托馬斯《常識》，馬清槐譯，商務印書館二〇一五年版。
- 龐茲，諾爾曼《中世紀城市》，劉景華、孫繼靜譯，商務印書館二〇一五年版。

- 培根《培根論說文集》，水天同譯，商務印書館二〇一一年版。
- 普芬道夫，塞繆爾《人和公民的自然法義務》，鞠成偉譯，商務印書館二〇一〇年版。
- 錢冠連《語言：人類最後的家園——人類基本生存狀態的哲學與語用學研究》，商務印書館二〇〇五年版。
- 桑兵、於梅舫、陳欣編《讀書法》，人民出版社二〇一四年版。
- 桑塔亞那，喬治《人性與價值》，陳海明、仲霞、樂愛國譯，商務印書館二〇一六年版。
- 叔本華《意志決定命運》，韋啟昌編譯，長江文藝出版社二〇一四年版。
- 施瓦茨，琳莎《讀書毀了我》，李斯譯，北方文藝出版社二〇一四年版。
- 斯丹迪奇，湯姆《從莎草紙到互聯網——社交媒體 2000 年》，林華譯，中信出版社二〇一五年版。
- 斯賓格勒，奧斯瓦爾德《西方的沒落》（第一卷）（第二卷），吳瓊譯，上海三聯書店二〇〇六年版。
- 司馬遷《史記》（第十冊），中華書局一九八二年版。
- 孫中山《孫中山全集》（第一卷）（第五卷），中華書局一九八五年版。
- 塔西佗《編年史》（下冊），王以鑄、崔妙因譯，商務印書館二〇一三年版。
- 湯普森，約翰 · B.《數字時代的圖書》，張志強等譯，譯林出版社二〇一四年版。
- 王潮選編《後現代主義的突破——外國後現代主義理論》，敦煌文藝出版社一九九六年版。
- 王陽明撰，鄧艾民注《傳習錄注疏》，上海古籍出版社二〇一七年版。
- 王大鵬編《百年國士》之一，《酒旗風暖少年狂》，商務印書館二〇一〇年版。
- 維特根斯坦《邏輯哲學論》，賀紹甲譯，商務印書館二〇一五年版。
- 維特根斯坦《哲學研究》，李步樓譯，商務印書館二〇一〇年版。
- 沃森，彼得《德國天才》（一），張弢、孟鐘捷譯，商務印書館二〇一六年版。

◉ 沃森，彼得《德國天才》（二），王志華譯，商務印書館二〇一六年版。

◉ 沃森，彼得《思想史——從火到弗洛伊德》（上），胡翠娥譯，譯林出版社二〇一八年版。

◉ 謝爾，理查德·B.《啟蒙與出版：蘇格蘭作家和十八世紀英國、愛爾蘭、美國的出版商》，啟蒙編譯所譯，復旦大學出版社二〇一二年版。

◉ 顏之推《顏氏家訓》，檀作文譯注，中華書局二〇一七年版。

◉ 楊絳《走到人生邊上》（增訂本），商務印書館二〇一六年版。

◉ 楊伯峻《孟子譯注》，中華書局二〇一八年版。

◉ 雅斯貝斯，卡爾《歷史的起源與目標》，魏楚雄、俞新天譯，華夏出版社一九八九年版。

◉ 伊夫斯，霍華德《數學史概論》（第六版），歐陽絳譯，哈爾濱工業大學出版社二〇一七年版。

◉ 伊尼斯，哈羅德《傳播的偏向》（中文修訂版），何道寬譯，中國傳媒大學出版社二〇一五年版。

◉ 伊萬絲，瑪麗《現代社會的形成：一五〇〇年以來的社會變遷》，向俊譯，中信出版集團二〇一七年版。

◉ 于殿利《巴比倫與亞述文明》，北京師範大學出版社二〇一三年版。

◉ 中國圖書評論學會編《讀書的方法與藝術》，人民出版社二〇一七年版。

◉ 齋藤孝《閱讀的力量》，武繼平譯，鷺江出版社二〇一六年版。

◉ 齋藤孝《經典的魅力》，武繼平譯，鷺江出版社二〇一六年版。

◉ 張明仁編著《古今名人讀書法》，商務印書館二〇一七年版。

◉ 張元濟《張元濟全集》（第三卷），商務印書館二〇〇七年版。

◉ 張載《張載集》，中華書局二〇一七年版。

◉ 朱熹集注《論語集注》，商務印書館二〇一七年版。

外文徵引書目

- Ayto, John, *Dictionary of Word Origins*, London: Bloomsbury Publishing Plc., 2001.
- Charvát, Petr, *Mesopotamia Before History*, London and New York: Routledge, 2002.
- Driver, Godfrey Rolles, *Semitic Writing: From Pictograph to Alphabet*, London: Oxford University Press, 1976.
- Gates, Charles, *Ancient Cities: The Archaeology of Urban Life in the Ancient Near East and Egypt, Greece, and Rome*, Second Edition, London: Routledge, 2011.
- Kramer, Samuel Noah, *History Begins at Sumer: Thirty-Nine Firsts in Recorded History*, Philadelphia: University of Pennsylvania Press, 1981.
- Lepore, J., The Sharpened Quill, *The New Yorker*, 2010(6).
- Pickover, Clifford A., *The Math Book*, New York: Sterling Publishing Co. Inc., 2009.
- Roux, Georges, *Ancient Iraq*, Third Edition, London: Penguin Group, 1992.
- Van de Mieroop, Marc, *The Ancient Mesopotamian City*, Oxford University Press, 2004.

READING IS A RESPONSIBILITY

責任編輯　陳多寶
書籍設計　曦成製本
插　　畫　曦成製本
（陳曦成、焦泳琪）

書　　名　閱讀是一種責任
著　　者　于殿利
出　　版　三聯書店（香港）有限公司
香港北角英皇道四九九號北角工業大廈二十樓
Joint Publishing (H.K.) Co., Ltd.
20/F., North Point Industrial Building,
499 King's Road, North Point, Hong Kong
香港發行　香港聯合書刊物流有限公司
香港新界大埔汀麗路三十六號三字樓
印　　刷　美雅印刷製本有限公司
香港九龍觀塘榮業街六號四樓A室
版　　次　二〇一九年四月香港第一版第一次印刷
規　　格　特十六開（150×210mm）二五六面
國際書號　ISBN 978-962-04-4455-5

Published & Printed in Hong Kong

閱讀是一種責任

于殿利 著

YU DIAN LI